创新智孔·新部科
创新与写武丛书

制造集群网络资源计划体系与协作机制研究

ZHIZAO JIQUN WANGLUO ZIYUAN JIHUA TIXI
YU XIEZUO JIZHI YANJIU

左小明　著

知识产权出版社
中国百佳图书出版单位
——北京——

图书在版编目（CIP）数据

制造集群网络资源计划体系与协作机制研究/左小明著.—北京：知识产权出版社，2024.7.—（新商智汇·新商科创新与实践丛书）.—ISBN 978-7-5130-9242-5

Ⅰ.F426.4

中国国家版本馆 CIP 数据核字第 2024ZZ5112 号

内容提要

本书从开放系统的角度揭示了外部环境动态变化和集群网络组织业务模式演进的交互机理，分析了传统供应链协调模式向集群网络协作模式演进的自组织机理。构建了基于外部市场机遇响应、集群网络目标形成、集群网络任务导入、成员企业子任务分解和资源共享，以及超工作中心协作以执行任务的层次列表之间的映射关系，形成了集群网络多层次列表体系的基本框架。本书构建的网络结构模型可以促进中小企业多核集群网络组织适应动态环境变化，实现重构进化。在我国制造业数字化转型阶段，对实现数字化技术的应用和推广具有极其重要的价值。

责任编辑：韩　冰	责任校对：王　岩
封面设计：智兴设计室·索晓青	责任印制：孙婷婷

新商智汇·新商科创新与实践丛书

制造集群网络资源计划体系与协作机制研究

左小明　著

出版发行：知识产权出版社 有限责任公司		网　　址：http://www.ipph.cn	
社　　址：北京市海淀区气象路 50 号院		邮　　编：100081	
责编电话：010-82000860 转 8126		责编邮箱：83930393@qq.com	
发行电话：010-82000860 转 8101/8102		发行传真：010-82000893/82005070/82000270	
印　　刷：北京中献拓方科技发展有限公司		经　　销：新华书店、各大网上书店及相关专业书店	
开　　本：720mm×1000mm　1/16		印　　张：18.75	
版　　次：2024 年 7 月第 1 版		印　　次：2024 年 7 月第 1 次印刷	
字　　数：306 千字		定　　价：98.00 元	

ISBN 978-7-5130-9242-5

前 言

PREFACE

市场经济的发展促使企业之间的竞争越来越激烈，而日益加剧的市场竞争又会促使企业通过不断提升自己的综合实力以谋求生存发展的空间。在相互竞争和力求发展的过程中，地域上相对集中的企业之间形成了诸多相互依赖的关系，并迫切地需要参与更大范围的合作。尽管部分产业集群带来的经济增长已是不争的事实，然而，在制造型产业集群中，企业之间分布式资源的共享程度与制造集群资源整体的配置效率却不尽如人意。一是企业虽然在经营的某些环节会有合作，但整体的合作水平较低，二是由于社会基础条件未能给企业之间的进一步合作提供良好的环境，如企业自身的协作意愿低、集群企业信息孤岛的存在等，无法确保企业之间互相了解对方的资源与任务情况，也无法从整个集群环境中及时寻找到自己最需要的资源和信息。在这种现实条件下，研究多核集群网络资源的分布式共享和集成化配置就显得尤为重要。

学术界针对企业集群网络及资源分布式共享进行了大量的讨论，但大多数研究都是基于局部视角，从特定的企业个体系统或以特定的企业个体系统为核心的企业集群的角度，如通过信息与通信技术（Information and Communication Technology，ICT）手段提高企业资源计划（Enterprise Resource Planning，ERP）系统的可重构性，尚未做到从多核制造企业集群或网络组织整体的角度，基于管理模式和系统支持双重意义进行更深入的探索；

以往学者对集成化信息系统的研究多集中在开发技术、实现技术和系统集成技术等方面，强调ICT手段对于实现系统协同运作的重要性。但是集群网络组织的协同运作是以成员间的协调治理为前提条件的。企业间保持良好的关系型缔约联结，形成协调的网络联系结构，才能够消除信息不对称，增强信任，达成默契，从而实现运作调度的协同。

在实践中，专注于单一业务驱动模式的供应链管理（Supply Chain Management，SCM）系统（以产品驱动模式为主）和虚拟企业信息支持系统（以任务或项目驱动模式为主）无法对其网络资源优化配置与网络成员企业协同运作提供有效的支持。而在体系结构和实现机制上，传统ERP系统采用的是以物料清单（Bill of Material，BOM）为主要列表形式的单层次企业战略目标到生产运作任务的分解与映射模式，不能有效、灵活地实现战略、任务、资源、能力之间的分解和映射，也不能有效地为战略目标的制定、调整和演化提供运作信息支持。

针对现有研究对产业集群网络资源配置效率较低认识的不足，本研究从开放系统的角度揭示外部环境动态变化和集群网络组织业务模式演进的交互机理，构建多核集群网络资源计划体系的系统架构。本研究主要分为三个部分。在第一部分（第2~3章）中，对相关文献与理论基础进行回顾与阐明。首先针对产业集群、集群网络资源、集群网络与制造业转型升级、企业资源集成化配置以及集群网络协作关系治理五个方面对国内外文献进行梳理；然后从中小企业、核心企业、产业集群分类的角度界定了研究多核中小企业集群的范畴，对多核制造集群网络的自组织演进机理与生命周期演化进行了分析；最后明确了资源的分布式共享和集群成员企业间的协作是集群网络自组织演进的主要动力。在第二部分（第4~9章）中，对多核集群网络资源多层次列表结构进行了深入的研究。首先从多核中小企业集群网络资源计划需求分析出发，构建了集群网络多层次业务驱动协同运作的框架；然后针对多列表模型中的网络结构模型、网络协作过程列表模型、资源消耗列表模型分别进行了讨论；最后对多核集群网络多列表模型中的协作关系进行了讨论，并以集群网络组织形态的特点为基础，探讨了集群网络主体的协作效果及网络协作关系的治理模式，构建了集群网络协作关系的维护与治理框架。在第三部分（第10章）中，在多层次列表模型中业务驱动模式多元化和动态演化性研究的基础上，结合集成化信息系统的要求，构建了面向中小企业多核集群的多层次网络资源计划体系的系统架构，主要为基于多层次列表和面向服务的体系结构（Service-Oriented Architecture，SOA）的网络协同运作提供支持平台；并对该平台运行过程中所涉及的资源服务定义与封装、任务服务定义与封装、智能代理、服务检索和安全控制五大模块的主要实现过程进行了分析。

通过以上研究工作，本书得出了以下重要结论。

（1）制造集群企业的同质性和企业集群的高度集聚对供应链向供应协作网络的演变起着重要作用，网络系统内部非线性的相互作用是供应链向供应协作网络演进的关键，而集群网络资源的分布式共享是形成集群网络系统涨落驱动力的根源，它使多核集群供应协作网络通过协同的自组织机制实现了有序性和稳定性。

（2）在以基本工作中心为企业过程执行单元的基础上定义了超工作中心概念，以此为网络协作过程执行单元，并对集群网络中各种工作中心的性质进行了分析，为集群网络协作过程的重构进化提供了理论支持。

（3）在企业结构模型的基础上，建立了集群网络结构模型，并对网络协作过程模型和资源消耗模型的基本构件、性质进行了研究，为构成集群网络协作关系的节点企业之间的互动与实现提供了理论支持。

（4）在分析集群网络协作关系形成机理的基础上，提出了协作剩余的概念，并对协作剩余的形成条件、构成、特点进行了研究。研究结果表明，协作剩余既是协作关系形成的动力，也是协作关系维护的主要手段，因此，它为集群网络协作关系的维护与治理提供了理论支持。

（5）针对协作关系形成的阶段不同，建立了集群网络协作关系生命周期模型，并以网络组织治理理论、治理机制为基础，结合协作关系的治理逻辑，构建了集群网络协作关系的多层次多维度治理框架，为集群网络组织的进一步发展提供了制度保障。

（6）结合多层次列表体系理论框架，构建了面向服务架构的多核集群网络资源计划体系的系统架构，为实现多核集群网络战略层次和运作层次资源的优化配置，进而构建能够实现管理模式与系统支持双重意义上的分解与整合、映射与驱动的集群网络层次列表体系，为原型系统的开发和应用提供理论指导和前期的技术基础支持；也为中小企业兼顾内外部资源配置效率、集群网络协作关系治理与成员企业协同运作提供了新的管理思路。

　　本研究对产业集群网络资源配置效率优化进行了整体性分析，具有一定的创新性。首先，在研究视角方面，本研究从整体视角出发，弥补了过往研究在整体性等方面存在的不足。其次，在研究内容上，本研究对产业集群的分类进行了重新界定，这种界定更符合当前产业集群面临高级化发展的要求；发展了 X 列表模型，建立了面向中小企业多核制造集群的多层次列表结构模型，在此基础之上构建了多层次集群网络成员企业协作战略目标列表模型；将 X 列表中的广义工作中心列表发展为动态的多核集群的网络结构模型，构建了集群网络任务与网络资源等服务列表模型；将 X 列表中的资源消耗列表发展为多核集群网络的资源消耗模型，并在集群网络协作过程中所涉及的资源消耗与协作关系之间建立联系，使集群网络成员企业之间协作关系的形成、维护与治理更具针对性；在超工作中心资源与任务建模的基础上，建立了基于多层次列表和 SOA 的多核集群网络资源计划体系信息系统架构，使集群网络资源在促使成员企业之间协作的过程中，能更好地响应外部市场机遇以实现集群网络目标，进而提升成员企业与集群网络的整体竞争优势。

CONTENTS 目 录

绪　论 ▷▷▷▷

1.1　研究背景

　　随着全球经济的快速发展，企业之间的竞争越来越激烈，日益加剧的市场竞争又促使企业必须不断提升自己的综合实力以在市场中立足。在相互竞争和力求发展的过程中，地域上相对集中的企业之间形成了诸多相互依赖的关系，并迫切地需要参与更大范围的合作，以提升其创新能力和竞争力，这为产业集群的发展提供了机遇。经过四十余年的改革开放，我国各地的经济结构和产业格局发生了深刻的变化。我国制造业在不同地理尺度上呈现出明显的集聚趋势，经历了从内陆扩散到沿海地区，再向内陆转移的过程（贺灿飞等，2019）。各地区根据自身的特色，逐渐形成了不同特征的产业集群，如深圳新一代信息通信集群、上海新能源汽车及关键零部件集群、东莞智能移动终端集群、绍兴现代纺织集群、北京大兴生物医药集群等，这些不同领域的产业集群在推进各区域经济增长与产业发展中扮演着十分重要的角色。尽管产业集群带来的经济增长已是不争的事实，然而，产业转移与要素集聚的作用影响着地区经济的发展，造成了区域性坍塌与崛起在经济变迁中并存（胡伟，2019），这在产业集群中体现为企业之间分布式资源的共享程度与集群资源整体的配置效率不尽如人意。一是企业虽然在经营的某些环节会有合作，但整体的合作水平较低，二是由于社会基础条件未能给企业之间的进一步合作提供良好的环境，如企业自身的协作意愿低、集群企业信息孤岛的存在等，无法确保企业之间互相了解对方的资源与任务情况，也无法从整个集群环境中及时寻找到自己最需要的资源和信息。在这种现实条件下，研究多核集群网络资源的分布式共享和集成化配置就显得尤为重要。

20 世纪中后期开始，全球经济得到了飞速发展。我国在改革开放之后，经济的成功转型给经济发展注入了新的动力，经过四十余年的快速发展，制造集群网络成为我国制造业组织生产活动的主要形式之一，也是我国经济发展的迫切需要。

一是企业发展环境变化的需要。知识经济的到来改变了传统的企业独立作业的模式，迫使企业参与全球化的竞争和协作。而产业集群的格局容易在短期内形成规模效应，并在降低企业成本的同时构建核心竞争力，在全球价值链体系中打造差异化产业集群和不同环节的高端攀升（马训等，2022）。在这种情况下，产业集群的模式会随着竞争的加剧和企业的不断发展而得到巩固。

二是企业竞争格局变化的需要。从微观的角度来看，企业尤其是同行业的企业之间竞争会比较激烈，产能的限制甚至会促使上下游企业开展纵向兼并的竞争（杨剑侠等，2020）；从宏观的角度来看，产业集群之间的竞争日益加剧，竞争的结果可能不仅影响一个企业或一个集团，甚至可能波及某个地区或某个产业领域的整体经济实体。因此，如何通过集群网络组织管理形式促进企业间协作，实现产业集群的升级和高级化发展是当前我国区域产业经济领域的重要研究课题。

三是现代科技和互联网基础设施等技术的支持。物联网、云计算、大数据分析、数字化制造、区块链、虚拟现实和增强现实等技术的快速发展为多核集群网络资源的集成化管理提供了关键支持，使传统生产方式发生极大改变，有助于企业减少生产环节，推动产业链环节在特定空间范围内的有效整合（沈立等，2022）。这些技术不仅提高了企业内部运营的效率，还促进了产业集群之间的信息共享和协同发展，有助于推动整个产业向前迈进。

四是传统的 ERP 体系的局限性。传统的企业资源计划体系比较适合特定企业内部的既定资源配置，它在动态性、分布性和实现共享等方面均存在局限，难以满足集群网络环境下分布式资源共享和企业间协作的需要。

在这种背景下，本研究提出了多核制造集群的多层次网络资源计划（Cluster Network Resource Planning，CNRP）体系的概念，并对集群网络资源多层次计划体系的基础理论加以研究，希望能为多核集群网络资源多层次计划提供相应的理论指导，提高我国多核集群网络资源的配置效率，并最终促进多核中小企业集群向高级化阶段顺利转型与健康发展。

1.2　研究意义

1.2.1　理论意义

我国作为一个制造业大国，面临着广泛的地理范围、相对有限的制造资源，以及区域经济发展不均衡的挑战。改革开放四十余年，我国"珠三角""长三角""京津冀"经济带不同领域、不同规模的产业集群不断发展。随着我国经济向高质量发展转型，这些产业集群的形成和发展不仅填补了企业孤立和隔离所造成的不利条件，还显著提升了产业集群区域的经济影响力和市场竞争力，强地理根植性的集群在当地构建起由不同规模企业组成的完整产业链条（杜建刚等，2022）。其中，许多产业集群受发展水平和发展趋势的影响，由传统的"以核心企业发展为主，带动其他附属企业发展的产业集群模式"逐步成长为"不存在特定的核心企业，企业之间的同质同构性增强的多核中小企业产业集群模式"。

在传统的核心企业主导的产业集群中，企业之间主要依靠自身的资源特别是优势资源谋求发展，与其他企业的协同运作程度较低，企业在资源配置方面也主要通过传统的物料需求计划（Material Requirements Planning，MRP）、企业资源计划等手段来实现。然而这些传统的基于产品驱动的企业内部制造过程的集成性在为多核中小企业集群实现网络资源优化配置、提供集成化的管理系统支持方面显得力不从心。不仅如此，多核企业集群的集成化运作在以BOM为主要列表形式的MRP/ERP中也难以实现。

基于此，本研究提出面向中小企业多核集群的多层次网络资源计划体系的设想，试图为中小企业集群在多元化业务驱动模式下的网络组织资源优化配置提供理论支持，使具有集群特征的广大中小企业得以兼顾内外部资源配置效率，并帮助集群型中小企业改变其附属地位，进而实现产业集群的快速发展。本研究所提出的集群网络资源计划属于探索性概念，旨在探索适合我国制造企业和制造企业集群（特别是中小企业制造集群）资源分布式共享的发展方向，建立集群网络资源计划的理论框架。因此，本研究具有一定的理论意义。

1.2.2　实践意义

我国珠三角、长三角、京津冀等区域产业集中度相对较高，是我国制造业和经济支柱的主要构成部分。企业间的供求关系管理已突破传统产销关联的局限，逐步扩展为以地理位置或战略格局划分的区域为基础，利用地区资源禀赋的产业的全链式聚集（赵璐，2021），构建多核企业集聚的产业集群网络的集成运作模式。

然而，传统的企业资源计划系统是在业务模型与管理功能驱动下多模块集成的应用软件系统（吴士亮等，2004），虽然它在过去几十年时间为制造企业的资源计划带来了不少的便利，但终究因其结构复杂、灵活性差，且具有明显的滞后性，无法适应动态电子商务环境下不同行业间的动态业务需求与企业内部业务流程的适时变化（饶元等，2004）。而且每个企业的企业资源计划是出于各自独立的需求开发的，有各自不同的定位，有相对固定的特色和优势资源，有一定的用户对象，各资源计划体系是独立运行的，因此各个企业的资源计划很难在集群中获得广泛的支持和应用。这就导致每个企业的资源信息会形成一个个信息孤岛，企业间资源的利用无法形成由点到网的高效运作，影响产业集群中企业间的协作和产业集群在知识溢出、市场关联方面的额外赋能（王嘉丽等，2021）。

随着产业集群的发展，集群网络逐步成为中小企业集群的主要组织形式和演化趋势，而这种特点对集群企业的协同运作和网络资源的集成化配置提出了新的要求。从集群网络资源配置的应用层面看，集群网络资源的集成化配置必须有效支持越来越多的集群内的中小企业，而这些中小企业有着不同的资源需求、应用需求和服务质量要求，这就要求数据驱动的平台构建为产业集群的转型赋能（金杨华等，2023）；从集群网络资源配置的应用深度来看，用户渐渐地不再满足于个别的资源共享和业务服务，而需要能够满足集群网络成员企业对资源动态的、多样性的和及时性的需求。

X 列表（Bill of X，BOX）理论作为一种多用途的框架，由广义工作中心列表、企业过程列表和资源消耗列表构成（李从东等，2004），被广泛应用于制造企业中小集群、应急网络等跨领域的信息和服务集成问题的解决。经过该领域学者的多年积累，BOX 已经成为结合了自顶向下和自底向上的建模的跨领域研究方法，本研究对基于 BOX 理论的层次构成结构进行深化和拓展，建立面向中小企业多核集群网络组织集成化管理的层次列表（Bill of Hierarchies，BOH）体系。在资源配置方面，基于 BOH 的可重构 ERP 的软件系统架构能够满足企业间集成和重构的需求（汤勇力等，2007），而本研究对各个层次内和层次间的资源配置与集群协作的运行机制和互动机理进行研究，能反映节点在网络协作中的共赢关系。在组织行为方面，X 列表体系反映组织结构特征和动态演变的能力更好地描述了组织的行为状态（洪宇翔等，2016），在此基础上优化的 S-BOX 理论通过刻画系统中利益相关者的层级关系构建可持续发展的应急响应框架（曹策俊等，2018），其与物联网的结合也可以用来映射企业社交网络中互动创新的过程（李从东等，2019），本研究利用 X 列表体系在管理模式与系统支持上实现分解与整合、映射与驱动等功能，通过对成员企业协作目标列表、集群网络目标列表等组织的分析，对企业集群中的互动进行深入研究，为指导我国当前的工业经济发展和集群网络治理提供重要的实践参考。

1.3　研究内容与研究方法

1.3.1　研究内容

本研究共分为 11 章，具体内容如下。

第 1 章绪论。首先对制造业产业集群模式的发展原因做了简单的分析，同时也对网络资源集成化配置的必要性和可行性给予了说明。然后在阐述本研究选题背景与意义的基础上，以目前产业集群网络资源配置效率较低的现实为契机，确定了本研究的研究内容、研究框架和研究所采用的方法。最后对本研究的创新点进行了阐述。

第2章相关文献综述。从产业集群、集群网络资源、集群网络与制造业转型升级、企业资源集成化配置以及集群网络协作关系治理五个方面入手，对国内外学术界现有的相关文献进行了回顾和梳理，为本研究提供了丰富的理论参考与研究基础。对所梳理的文献进行评述，分析了目前领域内的主要研究方向与观点，并阐述了文献研究的不足之处。

第3章多核中小企业集群网络资源的相关理论研究。本章主要从中小企业、核心企业、产业集群分类的角度界定了本研究多核制造集群的研究范畴，明确了本研究的研究对象。并对多核制造集群网络的自组织演进机理与生命周期演化进行了分析，论述了资源的分布式共享和集群成员企业间的协作是集群网络自组织演进的主要动力。

第4章集群网络资源计划的多层次列表体系。本章主要从多核中小企业集群网络资源计划需求分析出发，构建了集群网络多层次业务驱动协同运作的框架，突出了市场机遇映射集群网络成员间的协作目标。并介绍了集群网络目标列表实现所依赖的任务列表和资源列表要求，体现出各种层次列表内与层次列表间的映射与驱动关系。同时，在传统的 X 列表体系模型研究的基础上，构建了集群网络资源计划体系多层次抽象列表结构模型。在此基础上，对基于多层次列表的网络资源计划体系建模概念框架进行了讨论。

第5章集群网络资源计划的网络结构模型。本章主要针对多列表模型中网络结构模型进行了讨论。本研究认为网络结构的主要构件是网络工作中心，而网络协作过程主要体现和依赖于超工作中心之间的协作。因此，本章在基本工作中心、广义工作中心的基础上，对超工作中心和网络工作中心进行了界定，并就网络工作中心列表模型构件的定义与性质进行了讨论，为后文的网络协作过程与资源消耗过程研究奠定了基础。

第6章集群网络协作过程列表模型。本章主要针对多列表模型中的网络协作过程列表模型进行了讨论。针对网络协作过程列表模型，本章定义了网络协作过程中各类协作任务涉及的抽象活动以及网络协作过程的模型构件。在对协作任务建模的基础上，对协作过程代数的基本数学模型进行解析，以提升协作过程对集群网络组织动态性和复杂性的适应与重构能力。

第7章集群网络资源消耗列表模型与协同客户选择。本章主要针对多列表模型中资源消耗列表模型进行了讨论。针对网络协作过程中资源与任务的协作机理，本章定义了集群网络资源的概念模型，并主要以制造资源为例，讨论了集群制造资源的层次结构和分类。在网络协作过程分析的基础上，定义了超工作中心资源，描述了其具备的各种性质。针对协作过程中集群网络资源的动态分配与协商过程进行了讨论，并以协作关系节点企业间的协同绩效为目标，进行了协同客户比较、优选和算例研究。

第 8 章多核集群网络协作机制研究。本章主要针对多核集群网络多列表模型中的协作关系进行了讨论。首先分析了成员企业间的协作动因，再对协作关系的形成条件、协作剩余的产生与特点、协作效果界定与分类等问题进行了讨论，并对集群网络协作过程进行分解，构建了集群网络协作过程生命周期模型，对其生命周期各阶段的特点进行了分析。

第 9 章多核集群网络协作关系治理模式研究。本章主要针对多核集群网络主体的协作效果与网络协作关系的治理模式进行了讨论。首先研究了集群网络协作在不同层面的效果以及时间维度的区别。然后进一步探讨了企业间协作关系治理模式的演进，即从契约治理向技术治理的转变，以及企业技术能力在协作关系中的影响。最后研究了协作关系的维护与治理，突出了社会关系嵌入和资源信息共享在集群网络中的作用，强调了协作网络中各节点企业之间的互动和共赢关系的建立。

第 10 章基于 SOA 和多层次列表的网络资源计划体系。本章主要在多列表模型中业务驱动模式多元化和动态演化性研究的基础上，结合集成化信息系统的要求，构建了面向中小企业多核集群的多层次网络资源计划体系系统架构，主要为基于多层次列表和 SOA 的网络协同运作提供支持平台。并就该平台运行过程中所涉及的资源服务定义与封装、任务服务定义与封装、智能代理、服务检索和安全控制五大模块的主要实现过程进行了分析。

第 11 章结束语。本章主要对本研究的研究结论、研究局限以及进一步的展望进行了归纳。

本研究的技术路线如图 1-1 所示。

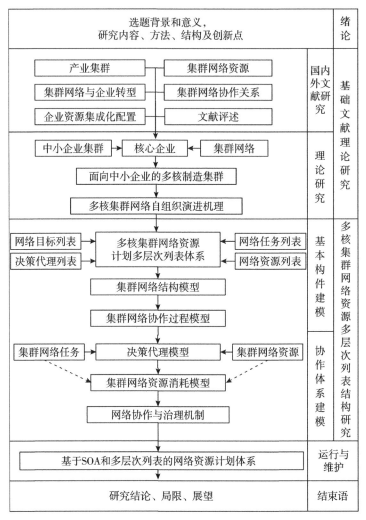

图1-1 本研究的技术路线

1.3.2 研究方法

本研究拟采用文献查阅、理论研究、定性与定量分析相结合的方法展开。

1. 文献查阅方法

本研究采用文献研究和应用调查研究相结合的方法，跟踪理论前沿，并针对应用问题开展研究工作。在对制造业集成化信息系统理论与技术研究进展、中小企业集群网络组织理论研究进展和集群网络协作状况调查研究的基础上，对理论研究和实际应用中存在的问题进行剖析，从管理需求和信息系统支持需求两个方面进行分析，从而建立中小企业集群网络资源计划体系研究的理论框架。

2. 理论研究方法

在中小企业集群多核网络组织集成化管理理论方面，基于产业集群理论、网络组织理论、计算机集成制造系统理论和企业建模理论，本研究将网络协同运作和网络资源优化配置作为集成化管理的主要目标和关键点。并在多核中小企业集群网络组织集成化管理理论研究的基础上，对 X 列表体系进行拓展、丰富和系统化，构建能够实现管理模式与系统支持双重意义上的分解与整合、映射与驱动功能的面向多核中小企业集群网络资源计划的多层次列表体系结构，并对多层次列表的运行和互动机理、建模、评价、分析、优化、控制和重构等技术基础进行研究。

3. 定性与定量分析相结合的方法

在文献查阅和理论研究的基础上，本研究综合运用各种定性和定量的理论研究工具进行深入的研究。通过定性分析对基于多层次列表的中小企业集群网络资源计划体系中的运行机制、互动机制等内容进行研究，以把握该科学问题的本质和规律；通过对基于多层次列表的中小企业集群网络资源计划中的具体问题建立量化的数学模型，如集群网络协作过程中任务与资源的建模和解析、协同客户的优选、协作剩余的度量等，以提出具有可操作性的度量手段、决策方法和求解方案。

1.4 本研究的创新之处

本研究在中小企业多核制造集群网络组织集成化管理体系方面，提出了集群网络资源计划的探索性概念，以及构建集成集群网络组织管理理念、管理机理和管理技术的层次列表体系结构。基于中小企业多核制造集群网络组织开放系统理论框架，集群网络资源计划体系可以支持业务驱动模式的多元化并存与动态演化，可能突破现有供应链管理系统（产品驱动模式）和虚拟企业信息系统（任务或项目驱动模式）只支持单一、静态业务驱动模式的现状。层次列表体系能够实现管理模式与系统支持双重意义上的多层次分解与整合、映射与驱动，突破传统 ERP 系统以 BOM 为主要列表形式的单层次企业战略目标到生产运作任务的分解与映射模式，实现集群网络组织整体与个体战略目标间的分解、映射与均衡达成网络协调治理，以及战略目标与生产运作任务之间的分解、映射与互动促成网络协同运作。本研究的创新之处体现如下。

（1）提出了多核中小企业集群网络的概念，对产业集群的分类进行了重新界定，这种界定更符合当前产业集群面临高级化发展的要求；并分析了企业组织由供应链形式向供应协作网络形式演进的自组织机理。

（2）发展了 X 列表模型，建立了面向中小企业多核制造集群的多层次列表结构模型，可以支持多核制造集群网络系统适应不同条件和环境下成员企业间的协作和网络资源的优化配置。

（3）在 X 列表的理论基础上，构建了多层次集群网络成员企业协作战略目标列表模型，并对集群网络整体与同质同构的中小企业个体战略目标任务的分解、映射等机理进行了分析。

（4）将 X 列表中的广义工作中心列表发展为动态的多核集群的网络结构模型，依托基本工作中心、广义工作中心等概念，提出了实现多核集群网络资源优化配置中的超工作中心和网络工作中心的概念；在对集群网络资源集成化配置中的各类工作中心性质进行分析的基础上，构建了集群网络任务与网络资源等服务列表模型。

（5）将 X 列表中的企业过程列表发展为多核集群网络过程模型，并以网络任务与网络资源构成的服务列表为基础，分析了多核集群网络任务与网络资源动态协调与匹配机理。并就集群网络环境下超工作中心任务与超工作中心资源之间的匹配、促进集群网络整体的协同运作、网络成员企业子战略目标与网络整体战略协调发展等问题进行了研究。

（6）将 X 列表中的资源消耗列表发展为多核集群网络的资源消耗模型，并在集群网络协作过程中所涉及的资源消耗与协作关系之间建立联系，使集群网络成员企业之间协作关系的形成、维护与治理更具针对性。

（7）引入多元协作动因形式和服务互补型网络协作概念，将集群协作方式概括为基于服务互补、外生服务依赖和内生服务嵌入等不同动因形成的协作方式，突出了服务互补性在协作中降低管理成本和风险方面的作用。

（8）描述了集群协作关系从形成到重构的生命周期，讨论了协作过程锁定效应的机理和破解机制，并通过路径依赖性与锁定效应的关系阐释了集群网络协作过程的复杂性和所面临的挑战。

（9）建立了一个全面的协作关系治理框架，将治理机制划分为不同维度，以深入分析每个维度下的具体机制。明确了网络协作关系治理与传统企业治理之间的根本区别，强调了信息共享与文化在网络协作关系中的塑造作用。

（10）在超工作中心资源与任务建模的基础上，建立了基于多层次列表和SOA 的多核集群网络资源计划体系信息系统架构，使集群网络资源在促使成员企业之间协作的过程中能更好地响应外部市场机遇以实现集群网络目标，进而提升成员企业与集群网络的整体竞争优势。

1.5 本章小结

本章首先对制造业产业集群模式的发展原因做了简单的分析，同时也对网络资源配置的必要性和可行性给予了说明，在阐述本研究选题背景与意义的基础上，以现阶段产业集群网络资源配置效率较低的现实为契机，确定了本研究的研究内容、研究框架以及研究所采用的方法，最后对本研究的创新点进行了阐述。

第2章 | CHAPTER 2

相关文献综述 ▷▷▷▷

2.1 国外文献回顾

2.1.1 产业集群文献回顾

产业集群理论是随着经济增长理论、创新理论、社会经济学理论等的发展而日趋完善的，并逐步经历了以马歇尔等为代表的产业聚集理论、以波特等为代表的新竞争经济理论和以皮埃尔等为代表的新产业区理论的三大演进过程。之后，大多数学者将产业集群的研究集中在企业集群的机理、技术创新、组织创新、社会资本及经济增长与企业集群的关系等方面。经济合作与发展组织对不同国家的产业集群进行了实证分析，提出如何使产业集群更有竞争力，如何从传统竞争走向战略协作和差异化竞争。Scott（1992）沿袭了"柔性专业化"导致劳动社会分工加强的观点，运用交易成本理论，解释产业集群的形成机理。他认为最具有发展动力的产业集群通常需要以现有的社会文化准则为基础进行集体制度安排，并以此克服市场失灵。Harrison（1992）强调新产业区不同于传统的产业集聚现象主要在于其具有企业间相互信任和经济关系在地方社会与非经济制度中的根植。Dick（1998）认为产业集群是内部机制较为复杂的集聚现象，是经济与社会文化的复合体。地方经济集群的形成及随后的发展以可贸易性相互依赖和不可贸易性相互依赖这两组力量为基础（Gertler，2015）。Dalum 等（2005）提出了产业集群技术生命周期的概念，并以 North Jutland 的通信器材业集群为例，指出突破性技术可能导致新的产业集群在短时间内成形亦可能使该集群面临迅速崩溃的风险。Brenner（2006）将复杂性理论引入产业集群研究领域，认为在系统经济学中对产业集群演化过程缺乏动态解释方法，而复杂性理论对产业集群内的两个重要机制（促进集群临界规模的扩张和集群本地化的共生作用）的研究具有显著的优越性。Asmussen（2013）和 Herstad（2014）认为地方政府的引导能够使本土的产业集群更快、更好地融入全球生产网络中，实现升级与创新。Daniela 等（2014）研究区域创新集群对竞争力的影响，其认为集群是由独立公司组成的集团，在一个特定的领域内，为了运用密集的互动来刺激创新活动，可使用设施、经验和知识的交流，还可通过技术转让、网络和信息等进行集群内企业间的传播。

2.1.2　集群网络资源文献回顾

制造集群是一定地理区域的部分中小企业由于密切合作和激烈竞争，相互关联渗透，产生集聚现象，从而形成社会地域实体（Becattini，1977），之后 Porter（1990）正式将"制造集群"定义为产业链中相关联企业或机构在特定地理区域的聚集体，包括上下游产业和领域相关其他企业机构。研究表明，这些制造集群对于促进创新、提高竞争力和推动地区经济增长具有重要作用（Belussi et al.，2016；Giuliani，2016）。此外，企业之间的合作和联结被认为是企业竞争优势的关键资源跨越企业边界而嵌入企业间的惯例和过程（Dyer et al.，2001）。

Gulati（1999）将企业之间纵横交错的联系视作一种不可模仿的资源，明确将其定义为网络资源，并认为主要包括网络结构资源、网络成员资格资源、关系链形态资源、网络管理能力资源。企业集群网络结构与集群竞争优势之间存在着逻辑关系，集群网络的知识结构、分工结构和社会结构等一系列结构安排，决定着集群的协调能力、创新能力与适应能力，不同的集群网络结构影响集群的竞争优势（Autio et al.，2016）。Lynn 等（1998）按照集群企业内在关系不同，把企业集群分为非正式集群、有组织集群和创新型集群三类。这三类企业集群的结构不同导致绩效区别很大，其中非正式集群绩效最差，创新型集群绩效最优。集群网络资源是构成集群的核心要素，也是形成集群网络竞争力的主要动力来源（Boschma et al.，2011；Delgado et al.，2014）。

在多核产业集群中，由节点连结而成的网络组织中蕴含着与节点、联结性质相关的网络资源，正是这些网络资源保证和促进了企业成长。Barney（1991）、Daft 等（1988）、Grant（1991）等资源基础理论学者从企业内部出发定义了资源概念，他们认为这些以企业是否拥有或可控为标准的资源是企业竞争优势的来源。并通过引入"可视资源"和"不可视资源"的概念，区分了资源基础理论和网络理论对资源的认识差异，他们认为资源基础理论强调的是处于水面之上的可视资源，如加工能力、产品、现金、购买力等，而网络理论则强调水面之下的不可视资源，如研发能力、生产技能、技术、组织能力、市场知识、供应商等。显然，企业的社会认知资源、其他外部资源、不可视资源大多没有被纳入资源基础理论的分析框架下，而它们会影响企业的行为和绩效。Haksnasson（1992）发现网络组成部分是企业、关系和网络，并且集群网络具有自我组织的演变过程，其合作过程的发展具有路径依赖性。Shachar 等（1990）通过研究发现，从长期来看，在企业集群中正是这些不可视资源或不可视资产而不是那些可视的实物资产决定企业的竞争优势。从此，如何解释"新竞争"背景下企业竞争优势的来源问题受到了学者们的极大关注。20 世纪 90 年代，制造集群的研究以地域性的产业组织及其与地理环境的互动为主，重视地域根植性，强调地理集聚和地方性的优势，随着产业集群的不断发展壮大，集群内部有可能陷于"锁定"风险，从而阻碍产业集群的重组升级。集群内部的局限性包括缺乏创新能力、路径依赖以及对地方性资源的依赖（Grabher，1993；Boschma et al.，2016；Zhang et al.，2017；Chen et al.，2018）。基于此，集群产业需要突破地域边界，与外部集群进行资源互补、市场互通，以此维系自身市场优势（Giuliani，2010）。

2.1.3　集群网络与制造业转型升级文献回顾

国外学者虽然没有直接给出集群网络的定义，但他们从网络组织的角度刻画了集群网络结构的内涵。最早以亚当·斯密（Adam Smith）为首的古典经济学家认为，产业集群产生的主要原因是制造分工和精细化的需求以及规模效应带来的更高的经济效益。阿尔弗雷德·韦伯（Alfred Weber）的集群经济理论从个体企业的角度，对集群形成进行了微观分析，他认为企业是否嵌入集群在很大程度上取决于企业对集群好处与坏处的衡量。制造集群是一定地理区域的部分中小企业间由于密切合作和激烈竞争，相互关联渗透，产生集聚现象，从而形成社会地域实体（Becattini，1977；Boschma，2015）。My-erson（1977）认为网络由结构要素、资源要素、规则要素和动态要素构成，其中结构要素是指行为者联系的形式与强度，不同网络形式和强度会产生不同的结果；并在合作博弈基础上模型化了网络结构的形式，他认为个体联盟只有链接在网络结构中才能发挥整体作用。Thorelli（1986）认为企业间的网络结构是一种介于市场交易和层级制之间的组织形式。Porter（1990）正式将"制造集群"定义为产业链中相关联企业或机构在特定地理区域的聚集体，包括上下游产业和领域内相关的其他企业机构（Bathelt et al.，2011）。Haksnas-son（1992）提出了影响网络的基本变量（行为主体、活动发生和资源）和网络的构成关系（企业、关系和网络），他认为网络形成一个自组织过程，其演进带有路径依赖的特性。在集群网络基础上，Williamson（1992）提出了网络协作的概念，他认为除了层级和市场形式，还存在介于两者之间的网络协调形式，这种协调形式就是典型的受协作驱动的网络组织形态。企业网络理论认为，单个企业代表一个节点，节点间的连线代表着二者的相互关系，不同的线之间交互错杂，组成了网络。

Tichy（1998）认为网络中主体间关系表现为网络的结构形态，它与产业集群风险有密切的关系。最优的集群结构是"基于相同的知识技能，集群成员合作开发一定范围的不同产品和服务，以不同渠道和方式提供给不同的客户"。Porter（1998）认为集群包括一系列对竞争起重要作用、相互联系的产业和其他实体，包括零部件、机器和服务等专业化投入的供应商和专业化基础设施的提供者。集群还经常向下延伸至销售渠道和客户，并从侧面扩展到辅助性产品的制造商及其技能技术，或投入相关的产业公司等。这些都构成了集群网络结构的主要要素。

青木昌彦（1994）、Jarillo（1988）等研究表明，在新的竞争环境下，产品的更新速度不断加快，全球化趋势愈演愈烈，要求企业具备效率、灵活性和集体学习等关键能力，仅仅依靠内部化获取和调动资源来谋求成长，不仅是低效率的，而且往往是缺乏竞争力的。Andrews（1971）也认为企业的成长行为是在现有资源和获得的新机会之间权衡的结果，而成长机会的获取与企业的外部网络关系（网络资源）密切相关。因此，网络组织在当今背景和要求下被认为具有一定的比较优势，在世界各地形成并日益流行。许多企业依靠网络资源实现了快速成长，即实现网络化成长。

Miles 等（1984）、Jarillo（1988）和 Håkansson（1993）等从不同角度直接或间接地研究了网络及其资源、能力对企业成长的影响。专业化分工的效率、灵活性和企业间频繁地知识交流与学习被认为是动态复杂环境下网络组织安排的主要优势。Gomes-Casseres（1994）认为企业能够从网络中获取两个方面的竞争优势，一是企业从网络团体以及网络的管理中获得团队优势，网络中的每个成员都可以从其他企业的优势中获益；二是来自企业特定能力的竞争优势，企业自身能力是每个企业在网络中定位的基础，占据网络优势位置的企业不仅可以充分享受自身的竞争优势，而且可以更多地享受正向的网络效应。这事实上表明了企业内外部资源结合对企业成长的影响。Contractor 等（1998）、Peng 等（1996）通过建立企业间正式和非正式的网络关系而寻求网络化成长（也就是跨组织成长），成为在复杂的全球化商业环境下企业的重要成长方式和策略。

Blumenthal（1994）等认为企业转型是企业重塑和企业架构变革的过程，强调组织结构的调整与战略变革。Dey（2019）等把全球价值链中的企业转型视为公司通过知识扩散来优化公司产业结构，从而提升公司的自有竞争力。在企业升级方面，Gereffi（1999）最先明确地总结了企业的升级观，他把这种升级看作企业通过产品价值的提档进而增强持续盈利能力的结果。后续相关研究中，将企业升级的概念从简单的产品升级进阶到技术、市场等多维企业竞争力的提升（Humphrey et al.，2002）。

Choi（2013）提出产业集群企业与区域内的相关行为主体在长时间正式或非正式的信息交换与合作的基础上形成了集群创新网络，他认为该种集群不仅具有经济上的优势，还能通过集群中的网络结构传递创新成果，具有多元化主体、多样化联系、多要素组合的特点，能够有效提高集群网络的创新能力。

2.1.4 企业资源集成化配置文献回顾

管理领域常使用"1+1>2"描述不同子系统间的协作效果，寓意多子系统合作、协调会使系统整体收益增大。集群内部制造任务分工的高精细化要求集群内部要进行频繁和高效的生产交流，形成集群内部企业间的协作生产，并依托制造集群的关系网络进一步形成协作关系。制造集群作为生产制造企业的地理聚集性和制造加工互补性的集群，不同企业之间存在庞大的供给与需求关系，同时各制造企业自身生产的产品、提供的服务和生产节奏的差异，更加要求其在集群内部高效协作。制造集群内部企业之间的协作关系又因其自身的生产特点与能力不同，分为服务互补、外生服务依赖和内生嵌入型服务三种类型的网络协作关系。

集成思想最早由切斯特·巴纳德（Chester Barnard）提出，其强调系统的协作思想。1963 年，弗里蒙特·卡斯特（Fremont E. Kast）和詹姆斯·罗森茨韦克（James E. Rosenzweig）等人合著的《系统理论与管理》较完整地阐述了管理的系统学说，丰田公司的准时化生产（Just In Time，JIT）和通用公司的敏捷制造（Agile Manufacturing，AM）的生产方式实践了集成管理思想。1973年，美国学者约瑟夫·哈林顿（Joseph Harrington）首次提出以集成思想为基础的计算机集成制造系统（Computer Integrated Manufacturing System，CIMS）。1987 年，安德瑞森（Andreason）从产品开发角度提出了优化产品开发过程是集成的、整体的并以人为中心的集成产品开发方法。20 世纪 90 年代以来，随着制造业的生存环境发生了深刻的变化，越来越多的企业通过企业间的交互与合作在整个供应链和价值网络中实现结构和过程优化。国外学术界和企业界的诸多学者，如 Whittle 等（2003）、Weston（2003）、Botta-Genoulaz 等（2005），都试图通过改进 ERP 系统的柔性和可重构性，来提高其对企业间集成与重构的支持。考虑到企业需求的多样性和环境的复杂性，通过提供更多的配置参数、选项、功能和组件，扩展 ERP（Extended ERP）和 ERPⅡ等概念被提出来作为 ERP 的替代品。针对特定形式的网络组织和特定业务驱动模式，国外学者 Fox 等（2000）对 SCM 系统，Troy 等（1998）、Aerts 等（2002）、Soja 等（2015）对虚拟企业信息支持系统也都展开了大量的研究。Zott 等（2010）从活动系统的角度探讨了商业模式设计的概念，认为商业模式与企业资源集成化配置存在相关关系。Teece（2018）提出动态能力和战略管理的概念，认为企业资源集成化配置与创新和增长的关系存在正向促进作用，强调了创新和增长的组织方式。Romanova（2019）从协同效应的角度分析了提高企业集群竞争力和金融经济稳定性储备之间的关系，认为在集群的形成过程中，经济实体的集群结构扩展了一体化结构的生产潜力，协同效应是在集成结构生产潜力增长的基础上实现的。由于协同作用，集群提高了创新个性自我发展的能力。

2.1.5 集群网络协作关系治理文献回顾

Podolnyj（1994）提出集群供应网络组织的运作除了集群成员间特有的社会关系网络和集群文化等隐性协调机制，更离不开众多活动主体在共治过程中的作用分工（Grillitsch et al., 2020）。Tricker（2015）的研究指出，治理机制的作用在于保证组织的完整性，从而使组织行为与其战略目标相一致。Bradach 等（1989）提出协调经济活动的三种方式是价格、权威和信任。Jarillo（1990）认为网络组织的"黏合剂"既不是价格信号，也不是行政命令，而是信任。Fukuyama（1995）认为不信任是对经济活动的一种变相"征税"，而信任必然替代昂贵的监控程序。Burt（1992）指出结构洞是在社会网络中出现关系间断且只有第三方的介入才能相互联系的情况。企业的资源获取就是依靠不断地开拓网络中的结构洞，从而不断改变网络结构，赢得竞争优势（Huggins et al., 2015）。制造集群的网络治理机制可以划分为正式和非正式治理。Giuliani 等（2019）认为集群网络治理是集群行为主体有目的的集体行动。Brown（2000）则把集群治理看作产业结构和集群企业间的互动关系。集群治理是介于科层治理与市场治理之间的一种网络治理形式。Gulati（1999）认为企业间、组织间网络的形成既来自外生要素的整合又源于内在因素的驱动。网络治理则是以社会关系、经济结构、技术要素的整合过程为基础衍生而成的一种广义的治理行为（Boschma et al., 2020）。Bai 等（2018）研究了社会网络对集群企业创新的影响，发现社会网络对集群企业创新有显著的促进作用。

2.2 国内文献回顾

2.2.1 产业集群文献回顾

王缉慈等（2001）、金丽华等（2020）较为系统地综述了国内外产业集群研究的主要流派思想，并对国内外大量产业集群进行了实证分析。李小建

（2006）就新产业区的来龙去脉进行了阐述。有学者提出从区域的形成时间、规模部分结构、联系程度和根植性等方面来判别新产业区，并研究了偶然因素、企业网络、劳动地域分工等因素对产业集群形成与发展产生的重要影响。叶建亮（2001）运用新增长理论建立起经济模型，得出知识溢出是导致企业集群出现的重要原因。陈雪梅等（2001）在对中小企业集群形成的内部与外部原因进行分析后，认为中小企业集群形成的方式主要有：区域的地理环境、资源禀赋和历史文化因素所致；由大企业改造、分拆而形成；由跨国公司对外投资而形成等。李新春（2002）对集群内部的创新、企业家网络等问题进行了研究，并以广东的部分集群为例，分析了集群创新的组织与政府职能作用的发挥问题。张杰等（2005）和周建华等（2016）认为产业集群是依附于社会关系网络所嵌入的关系型信任与关系型契约的共同作用机制。一方面，其竞争优势体现在与劳动力结合的低成本；另一方面，其在产业升级、价值链提升进程中面临着"社会资本锁定"的困境。并从不同企业网络形式在不同社会制度结构中的差异入手，以社会制度层面所嵌入的社会信任体系（社会资本）为分析框架，探寻企业网络的内在特征差异以及其升级的内部制度动力机制与制度路径。

　　李庆满等（2019）认为产业集群为技术标准扩散提供了有利的网络平台。通过分析 283 家制造业集群内企业的调研数据，经过链式中介作用检验程序，研究表明网络权力显著正向影响技术标准的扩散。网络权力不仅直接正向积极影响技术标准扩散，还通过知识转移和技术创新影响技术标准扩散。胡新华等（2020）借助演化博弈模型，探究本土中小企业嵌入外生性集群网络的过程，本质就是企业与网络内特定企业关于合作与否的博弈过程。企业双方均选择合作的策略为最终的演化稳定策略，是最理想的演化状态。基于信任和信息共享的网络治理有助于本土中小企业的集群嵌入、提高关系租金、提高集群网络的价值。谭维佳（2021）认为产业集群在加剧企业间竞争的同时，也促进了企业间的合作。产业集群内部的竞合关系是产业集群的核心价值，也是产业集群间竞争优于企业间竞争的根本所在。李金华（2020）研究发现创新型产业培育集群布局依托地区产业发展优势，满足了协调发展要求，创新型产业集群和培育集群主要集中于先进制造业。一个创新型产业集群，其主导产业应有良好的市场前景，重要的细分领域要在国内具有明显的优势，集群内的生产机构、研发机构、创新服务机构、企业孵化器、产权和技术交易机构、投融资服务和知识产权服务机构完备，形成完整的产业链，企业充满活力，能满足集群产业的战略发展需求。

2.2.2 集群网络资源文献回顾

随着数字技术的发展，制造集群及集群网络以数据的形式存在于虚拟空间，通过数字化领导进行信息共享和协调合作（陈小勇，2017）。王如玉等（2018）研究发现相较于传统意义的集群，数字情境下的集群具有高灵活性、跨产业性和信息数据化等特点。通过运用大数据技术，集群网络得以构建网络跨界协同的信息共享机制（王丽平等，2019），实现了更快速而高效的区别于传统集群的资源整合与集群协作。左小明（2009）认为，在从传统单个企业向具有集聚效应的网络形态演变的形势下，集群网络协作关系的发展也经历着升级与转型的变化过程。

国内学者多从系统论角度对集群网络结构进行定义。制造集群成员之间形成的网络结构是一种介于市场活动和等级制度之间的组织形式。制造集群协作是建立在网络的基础上，原本企业之间点对点联系、合作，其协作过程属于线性模式。不同制造集群中的企业彼此合作，出现一种非线性的组织网络，制造集群会寻找组织邻近的合作者，最终制造集群由单一的个体企业逐步向集群网络模式演进与发展。组织间网络有两种一般形式：一种是联系网络，即组织通过其获取知识和联盟的网络；另一种是联盟形式的网络，通常关注正式的合作和合资企业，企业以及由此产生的其他关系在频繁和重复的交互中通过访问其网络中其他的知识获得优势。这意味着组织可能获得的优势取决于知识的网络概况。数字时代的到来使制造企业向高度透明的开放型、数据化生态转变，包括信息沟通、资源共享和生产流程分工等方面（单凤儒，2014）。以制造企业为微观主体，某地域内的制造企业在中观上构成制造集群，多个跨地域的企业在宏观上构成集群网络。

2.2.3 集群网络与制造业转型升级文献回顾

制造集群是我国区域经济发展的一种主要形态，制造集群已由单一的个体企业逐步向集群网络模式演进与发展。苗东升（1998）认为，结构是指系统内部各组成要素之间相互联系、相互作用的方式，即各要素之间在时间和空间上的排列或组合的具体形式。蔡宁等（2002）认为集群中企业是相互依赖的，而不是独立的，因此集群就具有了结构。集群的结构描述了集群中资源的占有、分布状况，反映了资源整合中协同效应的深度。结构影响集群竞争优势的实现途径是通过集群结构影响集群内企业的行为，反过来，集群内企业的行为也会影响集群的结构，集群结构与企业行为的交互作用决定着绩效。倪沪平（2005）则把企业比作多向空间中分散的实体，把企业之间由建立准市场或超市场契约形成的制度关系比作纽带，认为企业集群网络结构就是由企业之间多边准市场协调契约（超市场契约）关系所形成的多维向量空间体系。

符正平（2002）详细讨论了企业集群产生的供给条件、需求条件和社会历史条件，并认为网络效应在企业集群形成过程中起着关键作用。董雪等（2012）认为地方公共产品的有效供给是集群形成和发展的重要条件。魏江等（2003）提出了传统产业集群的三个层次网络系统结构模型：核心网络系统、辅助网络系统和外围支撑网络系统。其中，核心网络系统主要包括供应商、竞争企业、用户和相关企业四个因素，它们之间通过产业价值链、竞争合作或其他内部联结模式实现互动。辅助网络系统主要为核心网络系统提供资源和基础设施、知识流、技术流、人力资源流、信息流等生产要素的支持。外围支撑网络系统主要通过不断完善辅助网络系统，或者直接通过有关规则的建设，或通过其他间接的作用方式（如文化和人际关系），影响核心网络系统的行为和相互连接方式（胡俊峰，2011）。李凯等（2005）进一步对装备制造业集群进行了考察，提出了耦合结构的三层机制：制造企业耦合（内层）、产业耦合（中间层）和区域社会网络耦合（外层）。制造企业耦合层是装备制造业集群的内核，产品服务交易是其表现形式；产业耦合层是跨越产业的制造企业的耦合，其体现为同一产业链上的配套；区域社会网络耦合层为制造企业耦合提供知识、资源以及耦合的规制与公共服务。集群耦合就是由制造企业耦合、产业耦合和区域社会网络耦合叠加而成的复合结构，可实现集群经济、社会功能的共增。朱瑞博（2004）建立了一个决定模块生产网络价值创新的整合性架构；赵艳（2023）认为模块生产网络价值创新的基本逻辑是网络内部的适应性主体通过组织柔性的专业化分工、互补性合作以实现协同效应。协同效应的实现依赖于网络的自我治理，而治理活动镶嵌在既定的制度背景中，模块生产网络受到不同制度环境的限制，就会有不同的治理行为和不同的价值创新绩效。谢洪明等（2007）探讨了产业集群内企业网络关系的类型、联结对象及网络地位对其竞争力的影响。研究表明，产业集群并不直接影响企业竞争力，而是在一定程度上通过作用于企业的网络关系最终影响企业的竞争力。李胜兰（2007）认为由于集群的社会关系性嵌入依赖，成员企业拥有的社会关系比例过高，降低了集群内企业之间的合作效率，进而导致集群整体发展失衡、创新退化，陷入锁定状态，并提出通过非正式制度与正式制度的兼容，集群本地化与全球化融合，打破集群锁定状态。

部分学者研究集群网络时采用了复杂网络的视角，其中，王聪聪等（2013）认为基于复杂网络视角，集群内部网络结构是由网络节点与网络边构成的。利用软件对外生性风险和内生性风险扩散过程中集群网络结构的动态变化进行计算机模拟，以网络节点模拟集群中的企业，以连接节点的非矢量边模拟企业关系，形成集群多层析网络。李晓青（2015）认为产业集群网络运行的过程中，网络节点、网络联结关系和网络结构会随时发生改变。因此，产业集群网络呈现出复杂性的特征。他提取了产业集群网络的演化机制，将其分为生长机制、择优连接机制、退出机制、补偿机制。

魏江等（2014）认为产业集群企业间连接关系多种多样，构成了复杂的集群网络。基于嵌入性观点和创新能力理论，通过数据分析发现知识网络双重嵌入对集群企业渐进式创新能力具有正向影响，且对集群企业突破式能力提升发挥作用更明显的是双重嵌入中的超本地嵌入。赫连志巍等（2017）通过自组织的动力机制方程描述产业集群创新网络自组织的演化过程，研究发现建立一个有效的演化机制对集群创新网络的演化有促进作用。集群创新网络具有生物群落资源有限、信息不对称等特性，需要在政策上予以影响，以保障集群健康持续发展。许露元等（2019）认为集群网络结构推动了知识、技术跨区域的流动和扩散，进而提升了整体集群的绩效。俞园园（2022）分析了效果推理与产业集群网络的动态变化关系，发现效果推理和产业集群网络的关系存在三个层次，分别为创业者个体层面的效果推理、创业者在产业集群内互动的效果推理、产业集群内集体认知的效果推理。

集群网络与制造业转型升级的影响因素有很多，现阶段关于集群网络升级的研究涵盖各方面。从创新网络机制来看，葛昌跃等（2003）从企业管理、技术交流、合作等方面对网络环境进行了剖析，认为网络技术加速了企业集群的形成，促进了集群内企业的发展。网络概念多用于社会科学领域，随着企业的经济独立个体观念在市场经济中不断加深，通过关系网络能够有效地解释企业经济活动关系。左小明（2013）认为企业制造能力的互补性、网络信息的共享以及成员企业对动态和柔性生产的需求是促使企业形成制造集群网络的动因，而集群网络连接了集群整体与成员企业的经济效益。从知识溢出角度来看，陶锋以珠三角加工贸易企业数据为样本进行研究，得出显性知识溢出对企业渐进式技术创新有一定促进作用，隐性知识有利于企业技术开发。制造集群具有明显的知识溢出效应，集群网络中成员企业通过代工生产过程可以获得溢出的知识，为其转型升级提供知识来源（陶锋，2011；吕越等，2018）。从全球价值链来看，余振等（2018）认为提升自身在全球价值链中的地位和参与度，更广泛地与贸易伙伴融为一体、分工合作，才能真正实现转型升级发展的目标。我国制造集群网络系统由多个要素构成，共同驱动企业的转型升级，企业的升级是通过生产系统重组或引进高新技术来提高生产效率，建立品牌联盟，进而向新的效率更高的生产系统转换（黄春萍等，2022）。

集群的知识溢出效应促进了集群创新网络发展和集群经济增长，是集群创新产出和生产率提高的源泉（颉茂华等，2021）。当前制造集群中龙头企业跨地区、跨国兼并重组和股权投资等意识略有不足，应通过构建集群网络信息模型，核心企业、主要制造集群能有效把握全国集群发展方向，捕捉市场空白，集中联合研发，实现创新性升级。创新的主要目的不只是提高生产效率，有更多的产出，要想实现制造集群升级，在创新的过程中还要考虑环境保护、绿色发展等社会责任。

党的二十大提出要打造数字产业集群，实现相互合作、交流共生的网络发展高级形式。陈绮燕（2022）通过对佛山南海纺织业的研究，认为在数字化时代，传统产业转型升级主要在于转换发展动力、提升智能效率、与服务业融合，从而实现绿色和高质量发展，以此优化所在产业集群价值链，顺应历史趋势。黄利春（2021）以家电产业集群为例，从质量视角探讨了建设自主品牌、实现产业链一体化和智能化，是制造业产业集群升级的路径，而其升级逻辑在于实现多层次突破式创新和建设产业协同的质量生态系统。戴魁早（2021）提出产业链现代化要从基础再造、科技创新、区域协同、市场化、数字化五个方面增加产业集群的价值链增值服务，以此加强产业集群的竞争力和提升所处价值链的地位。查志强（2018）基于浙江省国际产业合作园提出，传统产业转型升级要发挥创新平台作用，加强企业间的交流合作，结合旅游业，打造产业价值链新模式。田学斌等（2018）以雄安新区传统产业为例，总结产业转型升级基本共识在于价值链攀升、数字化程度、与"互联网+"产业融合，要重视国家环保政策，淘汰落后产能，贯彻绿色发展。侯彦全（2023）综合分析了对先进制造集群的认知，认为先进制造集群是打造制造强国的核心，制造集群的先进性、网络化和融合化是实现先进制造业数字化和绿色化优质发展的需要。

2.2.4 企业资源集成化配置文献回顾

产业集成化引入集成思想，将集成管理与产业组织理论相融合，把市场经济与组织结构革命向纵深进一步推进。蔡宁等（2002）认为，企业集群的竞争优势不是来源于传统理论所认为的战略选择，而是来源于集群所拥有的资源禀赋及其资源整合能力，特定的资源和能力构成了集群的长期竞争优势。

张立等（2002）、黄建康（2004）、郭晓玲等（2019）研究发现，产业集成化不仅局限于"地理上集中"和"横向与纵向联系的产业部门的集合体"。产业集成化是一种新经济复合结构形态，把若干独立运行的半自律子系统按某种联系规则统一起来，构成更复杂的系统或过程。杨小凯等（2003）、王宇峰（2021）认为，产业集成化的特性之一是发挥市场功能，并不是分配资源，而是寻找最优市场网络规模，尽量利用分工的网络效应，使社会生产增加，从而减少稀缺性。张贵等（2005）认为产业集成化可以使产业组织形成"路径依赖"和网络效应的"正反馈"，一方面，使"集成化"成为标准之后可以锁定合作伙伴和顾客，能强烈地形成报酬递增效应；另一方面，"集成化"使事实上的标准制定者成为市场的垄断者，其网络效应的"正反馈"使任何企业与其竞争都要付出比以往大得多的代价，从而确立其在市场上的领袖地位。贾根良（1998）认为产业集成化始终围绕价值增值，自觉地意识到市场竞争的压力，对原有技术、原有各种组织关系先进行"创造性的破坏"，再进行"创造性的组合和创建"。为此，要求优化价值传递过程，如建立技术联盟，有助于集成伙伴之间在交易过程中减少相关交易费用，在联合之后创造的通用技术或者技术信息具有共享性，使参与集成企业核心能力的杂交产生一种混合优势，它能够以低成本通过网络获得竞争和互补性价值（李晓钟等，2017）。张贵等（2005）认为产业集成化运作的核心是实现多种系统集成，借以寻找新资源，增加社会生产和财富。黄建康（2004）认为，产业集成实质是技术创新、产品创新和市场创新等方面的系统集成（李丽，2011）。张立等（2002）认为产业集成化的多种系统集成的实施主体是企业及各种产业组织，并通过紧密的相互联系形成竞争优势。

针对国内中小企业数量多、规模小、竞争力弱的情况以及我国加入世界贸易组织（WTO）后所面临的国内、国际日趋激烈的竞争环境，"十五" 863计划提出"适合中国国情的 ERP 系统"和"可重构 ERP 系统"的构想（科技部高技术研究发展中心，2002）；国内学者勇喜（2003）、郝岩（2004）、虞涛等（2003）、黄宝香等（2004）、王忠杰等（2005）都在此领域开展了大量的研究，也取得了一定的研究成果。针对特定形式的网络组织和特定业务驱动模式，国内学者吴家菊等（2006）对 SCM 系统，柴跃廷等（2000）、王宇恒（2022）等对企业信息支持系统也开展了大量的研究。陶丹等（2001）、李从东等（2004）、汤勇力等（2006）则在连续三个"十五" 863 计划项目滚动支持下，从管理理念和体系结构更新的角度构建了基于 X 列表的可重构ERP 体系结构。

2.2.5　集群网络协作关系治理文献回顾

随着信息技术的迅速发展，越来越多的研究关注技术要素对集群网络协作关系治理的影响。李云等（2021）研究数字化技术在制造业集群治理中的应用，提出了数字化技术对集群网络治理的促进作用。赵维等（2019）研究了跨界合作对文化创意产业集群网络协作关系治理的影响，发现跨界合作能够促进集群网络协作关系治理的发展。孙国强（2003a、2003b）从社会机制和运作机制两个层面构建了网络组织的治理机制体系，并从网络关系、互动和协同的角度构建了网络治理的逻辑框架。董淑芳（2006）分析了资产专用性、交易与创新活动的不确定性、任务复杂性、交易频率对企业网络治理结构的影响，并从集群整体和成员企业个体的角度分析了企业网络的治理机制。汤勇力等（2007）将实现协同运作的企业群看作一个完整的体系，并在研究该体系重构进化以适应环境复杂性和动态性的基础上，设计了虚拟企业治理的集成化通用理论分析和结构设计框架，为虚拟企业体系的结盟、运作与治理提供了理论指导。霍佳震等（2007）在分析集群供应网络关系之后，认为集群供应网络是一种源于集群，但不限于集群的网络组织，因此，集群供应网络治理是比集群治理更复杂的"共同治理"活动安排，并归纳出共治活动的参与者包括企业、政府部门、科研机构、中介服务组织和金融机构等五大主体。

牟绍波（2014）认为战略性新兴产业集群式创新具有创新驱动性、知识溢出性和协作网络性。从核心企业视角来看，战略性新兴产业集群式创新网络可划分为无核集群式创新网络和有核集群式创新网络两类，并在此基础上，从信任、声誉、权力和制度四个维度构建了战略性新兴产业集群式创新网络综合治理机制，其中信任是润滑剂，声誉是强化剂，权力和制度是保障。赵璐（2019）从网络组织模式视角提出"一核心、三机制、五步骤"的中国产业集群网络化发展路径，即以产业组织变革为核心，构筑"政府—市场—集群"三位一体治理体系，以产业集群网络化发展国家为引领、以产业集群网络化协作组织为枢纽、以网络化产业集群创新为动力，构建多维度、多层次的集群发展命运共同体，不断提高集群创新力和竞争力，构筑新时代国家产业集群网络化战略格局。

网络协作主要表现为信息共享、资源互补、战略联盟、协同分工等，通过探究集群组织核心企业网络能力和集群企业协同创新之间的关系，发现核心企业以较强的网络组织和管理能力，使集群企业间分工更加明确，使其合作绩效增加的同时增强集群协同创新绩效（倪渊，2019）。同时，网络协作关系作为信息资源共享传播的方式，在一定程度上会产生知识溢出效应。治理机制是网络节点及其连接发挥制约的正式与非正式的制度安排和准则，主要表现为对主体间行为的约束与激励（徐芮等，2018）。胡雅蓓（2017）以高科技产业集群为例，研究在产业集群网络内部由契约、政府公序与组织私序构成的正式治理机制，与信任、声誉和集群文化构成的非正式治理机制之间的关系，提出其在强、弱关系网络中均存在着相互促进的互补关系。高科技产业集群因网络嵌入关系的差异，其治理机制对创新绩效的影响存在显著差异。在强关系网络中，非正式治理机制正向影响渐进性创新，而在弱关系网络中，正式治理机制则正向影响根本性创新，说明集群合作越密切，声誉、信任对于集群实现经济效益越重要。而正式治理机制在成员熟悉度不高的初生集群中，出于良好竞争环境和维护经济利益等原因被更广泛地接受。产业集群网络成员间的合作由集群网络治理机制中的企业主导的网络内生机制、协会主导的协会自治机制、政府主导的产业政策和制度环境构建机制共同驱动（王嘉馨，2021）。制造集群网络关系治理机制主要为信任机制、声誉机制、联合制裁机制。周雄飞（2008）以高技术产业集群为例进行研究，他认为网络治理机制可以达到集群内企业的互动协调和资源的整合，整个网络能在共识下维持企业间的平衡并更好地发展，这不仅可以提高高技术产业集群知识的利用效率，还能实现技术创新、降低创新风险。

网络治理是制造集群网络有序协作的重要因素，缺失有效的治理机制将可能导致知识交易困境（史萍萍，2022）。其中契约治理是在当前法治环境下最为有效、直接的方式，其有效性高于关系治理（张丹等，2019）。但企业所处的数字化情境不同，应采取不同的治理机制，在低数字化情况下，管理者应多关注关系治理等非经济因素（吴晓波等，2022）。关系治理机制主要依赖于一定的社会活动行为准则，是以公共约束下的社会关系为基础，建立在期望和需求上的非正式规则（李智俊，2010）。高技术产业集群治理主要是为了实现企业互动、资源整合、适应调整及维护与规范四大目的。制造集群网络治理中的契约机制是制造集群与外部集群签订正式的书面合同（合同中有详细的条款对交易的细节以及合作主体的权责利进行说明），通过达成契约关系来降低交易成本和潜在违约失信风险的治理机制（张华等，2022）。张丹等（2019）从契约治理机制和关系治理机制出发，以网络能力为中介变量，发现孵化网络治理机制能够促进企业创新绩效。基于契约的信任机制，能在契约保障的基础上进行合作并逐步增强对彼此的信任（孙莹等，2022）。而信任作为维持企业间关系的重要因素，一直以来也受到学者们广泛的关注（孙莹等，2022；俞兆渊等，2020）。合作关系的加深会让各节点的合作意识与维持良好声誉的意识加强，但机会主义仍然存在，需要利用数字技术突破时空限制和加强协同效应（刘静，2022）。作为知识共享的必要条件，企业间的信任提高了企业间联系的稳定性，防止投机行为的产生，降低了创新的风险。信任对于集群企业的合作创新、维持良好的合作关系从而产生积极成果有着不可忽视的作用，是企业间合作关系形成的基础。企业之间的交流合作创造了信任的条件，有利于知识的传播。合作企业之间的相互信任不仅对合作创新的绩效具有正向影响，而且能有效降低长期交换关系中机会主义行为的风险（刘向东等，2021；彭本红等，2021）。制造集群间的信任具有激励主体主动分享收益、减少敌意行为的重要意义。作为一种非正式治理机制，信任是交易治理中更为有效的机制。信任机制以不失去合作的贸易伙伴为代价，相较于谈判、签订合同和其他包含较高治理成本的活动，信任机制更为直接地在网络各个节点之间低成本建立协作合约。尽管信任没有涉及约束机会主义行为的监控机制，也缺乏评估风险的充足信息，但在多重交集中，信任使得企业合作得以发展，降低了机会主义风险。建立节点间的信任机制是制造集群网络取得成功转变的关键。声誉是一种隐性契约，也是初步建立信任的重要前提条件。声誉在非科层制的集群网络中能在一定程度上约束企业的机会主义行为，增强企业自律性（刘静，2022）。引入声誉激励机制将增加制造集群网络的长期收益。由于坏名声可能会受到联合制裁，制造集群与外部利益相关者的战略合作关系本身就构成了对其中各方的一种激励机制，这种激励机制起作用的前提条件是持续稳定的经营环境和集群网络各利益相关者彼此间恪守信用，注重自身良好的声誉建设。拥有好声誉的主体，拥有更多的谈判资本，在谈判中一般可以制定更有利的条款，增强网络合作收益（张丹等，2019）。而与声誉不佳的制造集群合作，当参与风险大于收益时，外部集群将不选择与某集群相关的合作。我国产业集群具有"人际关系网"和"集群锁定效应"的特征，制造集群间存在利益的分歧和对立。"集群锁定效应"增强了对制造集群中不守信行为的惩罚力度，迫使制造集群建立良好信誉，实现从零和博弈到正和博弈的跳跃（孙洛平等，2006）。联合制裁是跨组织合作中声誉和信任发挥作用的前提条件，对信任机制有正向促进。制造集群网络中的联合制裁是指对违背网络普遍规范的由多个制造集群对违规的制造集群实施惩罚。在自发调节机制下，交易中往往会出现道德败坏以及逆向选择的行为问题，联合制裁机制的建立，将大大抑制这些机会主义行为的发生（孙国强等，2015）。

2.3 文献评述

由上述所列文献回顾可知，传统研究集群网络及资源分布式共享的学者多是从特定的企业个体系统或以特定的企业个体系统为核心的企业集群的角度，通过 ICT 手段提高 ERP 系统的可重构性，尚未做到从多核企业集群或网络组织整体的角度，在管理模式和系统支持双重意义上进行更深入的探索。特别是针对具有多核特征的中小企业制造集群网络组织，其业务驱动模式具有多元化和动态演化的特性，专注于单一业务驱动模式的 SCM 系统（以产品驱动模式为主）和虚拟企业信息支持系统（以任务或项目驱动模式为主），无法对其网络资源优化配置与网络成员企业协同运作提供有效的支持。而在体系结构和实现机制上，传统 ERP 采用的是以 BOM 为主要列表形式的单层次企业战略目标到生产运作任务的分解与映射模式，不能够有效、灵活地实现战略、任务、资源、能力之间的分解和映射，也不能够有效地为战略目标的制定、调整和演化提供运作信息支持（李学工等，2022）。

不仅如此，以往对集成化信息系统的研究多集中于开发技术、实现技术和系统集成技术等方面（汤勇力等，2007；Sprott et al.，2003；Lea et al.，2005），强调 ICT 技术手段对于实现系统协同运作的重要性。但是集群网络组织的协同运作是以成员间的协调治理为前提条件的。企业间只有保持良好的关系型缔约联结，形成协调的网络联系结构，才能够消除信息不对称，增强信任，达成默契，从而实现运作调度的协同（Boden，2004）。国内外中小企业产业集群的兴起和快速发展，如意大利的皮革时装产业集群、美国硅谷的微电子高科技产业集群等（Jones et al.，1997），以及国内的珠江三角洲（Porter，1998）、长江三角洲（胡军等，2003；沈惊宏，2020；袁丰等，2015）密集分布的电子、机械、服装、模具、灯饰等多种中小企业产业集群，也使学术界开始关注各种形式的网络组织的协调治理对于协同运作的重要性（蒋兰陵，2005；Georgantzas，2001；Bell，2005）。单纯通过 ICT 手段无法彻底解决网络组织的协同运作问题，需要结合网络协调治理的管理理念和管理机理进行更深入的研究。网络组织的协调治理需要依据合理的治理理论、设计合理的治理逻辑和构建合理的治理机制，形成科学的治理框架，以合理分配控制权、利益和风险，并建立有效的沟通、监督和激励系统支持，这些也都是 ERP 和 SCM 系统等传统的集成化企业信息系统所无法实现的。

因此，开展面向中小企业多核集群的多层次网络资源计划体系的研究，有助于解决当前我国集成化企业信息系统研究和应用中所存在的基础理论问题，满足多核中小企业集群网络中多元化业务驱动模式下的网络资源优化配置和网络协同运作的需求。

同时，制造集群作为生产制造企业的集群，不同企业之间同样存在庞大的供给与需求关系。此外，各制造企业之间根据自身生产的产品，提供的服务和生产节奏的差异，更加要求集群内部企业之间的高效协作。由此可见，现有研究多数以各自单一的理论框架为依托，主要集中在以单个企业作为组织个体，分析企业转型升级的思路，而对制造集群网络的共同成长机制关注较少，具体表现在研究视角、研究效果检验和研究结论持续性三个方面：首先，在制造集群网络的内涵研究方面，主要体现在单个组织或企业核心竞争力的价值；其次，在组织转型升级的有效性检验方面，侧重于企业独立经营结果而忽视了对集群网络协作效果的度量；最后，在制造集群网络发展的持续性控制方面，侧重于单个企业成长，而尚未从多核制造集群网络的视角，探讨制造集群网络转型。我国学者对制造集群网络治理的研究整体上从相互制衡的角度入手，绝大多数学者提出网络治理应以政府政策管辖为辅，以契约治理、联盟制裁为主要治理途径。目前在制造集群契约治理方面的研究有所缺乏，通过怎样的方式或者平台得以实现契约监管，达到制约效果，众多学者对此提出了较多构想，但针对制造集群生态系统没有充足的研究和定论，在实施中仍存在监管缺位现象。

2.4　本章小结

本章从产业集群、集群网络资源、集群网络与制造业转型升级、企业资源集成化配置以及集群网络协作关系治理五个方面入手，对国内外学术界现有的相关文献进行了回顾梳理，为本研究提供了丰富的理论参考与研究基础，最后对所梳理的文献进行评述，分析了目前该领域内的主要研究方向与观点，并阐述了上述文献研究的不足之处。

第3章 | CHAPTER 3

多核中小企业集群网络资源的
相关理论研究 ▶▶▶▶

3.1 中小企业、核心企业的界定

3.1.1 中小企业的界定

1. 世界各国中小企业的界定标准

中小企业的概念最早出现在 19 世纪末，是在第一次工业革命完成，西方工业体系与现代商业体系初步形成，许多大的企业在经济活动中占据主导地位的情形下形成的概念。它是与其所处行业的大企业相比，在人员规模、资产规模与经营规模等方面都比较小的经济单位。因此，它是一个相对的概念，其相对性主要体现在三个方面：一是中小企业的实际规模会因行业的不同有很大的差异；二是其标准会随着时间的迁移而发生变化；三是通过企业之间的比较，尤其是同行业企业之间的比较，才有可能确定中小企业的实际内涵。除此之外，不同国家、不同经济发展阶段、不同行业对中小企业界定的标准也不一样。各国一般从"质"和"量"两个方面对中小企业进行定义，"质"所涉及的指标主要包括企业的组织形式、融资方式及所处行业地位等，"量"所涉及的指标主要包括雇员人数、实收资本、资产总值等。"量"的指标比"质"的指标更为直观，易于选取和比较。世界各国或地区政府对中小企业的划分标准如表 3-1 所示。

表 3-1　世界各国或地区政府对中小企业的划分标准

国家或地区	产业类型	雇员人数	资产额	年营业额
美国 （大类中按小类细分标准）	制造业 批发贸易业 农林牧猎业 其他非制造业	少于 1500 人 少于 250 人		大多数少于 75 万美元 大多数少于 750 万美元
日本	制造业 零售业 服务业	少于 300 人 少于 50 人 少于 100 人	少于 3 亿日元 少于 5000 万日元 少于 5000 万日元	
欧盟		少于 250 人	少于 4300 万欧元	少于 5000 万欧元
澳大利亚		少于 200 人		
加拿大		少于 500 人		
俄罗斯		少于 250 人		少于 20 亿卢布

2. 我国中小企业界定的标准

我国自 1949 年就建立了中小企业划分标准，并根据社会发展形势做过多次修改，目前通行的标准是以工业和信息化部、国家统计局、国家发展和改革委员会、财政部于 2011 年 6 月 18 日发布的《关于印发中小企业划型标准规定的通知》（工信部联企业〔2011〕300 号）❶ 为准，主要标准如表 3-2 所示。

表 3-2　我国中小企业的划分标准

行业名称	从业人员	营业收入	资产总额
工业	少于 1000 人	少于 40000 万元	
建筑业		少于 80000 万元	少于 80000 万元
交通运输业	少于 1000 人	少于 30000 万元	
仓储业	少于 200 人	少于 30000 万元	
信息传输业	少于 2000 人	少于 100000 万元	

---

❶ 2021 年 5 月 24 日，工业和信息化部等多部门召开中小企业划型标准修订工作组（扩大）会议，对《中小企业划型标准规定（修订审议稿）》进行了研究和讨论，就进一步做好中小企业划型标准修订工作明确了思路举措、提出了具体要求。

行业名称	从业人员	营业收入	资产总额
软件和信息技术服务业	少于 300 人	少于 10000 万元	
零售业	少于 300 人	少于 20000 万元	

注：中小企业划分为中型、小型、微型三种类型。

由表 3-2 可知，我国现行的中小企业划分标准是以定量指标为准，基本没有考虑企业的地域、性质和管理方式等要素。本研究主要讨论的是面向中小企业的多核制造集群网络资源计划体系问题，因此，在产业集群相对集中的区域范围，除了大型的跨国公司或国内的集团公司，其他企业基本上都可以纳入本研究的研究对象。尤其是以劳动密集型加工行业为主的产业集群中的制造企业，是本研究界定和研究的中小企业的重点。

3.1.2　核心企业的界定

集群中的核心企业基本上是围绕着企业在集群中的地位和作用来界定的（Nijdam et al.，2003）。一般认为，集群网络中核心企业应占有集群的核心资源和竞争力（付玮琼，2020），位于集群环境下供应商和客户网络的中心，其技术和知识的扩散传播是产业集群形成的条件（Lazerson et al.，1999；Morrison，2004），因此，在集群中起着领导者的作用，能够提出可以共享的商业理念、倡导企业之间彼此信任与互利的文化，具备选择和吸收优秀伙伴的能力，且具有更高的成长率、创新能力，更善于吸纳各种资源并在整个行业中占有一定的市场地位，具备良好的市场潜力与企业信誉等领先优势，继而对集群内其他企业产生积极的外部效应（李书豪等，2022）。从地位上看，核心企业通常处于产业集群中研发环节的源头与商业环节的核心，在组织层面上对整个集群网络的成长发展起着实质性的引领作用，同时在集群与外部社会环境的相互作用中充当协调者与平衡者（朱国军等，2021）。核心企业在整个产业集群内部具有极强的控制力，从根本上说是由于创新资源和创新主体相互作用所形成的创新协同网络、核心企业、非核心企业等多要素协同演化形成的现象（王伟光等，2015）。国外部分学者注意到了集群中大企业（核心企业）的作用，认为大企业在集群网络中的角色和任务是异质的和不可互换的（Lapanini，1999），有能力设计并运营于不同企业的更大的网络关系（Dyer, 1996; Uzzi, 1997），是推动集群创新的发动机（Camufo, 2003），对集群中小企业的成长具有很强的示范作用，能够为集群中其他企业提供营销上的支持，通过与其他企业之间的协作促进集群内部资源的共享（Langen, 2003），并且有能力以自身为中心来设计、构建各种复杂的联结关系（Lorenzoni et al., 1988）。

上述关于核心企业的关键要素都可以概括为集群内部的异质性问题，具备异质性的大企业都处于集群网络的关键节点，能够对相关企业及整个集群的发展产生重要影响（朱嘉红等，2004）。核心企业善于利用自身强大的网络能力，更好地对集群内部的企业进行引导、协调与控制，进而从战略层面实现对集群网络结构的优化（倪渊，2019）；同时，依托自身极高的技术壁垒和创新水平，核心企业能够在网络能力的基础上自主选择合适的企业伙伴，吸纳和领导集群内部的其他企业进行合作创新，从而为自身和企业伙伴创造新的发展机遇，显著提高整个产业集群的协同创新绩效（侯二秀等，2022）。而集群内部的异质性主要体现在企业家能力方面，核心企业的企业家能够抓住关键的成长机会，使该企业相对于集群中其他的企业有着更高的成长率、更强的技术创新能力和营销能力、更广泛稳定的企业家网络关系，具有与本地集聚的其他企业不对称的实力，且逐渐通过分包等方式，构成一个以自己为核心的弹性生产网络，并使得集群至少在本行业的中低端产品市场上越来越具有竞争优势（项后军，2007）。企业家能力是企业核心竞争力的根基，企业家能够通过推动技术研发、培育优秀人才等途径带动企业技术创新能力和人才素质的提高，进而发挥核心企业的内生性优势。基于企业的内生性优势，核心企业通过与外部环境的交互作用在市场领导、产业链整合等方面形成巨大优势，最终显著提高对集群其他企业的辐射带动作用，提高整个产业集群的核心竞争力（刘会学等，2015）。

参照上述文献研究的基础，本研究认为集群网络中的核心企业是指在集群网络中，具有一定地域、资源、能力或网络关系等方面的优势，并能借助该优势影响集群网络中其他企业行为的企业。

3.2　产业集群及其分类

3.2.1　产业集群相关概念的界定

产业集群（Industrial Cluster）首先由美国的迈克尔·波特教授在1990年提出，是指在地理上靠近的、相互联系的，并同处在或相关于一个特定的产业领域，由于具有共性和互补性而联系在一起的一组企业和关联机构（Porter，1990）。产业集群具有专业化的特征，分析和描述这种现象时常常用"产业集群"或"企业集群"。"产业集群"侧重于观察分析集群中的纵横交织的行业联系，揭示相关产业的联系和合作，从而获得产业竞争优势的现象和机制。产业集群内的相关企业共存于某种特定产业（部门）内，不仅如此，它们还与相关支撑产业相邻。从形成机制上看，产业集群强调某一地理区域中产业的高度专业化发展，以及各相关产业的强关联性与分工协作关系的构建，这将推动该区域的产业集中程度显著提升，从而提高集群成员企业的效益（龙小宁等，2015）。这种强关联性主要体现为行业间技术与经济联系，且以"投入—产出"关系作为表征（沈体雁等，2021），产业间的技术经济联系将驱动处于各生产环节的企业集聚，从而构成完整的产业链，形成稳定的分工合作关系。因此，产业集群更注重集群内各类产业的相互关系，通常基于各类指标衡量各产业间的关联度，具有强关联的产业被划分为一个产业集群（高虹等，2021）。"企业集群"侧重于观察分析集群中的企业地理集聚特征，集群企业的供应商、制造商、客户等之间的联系和规模结构以及对其竞争力的影响。"企业集群"一词揭示了相关企业及其支持性机构在一些地方靠近而集结成群，从而获得企业竞争优势的现象和机制。其根本特征是各企业在地理空间上的接近性与关系的紧密性，通过在一定地理空间上的集聚形成以主导产业为核心，各企业间紧密联系的社会网络，为集群带来强劲的竞争力（冯圆，2019）。

因此，产业集群是指集中于一定区域内特定产业的众多具有分工合作关系的不同规模和等级的企业和与其发展有关的各种机构、组织等行为主体通过纵横交错的网络关系紧密联系在一起的空间集聚体。它是当今世界经济发展的新形式，不仅可以成为区域经济发展的主导，而且可以成为提高一国产业国际竞争力的新生力量。产业集群作为一种为创造竞争优势而形成的产业空间组织形式，具有的群体竞争优势和集聚发展的规模效益是其他形式无法比拟的。从世界范围看，集群化已是一个非常普遍的现象，国际上有竞争力的产业大多是集群模式。在经济全球化的今天，产业集群化发展已成为全球性的经济发展潮流，产业集群构成了当今世界经济的基本空间构架。

从产业集群的性质来看，集群网络是一组自主独立又相互关联的企业依据专业化分工与协作建立起来的介于市场失灵和层级组织失灵之间的一种新的空间经济产业组织形式，往往以企业间的研发、供应、生产、销售等经营活动作为网络关系的纽带，从而形成比较持续的交流与合作关系（刘国巍，2020）。基于内部企业在原材料和产品等生产流程的联系以及劳动力、技术等资源的交换活动，集群网络本质上是由"投入—产出"网络、劳动力网络、技术合作网络等多个层次的网络结构所组成的关系集成体（王聪聪等，2013）。它比市场组织稳定，比层级组织灵活，因此，集群网络中的企业建立的长期交易关系主要是通过信任与承诺来维持，而不一定需要契约来维持。这种信任和承诺关系作为一种情感性关系，可以克服处于网络中的企业在价值链层面的封闭与敌对，抑制自身利己的机会主义行为（石海瑞等，2015），从而降低网络内部总体损耗，继而能够获得集群外企业没有的竞争优势。不同于市场和层级组织的是，集群网络是相互选择的伙伴之间的双边关系，网络化包含相互信任和具有长期愿景的合作以及得到遵守的行为规范，因此，可以保证网络中各节点企业的可靠性，同时也可以不断提高知识、能力及资源共享的质量。而与市场形式相比，集群网络形式可以更好地处理协作伙伴之间的关系，以确保较少的协作信息遗漏。这也是集群网络比市场更稳固，比企业内部层级组织更具柔性的缘故。

3.2.2 产业集群的分类

在传统的对产业集群的研究中，产业集群分类的标准很多，按集群内部企业之间不同的联结方式分类，可分为马歇尔式产业集群、中心外围集群、卫星平台集群、政府主导集群四类（Markusen，1996）。根据产业集群中领导型企业和卫星企业之间的关系不对称现象，进一步将产业集群分为五类：非正式集群、正式集群、计划的集群、企业网络和企业群（Lorenzoni，1990）。魏江（2003）根据产业集群内部的节点和联结方式，从两个互为补充的角度对产业集群进行分类：一是基于市场结构的联结模式，产业集群可分为中心—卫星模式、多中心模式、无中心模式；二是基于内部成员关联特征的联结模式，产业集群可分为以价值链为主导的联结模式、以竞争合作互动为主导的联结模式、以公共性投入和生产要素互享或互补为主导的联结模式。王瑛（2011）基于集群内部企业的社会网络关系，根据集群内部企业的知识获取途径将集群分为纯集聚型、产业综合体型、社会网络型。从网络规模的角度，产业集群可分为独点支撑型、包络型和触角型。

本研究在传统产业集群分类的基础上，根据产业集群中存在的核心企业的多少，将产业集群分为单核产业集群和多核产业集群两类。关于该分类的详细内容可见 3.2.3 小节。

3.2.3 单核产业集群与多核产业集群的比较

单核和多核最初是计算机用语，主要用于描述计算机开发商系统所采用的通用处理器设计技术形式。单核是指系统只有一个处理器核，也就是说在一块中央处理器（CPU）基板上只集成一个处理器核心，而多核（含双核）则具有多个（含两个）处理器核，在一块 CPU 基板上集成多个（含两个）处理器核心，并通过并行总线将各处理器核心连接起来（张志峰等，2006；乔保军等，2007；王小庆，2007）。

本研究沿用计算机用语中"核"的概念，根据产业集群在发展过程中核心企业数目的变化情况，将产业集群分为单核产业集群和多核产业集群。单核产业集群主要是指存在一个较为突出的核心企业，该核心企业在该集群网络中发挥着绝对优势作用的集群形态。单核产业集群的核心企业基于对具有复杂结构的集群最终生产产品的控制权，显著提高了产业壁垒，最终在整个产业集群中独占绝对优势。核心企业能够通过分包的方式将产品的各组成部件的生产流程分配至集群内部的其他企业，以供应链构建起集群内部的网络关系（付韬等，2014）。核心企业作为集群知识的看门人（Gatekeeper）（Lazerson et al.，1999），通过集群网络的组织形态获得更广范围内的新知识，而已有知识和资源存量的优势使其更有能力和动机在集群网络中扩散知识。不过核心企业知识并不能够到达集群网络中的任何一个中小企业，主要流向那些吸收能力更强的企业（Boschma et al.，2005；Giuliani et al.，2005）。多核产业集群则是指存在两个或两个以上较为突出的核心企业，这些核心企业在该集群网络中发挥的作用虽然不尽相同，但都会在某些方面对集群起着至关重要的作用。各个核心企业具有相似的生产条件和共同的文化背景，有利于相互沟通和知识的吸收，只是吸收能力限于特定的知识体系框架内，具有路径依赖性（Cohen et al.，1990；Zahra et al.，2002）。多核形态下的集群产业从面向单一客户群体的生产交易平台，逐步演化成利用多核优势吸引更多不同类别层次的产业向各核心企业集聚，继而拓宽市场规模，在不断集聚吸收的过程中实现市场的双边需求（姚雪理等，2019）。同时，技术合作网络的发展更加成熟，成员企业通过对各核心企业技术、知识等资源更畅通的获取渠道，在各类资源的整合下实现网络协作与价值共创，继而提高集群竞争力（付韬等，2017）。从集群发展的过程来看，当出现多个企业由于地域范围聚集或资源等要素依赖时，其中某个企业由于天然的优势或拥有专用性资产，它在该集群中起绝对的主导作用，此时的集群表现为单核的形态；而随着集群的不断发展，诸多企业由于合作或经营经验的不断积累，集群区域中企业的同质同构性增强，当集群网络中超过一个企业对集群起主导作用时，这些对集群起主导作用的企业对该集群的整体发展所发挥的作用趋于相近，这时候的集群表现为多核的形态。

单核产业集群与多核产业集群的相同点如下。

（1）单核产业集群和多核产业集群都是产业集群网络在发展过程中所经历或存在的形态。

（2）单核产业集群和多核产业集群都具有产业集群的基本特征，可以获得产业集群的规模经济性。

单核产业集群与多核产业集群的差异如下。

（1）单核产业集群是以某个核心企业为主导，集群内其他企业受其制约较严重；而多核产业集群中，核心企业对集群网络的主导作用差异不大，彼此之间的制衡相似。

（2）单核产业集群侧重于供应链的合作方式，主要体现为核心企业与其他成员企业的合作；而多核产业集群则侧重于供应协作网络的合作方式，主要体现为多个核心企业之间、核心企业与其他成员企业的合作。

（3）单核产业集群中企业主导作用存在强弱，企业资源共享的范围较小；而多核产业集群中由于企业的同质同构性很强，所以资源共享的余地很大。

（4）单核产业集群获得规模经济性能力较弱，而多核产业集群获得规模经济性能力较强。

（5）单核产业集群中核心企业在吸引、凝聚和组织集群内其他企业的作用比较突出，它对集群网络的资源和任务起着支配作用，控制着集群网络的信息与资源整合，也可以牵制集群网络中利益的分配等；而多核产业集群中核心企业互相依赖和牵制，共同影响集群网络的动态发展。

3.3　多核制造集群网络

产业集群作为一个复杂系统，会存在诸多维度的特征，不同维度的演变会有不同的定义方式。随着企业在产业集群中发挥的作用在改变，以及在集群中起主导作用的企业数目的不断变化，集群结构也会随之改变。特别是随着市场竞争的加剧，集群企业创新能力的增强，一核独大的集群局面逐渐被打破，单核产业集群也逐步演变为多核产业集群形态。在制造集群的演变过程中，单核企业对集群资源和成员企业的控制力逐渐减弱，各成员企业间形成相互交错的联结关系，资源的流动交换趋于平等，由传统的线型供应关系演变为具有空间立体框架的复杂网络结构。

3.3.1　多核制造集群网络的定义

不同形式的产业组织反映了不同的产业技术条件和企业及其群体的环境适应性，这就导致企业甚至产业不断通过组织形式上的转变来发挥产业"设计"过程对于产业组织系统演化的作用。其中，以科斯为代表的新制度经济学提供了制度安排的设计基础，把纯粹市场和层级组织看作由交易成本决定的相互竞争和相互替代的组织资源配置的两种制度安排。但作为组织资源配置的制度安排之一，企业也并非简单地用非市场的方式替代市场方式，而是用交易费用较低的要素市场替代了交易费用较高的产品市场，是市场形态高级化的表现（张五常，1995）。作为组织资源配置制度安排的另外一种形式，市场交易对应于象征性的资源交换关系，它虽然表明了企业双方对同一资源具有竞争性需求，却未能解释隐含于直接交易活动背后的相互依赖关系。这种资源的相互依赖正是企业采取一体化或网络安排的重要原因之一，也是企业网络概念框架建立的基础。而在这样的一种转换中，企业实际上已经隐含着市场网络的组织形式（贾根良，1998）。因此，在企业和市场两种基本制度形式之间存在第三种组织经济活动的制度形式，即"组织间协调"，它适用的经济活动类型不是替代性的，而是互补性的。在企业网络中，成员企业是核心性单元组织，具有专门的功能，功能所能完成之外的所有经济活动均属非替代性活动，而在完成一种具体的产品或服务时，某核心性单元组织根据其核心能力只能完成提供完整产品全部活动中的一部分活动，剩余的经济活动对该核心性单元组织而言均是"互补性活动"，因此，该核心性单元组织在完成经济活动时，既不会采用一体化作为一个完整功能的企业形式，也不会采用纯粹市场的方式，而是采用第三种方式——组织间协调。但组织间协调的网络形式包含成员企业间的相互信任、长期合作以及特定的行为规范，企业网络的发展要求各方共同依赖于相互控制的资源，这意味着把有关资源集中到一起利用能获得收益，而且信任与合作是能够与追逐私利的行为共同存在的（Richardson，1972）。这种组织方式能最大化地利用组织成员的相互依赖性，针对组织整体在整个网络中构建起有效的协调机制，从而使各方利益趋于一致（薛捷等，2017）。

从广义上看，企业网络组织泛指与企业活动有关的一切相互关系以及由所有信息单元所组成的 n 维向量空间。从狭义上说，企业网络组织则指企业与市场相互作用和相互替代而形成的企业契约关系或制度安排（黄泰岩等，1999）。在制造企业所形成的产业集群形态中，随着技术创新、供应链整合日趋成熟，集群中企业的规模差距逐渐缩小，同时多个核心企业的发展与相互制衡促成了企业间以资源交换、生产合作、任务外包等方式形成更为复杂的网络关系，资源在集群网络中的流动趋于充分与频繁，最终各企业在集群中的地位逐渐平等，形成多核制造集群网络。网络关系强度和关系质量是多核制造集群网络中最显著的两个特征，在该网络中，各成员企业之间基于运作依赖关系，显著提高了资源获取、知识学习等活动的便捷性（吴松强等，2017），使网络整体获得规模效益，从而在与外界其他集群的市场竞争中获得优势。

基于上述的理论基础，本研究认为多核制造集群网络是指在多核制造集群中，为了更好地把握外部市场机遇，各个成员企业之间由于网络资源共享、网络任务外包和网络过程协作等驱动要素的相互作用，并随着组织演化构建起常态化的网络资源交换与共享关系，进而形成的一种相对稳定的网络型运作依赖关系。

3.3.2　多核制造集群网络的特点

多核制造集群网络属于一种典型的制造类企业网络形式，它起源于传统的企业组织，并伴随着集群企业之间合作形成供应链的供求关系，最终演变为具有空间立体框架、网聚集群内各类资源并协作共享的集群网络。其特点如下。

（1）趋同性。在集群区域内，在实际运作过程中，资源共享范围越来越大，参与协作的成员企业会在企业规模、业务关联性和生产模式等方面趋同性增强。这是形成多核制造集群网络的基础。

（2）共享性。在多核制造集群网络中，诸多网络资源，如信息、人力资源、固定资产以及其他类型的制造资源等的共享性会随着企业之间的趋同性增强而逐步提升。这是维持和加强集群网络协作关系的基本保障。

（3）互利性。同一集群网络中的企业之间趋同性加强，共享性增加，都是以互利互惠为前提的。反过来这种互利的结果会进一步促进集群网络企业间的协同运作与资源共享。

（4）竞合性。在集群网络内部，虽然各个成员企业资源共享、互惠互利，但竞争仍然是其生存和发展的动力，只是这种竞争已经超越传统企业间市场模式下的零和竞争，而是基于双赢为目标的合作竞争关系。企业会在竞争的基础上寻找更好的协作方式，以求集群网络的整体平衡发展，并以此促进企业本身的发展与壮大。

（5）自治性。产业集群的形成具有一定的自组织特性（这一点将在 3.4 节进行详细论述），因此，集群网络形成之后具有一定的自治性。在成员企业协同运作和资源共享的过程中，该自治性主要通过集群网络中优胜劣汰的淘汰机制体现。若企业竞争力较强，参与网络协作的效率越高，则其在集群网络中的地位就越稳定；若企业竞争力较弱，参与网络协作的效率越低，则其在集群网络中的地位就越不稳定，容易被其他核心企业或竞争优势强的企业所替代进而被排斥出集群网络。由此可知，集群网络的协同运作和资源共享的过程也是动态的，不断有新的企业被纳入，也不断有企业被淘汰，形成较为明显的自治性。

3.3.3 多核制造集群网络的功能

多核制造集群网络是现代制造集群的主要存在形态，集群网络之所以能够持续发展，主要得益于以下功能。

（1）可以巩固产业集群的优势，促进区域经济的发展。多核制造集群网络突破了传统产业集群中核心企业的霸主地位，改善了传统产业集群中的零和竞争关系，取而代之的是追求双赢的竞合关系。因此，多核制造集群网络相对比较稳定，各成员企业的积极参与和发展可以巩固制造集群的各种优势，促进区域经济的发展。

（2）可以合理利用区域资源，发挥区域资源优势。多核制造集群具有较好的网络协作性，成员企业之间的运作效率会得到改善，而高效的集群运作效率会促使集群网络对区域资源的有效利用。因此，多核制造集群可以促进产业集群网络合理利用区域资源，发挥区域资源的优势。

（3）可以促进产业集群内自治机制的形成，有利于集群的进一步市场化。多核制造集群网络改变了传统单核制造业集群内部核心企业在资源、市场等方面的垄断地位，促使集群网络内部形成了良好的市场机制，符合经济发展的规律，有利于集群的进一步市场化，使其保持健康发展。

3.4 多核制造集群网络的演变机理分析

多核制造集群网络是伴随产业集群的发展而逐步形成的，既有一定的演变基础，又需要一定的演变条件，其演变过程既需要政府引导，同时也具有自组织特性。

3.4.1 多核制造集群网络的演变基础

1. 传统的供应链结构

在传统的产业集聚形态下，企业之间主要依托供应链结构形式进行合作，供应链成员之间存在四种基本的业务流程链，它们交互合作构成基本供应链。典型的供应链结构如图3-1所示。如大多数供应链管理实践一样，本研究假定在该供应链系统中，制造商是整条供应链的核心，它对该供应链的协调和运作起主导作用。为了确保供应链的整体稳定性，供应链各成员需要从时间、利益、质量等各维度进行协调，由多重供应关系所构成系统的驱动力会随着环境和供应链中各种合作关系的不同而发生变化。因此，在该系统结构中，如何将有限的稀缺资源分配给供应链系统中的不同成员就显得尤为重要。

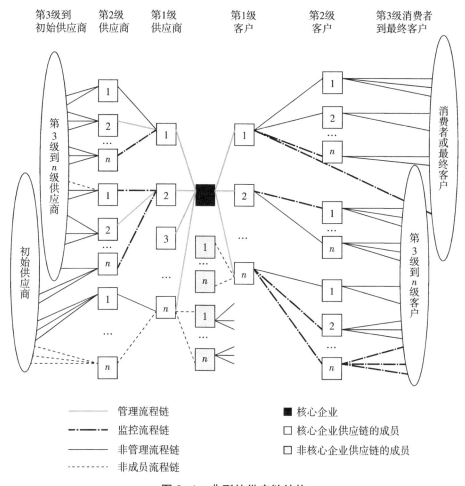

图3-1　典型的供应链结构

资料来源：LAMBERT D M，COOPER M C，PAGH J D. Supply chain management：implementation issues and research opportunities［J］. International journal of logistics management，1998，9（2）：1-19.

2. 集群形态下供应协作网络的形成

当企业之间的简单供应关系无法满足集群网络中成员企业的协同运作与资源共享时，供应协作网络形式便取代了传统的供应链结构，它是产业集群中多个订单满足相应主体运作需求的一种依赖关系，也是各种供应链之间相互交错、组成错综复杂的产业集群的一种网状结构（葛昌跃等，2003）。尤其是在多核集群网络中，随着区域内部的技术扩散和企业运营模式的共享，在同一集群区域，可能存在多条平行且相似的供应链结构，而且相似供应链的数目有不断增加的趋势。在生产相对集中、企业性质和结构相似、劳动力供给模式一样、公共资源共享的情况下，传统供应链相对独立的局面被打破，各供应链会自发向外界扩展，一是为了吸取技术等技能优势，二是为了获得更多的信息以确保市场竞争地位，由此原来处于各平行供应链上的供应商、客户等主体将发生联系，构建起合作、竞争等更加复杂的横向关系（鲁大宇，2023），企业从参与单条供应链的上下游的生产流程转变为嵌入更为复杂的企业关系网络中（李桂华等，2020）。在这种情况下，独立运行的供应链会自发与外界相似的供应链产生关联，进而形成相互影响的供应协作网络，其矩阵结构模型可表示为

$$S_{s \times h} \cdot M_{m \times n} \cdot T_{t \times k} \cdot C_{l \times 1} \tag{3-1}$$

其中，S 表示商贸型物料供应商，$s \times h$ 表示可向某商贸型物料供应商提供货源的上一级供应商构成的矩阵；M 表示制造商，$m \times n$ 表示可向制造商提供货源的上一级供应商构成的矩阵；T 表示商贸型成品供应商，$t \times k$ 表示可向该成品供应商提供货源的上一级供应商构成的矩阵；C 表示最终客户，$l \times 1$ 表示可向某一客户提供成品的上一级供应商构成的矩阵。

供应协作网络结构如图 3-2 所示。

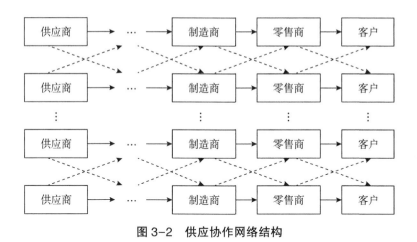

图 3-2　供应协作网络结构

在供应协作网络中，供应链之间的联系可以发生在供应链上任何一个节点企业，该节点企业为了实现自身目标，可能会在集群区域中寻找其他供应链中最佳的节点进行嵌入，也可能经过对比之后在上下游企业之间进行多方博弈。因此，在供应协作网络中，每个企业都会进行纵向和横向比较，并构建新的供应协作网络关系，以维护和增进自己的利益。在这种网络结构运营中，供应链之间和供应链内企业之间的协作是波动的，具有不稳定性。这种不稳定性和嵌入行为是集群网络协同运作与资源共享的基础条件之一。

3. 多核集群的供应协作网络

从上述供应协作网络结构可以看出，构成供应协作网络的供应链中既存在独立运行的业务链，又存在彼此协作的供应协作网络。在该网络结构中，波动性和不稳定性会引发供应链运营的不确定性，并导致风险增加。于是，各供应链中的企业尤其是链主（亦即供应链中的核心企业，本研究将其简称为供应协作网络中的集聚核或原核）会倚仗其链主身份，加大对供应链其他成员的干预，促使该链的稳定运行并力图改善其绩效。Cooke 等（1998）曾从区域理论出发把产业集群与网络治理等联系起来，提出创新网络等概念，并借此来考察区域产业的竞争优势内生机制与经济绩效。集群所形成的网络作为一种组织间协同的制度安排，在集群内部各成员企业的运作中逐渐构建起基于资源交换和社会分工等经济联系的分工与协作系统。此时，对集群内生产资源获取的有效性与任务完成的经济性成为企业参与创新网络的关键驱动力，促进企业以实现自身效率最大化为目标与其他企业产生联系（曹兴等，2013），共同扩大网络规模与其稳定性。当集群区域内以核心企业为主的各类企业都参与到网络的供应活动中，为供应链的平稳运营和绩效提升做出努力时，它们之间的相互作用会随之加强，至此，多核主导型供应协作网络框架基本形成。在该框架下，多核集群的供应协作网络则成为企业之间合作和运营的网络结构基础。

3.4.2　基于耗散结构的多核集群网络自组织演变条件分析

本小节基于耗散结构理论，分析集群网络演变过程中自组织模式所需具备的条件。

（1）耗散结构理论。耗散结构理论是由以普里戈金（Prigogine，也有译为"普利高津"的）为首的布鲁塞尔学派于 20 世纪 70 年代创立的。经过多年的发展，现在已成为人们分析各类系统宏观自组织特性的有力工具。该理论认为，一个远离平衡态的非线性的开放系统通过不断地与外界交换物质和能量，在系统内部某个参量的变化达到一定的阈值时，通过涨落，系统可能发生突变即非平衡相变，由原来的混沌无序状态转变为一种在时间上、空间上或功能上的有序状态。这种在远离平衡的非线性区形成的新的稳定的宏观有序结构，由于需要不断与外界交换物质或能量才能维持，因此称为"耗散结构"（Dissipative Structure）。系统在平衡态时熵（Entropy）最大，这是特定条件下系统最无序的状态，只有在非平衡状态下，外界对系统有负熵的输入，才可能使系统的总熵减少，使系统由相对无序向相对有序状态转化（普里戈金等，1987；蔡绍洪等，1998）。

根据自组织理论的耗散结构理论，多核制造集群网络的自组织必须满足四个必要条件：一是集群网络的开放性条件，网络中各成员企业与集群环境存在物质和信息等元素的交换；二是稳定态条件，成员企业要远离平衡态；三是动力学条件，成员企业之间由于竞争和合作而产生非线性的相互作用；四是诱发性条件，成员企业由于参与集群资源的共享因此导致系统的微涨落被不断放大。

（2）开放性、非平衡性是集群网络自组织形成的必要条件。集群网络成员企业要建立一个活的有序结构，必须与外界有不断的物质、能量和信息的交换。因此，判断一个成员企业是否开放，主要是判断该企业和环境之间有无输入和输出。多核制造集群网络的成员企业和环境之间存在频繁的资源和信息的流动，并通过网络成员协同运作和资源共享与集群环境之间实现物质能量的交换，引入负熵流，为自组织创造了条件；并且，多核集群内成员企业所采取的协作手段，也存在物质和能量的交换，通过企业内部的运作使集群网络对外界输入实现平衡化。

成员企业的平衡态是指与集群环境没有任何信息和资源交流的定态。假设系统的状态可以用一组变量 X_i（$i=1,2,\cdots,n$）来描述，我们定义变量 X_i（$i=1,2,\cdots,n$）不随时间变化的状态为系统的定态，即 $\dfrac{\mathrm{d}X_i}{\mathrm{d}t}=0$（$i=1,2,\cdots,n$）。如果简单以集群网络内部的资源变量来描述集群网络成员企业的状态，那么平衡态意味着在整个集群网络系统中，资源在不同企业之间不再发生转移，资源共享和企业协作状态不再发生变化。

集群网络形成的目的就是要改善资源在各个成员企业之间配置的不平衡问题，实现资源在企业间的分布式共享，从而使集群网络整体与成员企业均可获取尽可能多的利益。因此从网络资源共享的角度，集群网络企业间协作的资源应用模式可分为正资源应用模式和负资源应用模式两种。

1）正资源应用模式，是指集群网络成员企业具有富余资源，即某成员企业所占有的某些资源对应的任务不饱和、资源利用率不高或闲置，而这些过剩资源将会增加该成员企业和集群整体的运营成本导致运营效率低下。为了充分发挥这部分资源的作用，集群网络将这部分资源封装成为服务单元在集群内部发布，寻求资源消费者，以改善集群资源的利用效率。

2）负资源应用模式，是指集群网络中某成员企业的资源不能完全满足自身需求，因此将任务或部分任务在集群网络内部外包，通过集群网络其他成员提供资源服务，并协作完成该任务的一种资源应用模式。

由此可见，集群网络内部的分布式资源不平衡是集群网络资源动态共享得以形成和发展的必要条件，随着其与外界的物质能量交换，集群网络内部将实现资源的重新配置和动态重组，并伴随着内部成员企业间的物质能量交换，因此，集群网络的资源共享过程处于远离平衡状态。

由于集群网络资源的分布式共享既满足开放性条件又处于远离平衡态，

因此，它具备形成自组织的必要条件。

（3）非线性作用和随机涨落是集群网络自组织的动因。从系统学角度来看，线性关系意味着系统整体和构成系统的部分具有简单加和性，整体为各部分简单相加而成，整体与部分之间呈线性关系。而非线性关系则表示整体不等于各部分的简单加和，整体既可能大于部分也可能小于部分，即 $N \neq \sum N_i$，N 代表整个集群网络，N_i 代表集群网络中的第 i 个成员企业。

由上述分析可知，集群网络的充分开放、远离平衡，为其发生自组织演化创造了必要条件，而真正推动集群网络实现自组织的，则是集群网络内各成员企业间的非线性相互作用。这种非线性相互作用表现为集群网络内部各成员企业之间的竞争和协同，从而促成了集群网络的整体行为。

首先，集群网络中各成员企业的经营处于一种竞争状态之中，相互争取集群中的自然资源、劳动力资源、科技创新资源等优势，必然会造成非平衡的竞争协同运动。各成员企业为了应对各种竞争，必须不断地对自身的资源及经营战略进行调整，逐步形成各自不同的经营目标、资源和服务能力的组合。而一些在竞争中落败的成员企业则被淘汰出局，引起区域集群网络内部要素的分解、流动和重构。集群网络中综合竞争的结果使得有关的资源和能力在不同维度上表现出差异性，相对原有的稳定态产生偏离。因此，竞争的存在和结果可能造成集群网络内部产生更大的差异、非均匀性和不平衡性，形成了开放系统远离平衡态的自组织演化条件之一（哈肯，1990）。

其次，集群网络内部还存在成员企业之间的协同运作。集群网络内部的协作表现为两个方面：一是具有异质、互补资源的企业成员间的协作，以形成资源互补来谋取更多的利润；二是具有同质资源、相似产品和相似市场特性的成员之间的协作，以相似或相同的产品技术为基础，通过协作提升彼此的资源能力和信息获取、应用能力，并降低相应的成本，从而在市场竞争中取得更大的优势，获得更多的实际或潜在市场份额。

由此可见，集群网络内部非线性作用下的竞争与协同，是集群网络内部自组织的动力。竞争造成系统内部更强的非平衡与非线性，而协同又使这种非线性强烈地关联起来。通过竞争达到协同，通过协同促进竞争，竞争是协同的竞争，协同是竞争基础上的协同，这正是非线性系统中相互作用的本质体现，由此推动了自组织演化、突变、循环与重构。

在耗散结构理论中，系统状态参量对其平均值的偏离称为涨落。涨落是对均匀性、不变性、对称性的破坏因素。假如集群网络处于某参考状态 X_s，则可能有来自集群网络内部的因素或外部的扰动使系统出现连续不断偏离参考状态的现象，可用式（3-2）表示：

$$X(t) = X_s + X'(t) \tag{3-2}$$

其中，$X'(t)$ 称为集群网络在时刻 t 的涨落。

集群网络中各个成员企业都独立自主地生存和发展，面对多变的市场环境，其运动状态也在不断发生改变，因此，集群网络必然存在着各种涨落现象。产生涨落的原因可能来自集群网络，如集群网络内部成员的数量和规模的变化，成员企业知识和技术水平的变化等；涨落也可能来自集群网络外部环境，如政策环境的变化、技术环境的变化、市场环境的变化等。

当涨落不影响集群网络整体的稳定，仅表现为集群网络内部的一种起伏时，称为集群网络演变过程中的微涨落；当涨落会改变原有的网络结构，伴随新结构和新功能的产生时，则称为集群网络演化过程中的巨涨落，巨涨落会诱发集群网络的自组织演化。

综上可知，集群网络分布式资源共享协作过程具备形成自组织的条件。

3.4.3　多核制造集群网络的自组织演变过程

自组织理论认为，凡是进行自组织的系统，都必须具备如下条件：开放性、非平衡性、非线性和涨落性（哈肯，1998）。网络系统与外界环境的物质、能量及信息交换转换为网络中节点按照某种简单的机制与新节点连接、网络内部节点之间的边的断开或重连，使网络中节点的度分布发生变化，也就是系统中的新元素与系统中的原有元素发生相互作用，使系统远离平衡态，向有序方向发展（杨建民等，2005）。在这种演变过程中，网络必须经过正向演进过程中外部冲击所带来的演进分岔（包括正向转变与逆向衰退），以及由非线性关系的放大作用所形成的巨涨落（赫连志巍等，2017），最终向更高级的形态转变。多核集群的供应协作网络系统属于复杂系统，其形成过程不是简单的自整合过程,包含于其中的各供应链以及供应链中的各节点企业还存在着自稳定、自维持、自学习、自复制和自创新等多种组织方式。在这些自组织的耦合过程中,超循环机制发挥了极为重要的作用,它具备吸纳和整合内在信息、筛选和叠加外界力量、减少结构和信息整合误差,以及接收新信息的能力机制。在这些作用下,多核集群的供应协作网络能够将复制与变异、分解与合成、耦合与隔离、竞争与协同、波动与平稳等活动较好地统一起来,并通过汇集信息量来实现多核集群条件下供应协作网络的演进。

当资源配置由政府分配为主转变为以竞争机制为主后,区域性企业为了培育市场竞争优势逐步形成多核集群的网聚模式,即在相对集中的地理区域,规模大小、业务种类、企业结构和性质、供应流程甚至市场模式都非常相似的企业会出于资源利用效率、成本节约和竞争优势构建等方面的考虑,自发聚集在一起,形成企业族群。在这个演进过程中,企业除了自身具备相似性和地理优势,还要经历如下几个特殊的演进过程:集聚核(原核)的形成—多核集聚形成供应协作网络—集聚势的形成—多核集群供应协作网络涨落运行机制—多核集群供应协作网络的平稳运行形式。

1. 多核集群供应协作网络中集聚核(原核)的形成

多核集群供应协作网络自组织过程的第一个环节是区域企业族群中集聚核的形成及孕育。在现实的某个生态区域内,企业要获得长足的生存、发展和繁衍,该产业区域必须具备有利于该企业(群)生存的环境。集聚核是企业族群的内核,也是企业族群集聚形成产业规模的不同单元。从形态上看,它是由供应链上关联的企业以及特定产业所需的基础设施在一定的自然条件和耦合作用下通过相互间的线性协同作用而形成的有机整体。当这个有机整体能够完整实现某一特定供应协作关系,并能够清晰确定该供应协作关系中的核心企业时,集聚核便已形成(供应链的核心企业),集聚核的形成可以用图 3-3 表示。

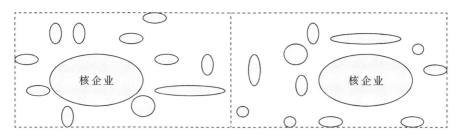

图 3-3　集群内各集聚核形成示意图

在图 3-3 中，长方形的集合表示一个地理区位或一个企业族群，该区域中存在很多相关联或合作的企业，如图中各式各样的灰色圈所示，它们在长期的运营合作中，逐步形成一条条供应关系分明的供应链。至此，最初比较零乱和呈无规律性的企业群就被逐步分割开来，并尽量靠近各自所属供应链范围（以长方形区域中间的分割线为界）。随着供应链的长期运作，各供应链之间的分界会比较明显，各条供应链也相对独立并慢慢凸显供应链中链主（标有"核企业"的圈）的优势，集聚核因此而逐渐产生。

集聚核若要对周围企业产生影响，以集聚核为中心的集合体的规模就必须达到一定的阈值，这样才能形成足够的"场效应"，也只有在"场效应"作用下，该集聚核才能产生集聚功能。因此，原始的独立企业形态和不具备特定产业所需基础设施的企业族群都无法形成集聚核，也就无法实现该集聚功能。在企业族群中，集聚核除了具有集聚功能，还具有辐射、感染、嫁接、复制和耦合功能。根据企业族群所处的环境和成长阶段不同，集聚核既可是内生的、复制的，也可由外界植入。无论形成集聚核系统的企业是大还是小，它们之间一定受相互依存的供应关系的约束，在外界竞争形势和内生优势构建的双重压力下，它们会努力创造一个共同维持、相对稳定、对彼此都有利的环境，并在其中实现供应链的具体功能。

2. 多个集聚核耦合形成多核集群供应协作网络

集聚核形成之后，多核集群供应协作网络的第二个过程则是多个集聚核通过耦合形成多核集群供应协作网络。随着一个个集聚核的形成，以集聚核为中心的供应链主体为了寻求更好的协同伙伴，除在链内展开供应业务外，还会慢慢跨越边界，与以其他集聚核为中心的供应链主体产生业务往来。在复杂系统的耦合机制中，供应链向外扩张的趋势日渐明显，而这种链间协同的交易活动也越发频繁，当以链间协同为主的活动突破一定界限时，原始的集聚核逐渐形成多核集聚的协同状态，形式上就外在表现为多核集群供应协作网络。

3. 多核集群供应协作网络集聚势的形成

多核集群供应协作网络形成之后，集聚核对其他企业具有一定的影响力，该影响力会形成一个有形的场，即"集聚场"，而集聚场会在其影响范围之内的区域产生场强 F，当供应协作网络中的场强一旦形成，处于该场强范围内的企业都会受到集聚核的吸引而出现集聚趋势，这里将该集聚趋势称为"集聚势"。在集群供应协作网络中，若企业族群在该集聚场中某时刻的存在状态用函数 S 来描述，该状态是与时间、空间、环境及外场都有关的非线性函数，设 S_0 为函数的初始值，也称为集聚场中企业的定态值，若 t 时刻企业所处的真实状态为 S_t，则集群供应协作网络中企业的状态变量可表示为

$$S(t) = S_t - S_0 \tag{3-3}$$

根据协同学理论和非线性动力学原理，$S(t)$ 是一个随机变量，该状态变量的变化即是对该状态变量的微分，其结果满足广义朗之万方程（Haken，1977，1983），即

$$dS(t)/dt = K(S_1, S_2, \cdots, S_n) + F(t) \tag{3-4}$$

其中，$F(t)$ 表示供应协作网络中某个集聚核在时刻 t 所受到的随机驱动力，会产生一定涨落；网络系统的回复力 $K(S)$ 是网络系统状态 $(S_1, S_2, \cdots, S_n)$ 的非线性函数，它是不规则的，而且受外界条件影响而波动。当集群网络系统超越临界阈值时，各网络协作单元，即供应协作网络中各供应链单元会在供应协作网络系统内相互竞争，由于它们之间既相互关联又没有特定规律，在外界随机力的影响下，只能做无规则的涨落运动。

4. 多核集群供应协作网络的涨落运行机制

集群供应协作网络是一个开放、动态的系统。耗散结构理论认为，系统需要不断与外界进行充分的物质、能量和信息的交换，获得足够负熵流，并

在处于远离平衡的非平衡态时才能使该系统向熵减方向即有序方向进行演化，进而形成新的有序状态，即自组织结构。复杂理论认为，系统从无序向有序的演变是通过随机涨落实现的。在远离平衡的开放系统中，涨落对系统起着关键的作用，是系统有序演化的诱因（湛垦华，1982）。多核集群供应协作网络的涨落，从外部冲击上看，主要包括政策、产业形态、市场、技术等因素引起的涨落（李兴华，2003），从内生性因素上看，则主要是由于集群网络的某些节点与子链在资源配置、生产技术等实现优化创新时给网络自身带来的不确定性冲击（赫连志巍等，2017），加之微观层面节点如内部人员、资金等引起的涨落。而在未达到平衡态时，多核集群供应协作网络的某种涨落可能被放大，从而促进该网络的进一步演进。比较形象的是，协作网络中新介入一条供应链，就可以改变网络中某些供应协作关系，引起其涨落变化，因此，供应协作网络组成部分之间的非线性作用会加剧供应协作网络与外界变化的互动。正是这种互动促使供应协作网络向更高级的网络形态演进。多核集群供应协作网络的自组织演进过程如图 3-4 所示。

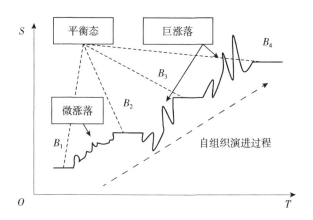

图 3-4　多核集群供应协作网络自组织演进过程

在图 3-4 所示的自组织演进过程中，横轴表示多核集群供应协作网络自组织演进的时间（T），纵轴表示自组织演进过程中的状态（S）。B_1、B_2、B_3、B_4 分别表示多核集群供应协作网络自组织演进过程的几个阶段。其中，B_1 表示原始平衡态，是供应协作网络形成的雏形阶段，各供应链之间希望彼此能够从集群中得到帮助；B_2 表示初级平衡态，即供应协作网络已经形成，而企业之间的合作处于初级阶段，仍存在很剧烈的震荡；B_3 表示中级平衡态，即供应协作网络经过运作，协同程度明显提高，但不够稳定，仍有较强的震荡；B_4 表示高级平衡态，即供应协作网络协同度比较高，各供应链都能从协作中获得利益，更愿意与其他供应链进行协作，并达到新的协同运作模式。

实际上，供应协作网络系统中子系统各个单元的无规则运动（可能是外界环境、产业变迁、政府干预以及子系统间的非线性作用等驱动的）都可能促使系统跃迁（非平衡态向平衡态转变），当网络系统达到临界阈值时，网络系统中的供应链都会受到系统序参量的支配，形成协调一致的运动（实现新的平衡态），外在表现为供应协作网络在时间、空间和功能上的平衡有序，最后形成一个相对稳定的自组织系统，即协同的多核集群供应协作网络。但这个阶段并不是供应协作网络演进的终点，外界环境或内部供应关系等要素的改变，均可能引起供应协作网络新一轮的自组织演进。整个供应协作自组织的演进过程，从本质上可以归纳为"无序—有序—更高层次的有序—混沌"的一般规律（戴建平等，2017），最终，随着在开放的供应协作网络中各要素非线性作用形成协同，整个网络不断向着更高层次的形态演进。此时，整个供应协作网络内部形成了新的网络结构与功能，各成员间建立起更复杂的协作关系，从而使整个网络的价值创造显著提高。

3.4.4 多核制造集群网络的自组织优化机制

集群网络的自组织意味着集群网络在没有特定外力干预的情况下，通过成员企业之间的协作与竞争，一方面促使资源自身的竞争力提高，包括响应速度的提高、服务质量的提高、服务成本的降低等，另一方面促使资源之间协作能力提高，包括协作时间缩短、协作成本降低、协作网络的整体效率提高等，从而使集群网络成员企业能以更低的成本获得更满意的服务，同时使成员企业和集群网络获得更优的协同效应。

根据协同学原理，集群网络的自组织会依据一定的规则和一定的参数进行调节，形成一定的机制，促使集群网络资源间的竞争和协作，改善整个集群网络资源共享模式的有序化发展。

集群网络资源共享的自组织优化机制如图 3-5 所示。

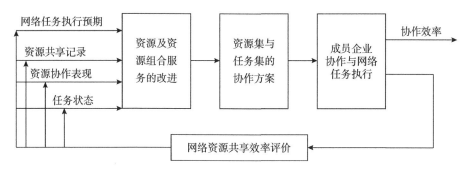

图 3-5　集群网络资源共享的自组织优化机制

在图 3-5 中，集群网络中各个成员企业将资源和任务按照统一格式封装到系统中，并以服务的形式提交到集群网络信息平台以便决策单元代理在集群网络中进行广播，决策单元代理间的协商和资源匹配机制对能满足任务需求功能的资源节点进行四个方面的择优。

一是网络节点企业资源在完成企业外部网络任务时的预期。即对每个节点企业资源执行网络任务的进度、质量、成本等进行综合考核，选择最优方案。进度、质量、成本的取值主要从每个节点企业资源的反馈信息中获得。该择优参数主要体现在节点企业资源的独立运动，例如通过集群网络创新提高服务质量，降低服务成本，提高响应速度等，促进资源之间的竞争，并通过竞争促进资源的自优化。

二是网络节点企业资源的资源共享记录。即对每个网络节点企业资源共享的历史记录进行综合考虑，选择最优方案。各类资源的历史记录是资源每次执行任务后资源评价得分的平均值，由网络信息平台的资源数据库反馈。该择优参数主要体现资源在企业间的协同运作和共享效率，资源在每次完成任务时，只有和其他资源协作，才能取得好的业绩，才能提高资源在下一次参与择优时的竞争力。此时的择优机制可以促进资源在协作基础上的竞争。

三是网络节点企业资源协作表现。即对网络节点企业资源与网络任务的协作表现进行评价，选择最优方案。各网络节点企业资源与网络任务的协作表现主要取决于由各个资源节点执行过该项任务的次数，其值由网络信息平台的资源数据库反馈。该择优次数综合促进了资源的协同竞争，资源只有通过竞争，促进自身优化，才可能获得市场机会，参与任务执行，只有通过每次任务执行中同其他资源的协同，才能在下次资源择优时提高自身竞争力，再次获得市场机会。因此，任务执行次数是资源协同竞争力的一个综合体现，而任务执行次数的提高又促使网络节点企业资源参与下一次择优时竞争力的提高。

四是网络任务的状态。即对集群网络中各任务进行综合考虑，选择对于网络节点企业资源而言最优的执行网络任务方案。该择优参数主要体现在资源个体之间的协同和资源团队之间的竞争，这些参数与网络任务状态越吻合，其择优评价值就会越高。

通过集群网络资源的自组织优化机制的设计，形成了网络资源自身综合竞争力、协作能力和资源市场机会之间的正反馈，使集群网络内部资源间的竞争表现为"排劣性"而非"排他性"，促使资源自发提高其综合竞争力和协作能力，从而实现集群网络任务的高效协同运作。

3.5 制造集群网络演化与驱动因素分析

3.5.1 制造集群网络演化的基本要素特征

1. 网络节点及其性质

网络节点（Network Node）最早起源于计算机学科，意为在具备数据传输功能、具有独立地址的计算机网络中接入网络，并与其他接入网络的设备相互进行数据传输的网络单元。大量网络单元，即网络中拥有唯一 IP 地址的服务器、工作站、终端设备等网络设备，基于与其他单元的数据传输与连接渠道，形成一定的几何关系，共同形成具有复杂结构的计算机网络（汪日康，1979；陈国良，1985；程学旗，2006；胡永利等，2012）。在制造集群网络中，每个独立的企业均为集群中的组成单元，作为一个网络节点，在具有独立生产经营能力的基础上，与其他网络单元（集群中的其他企业）基于供应链关系和资源互补性形成流程协同、资源获取等并建立经济联系，共同形成制造集群网络。

各个网络节点间的联系被称为边，这种联系既是某一网络节点对其他各节点数据、功能等可获取性的标志，同时边的长度亦为节点对这些数据与功能获取便捷性的几何体现。即边的长度代表企业对自身生产资源获取的便捷性与同其他企业进行网络协作的可能性，在具象层面则代表了企业之间的地理距离。制造集群网络中的边代表企业与上游生产材料的供给商，与下游承接企业产品的制造商、零售商等其他企业的"投入—产出"联系，以及在平行产业链中承担相同生产环节的企业单元间的竞合关系。

制造集群网络节点的性质主要有以下几个方面。

（1）度中心性（Degree Centrality），是指与一个节点直接相连的节点的个数。度中心性衡量的是一个企业在集群网络中与其他各企业产生经济联系的广度。网络节点的度中心性越大，说明同该节点产生经济联系的网络节点越多（戴维，2012），该节点在进行生产经营时可取得的制造资源和可进行合作的企业范围更大。一般来说，集群网络中具备较大度中心性的企业由于资源获取渠道较多，其生产活动更为稳定，同时较大合作范围所带来的大量供应商和客户会使其生产规模显著高于其他企业。

（2）紧密中心性（Closeness Centrality），是指一个节点到其他所有节点的最短距离之和的倒数，一般该值介于 0 与 1 之间。紧密中心性越大，说明该网络节点到其他节点之间的距离越小，反之则说明距离越大（汪小帆等，2012）。紧密中心性衡量的是网络节点与其他连接节点之间相互作用的效率，即单一企业对资源获取的便捷性，以及与合作伙伴之间提供产品、产生协作等联系的响应速度，反映了节点之间的关系强度。紧密中心性较大的企业具有较大的灵活性，在面对外部环境的冲击（如某种资源受到限制或产品市场渠道受阻）时，可迅速获得替代性资源并寻求合作伙伴的帮助，从而快速进行调整并恢复正常活动。同时，由于企业间的合作关系紧密，这种经济联系在面对环境变化时不容易被打破，为企业生产经营提供保障。

（3）中介中心性（Betweenness Centrality），是指一个节点位于网络中多少个两两联通节点的最短路径上。中介中心性衡量了节点在网络中所掌握的生产资源。假设两个具有资源交换合作关系的企业 A 和 B 具有相应的互补性资源，它们进行资源交换时所形成的最高效率路径将通过企业 C，则企业 C 在三者构成的简单网络中将充当中介的作用，同时掌握了企业 A 和 B 在资源交换中所提供的互补性资源。此时，企业 C 在双向的资源流动中，可依仗自身的高中介中心性获取较高利润。同时，如果企业 C 退出网络，则企业 A 和

B 之间资源交换将由于最短路径消失而受到效率损失。因此，具有较高中介中心性的节点企业经济效益往往较高，且在网络中具有较强的不可替代性。

2. 网络密度

网络密度为一个网络内部实际边数与其可容纳边数之比，从几何上可用线路总长度与网络区域面积之比计算（Intanagonwiwat，2002）。网络密度是制造集群网络宏观层面上的特征，它反映了网络内部各节点之间边的密集程度，即集群内部各成员企业所形成合作关系的多少。参照 Leskovec 等（2005）的研究结论，制造集群的网络密度可用式（3-5）表示：

$$d(G) = \frac{2L}{N(N-1)} \tag{3-5}$$

其中，$d(G)$ 为制造集群网络密度；L 为网络各节点边数量的总和；N 为网络节点个数。当制造集群各企业间通过供应协作网络建立起各种合作关系，使网络内部构成要素之间的联系趋于紧密时，表现为各节点边数增加，网络密度增大。此时集群的整体性逐渐凸显，规模效应达到更高水平。

3. 度分布

度是某个网络节点所连接出的所有边的数量，即与该节点具有联系的网络节点数量。在图论和网络理论中，度分布（Degree Distribution）是对一个图或网络中节点度数的总体描述。一般来讲，网络的度分布即为网络中节点的度的概率分布或频率分布（统称为分布），其数学表达式为

$$P(k) = \left[n \Big/ \sum_{i=1} (k_i) \right] d(k) \tag{3-6}$$

其中，n 是网络中的节点数；k_i 是第 i 个节点的度数；$d(k)$ 是度的概率分布函数（王林等，2006；王桂山等，2018）。不同的度分布模型描述了不同的网络结构和行为。常见的度分布模型包括泊松分布和长尾分布。泊松分布通常适用于随机网络，节点之间的连接是随机的；而长尾分布则适用于具有高度不均匀性的网络，节点的连接数呈现出明显的不均匀分布（胡海波等，2005）。度分布反映了制造业集群的网络结构特征和节点之间的连接关系，也可以理解为网络中节点的聚集程度和异质性。对制造集群网络的度分布进行分析，可以深入了

解网络的结构和行为特征。在制造集群网络中，节点的连接度越高，说明该节点在网络中的重要性和影响力越大，它与其他节点之间的联系和互动也更密切。例如，在网络演化过程中形成的某些核心企业通常具有较高的连接度，它们在网络中发挥着关键作用，对整个网络的运行和发展具有重要影响。

3.5.2　制造集群网络演化的生命周期阶段

生命周期（Life Circle）最早是生物学领域的概念，描述生物从生命形成到结束过程中所经历的带有显著特征的不同生命阶段（Tong，2000）。随着生命周期的概念在政治、经济等领域不断拓展，管理学界诸多学者也将生命周期理论应用于组织层面的研究中，认为企业组织从建立、发展到最终解散的过程同样也具有生命周期，以格林纳（1972）为代表，他认为一个企业组织的发展过程将依次经过创业、聚合、规范化、成熟、再发展或衰退五个阶段，其中每个阶段的内部结构、管理方式、绩效水平等方面均呈现出不同特征。而产业集群作为企业的集合态，其宏观特征亦符合作为微观组分的企业组织的生命周期演化机理。区域范围内的产业集群周期可分为三个发展阶段，分别为发源显现时期、成长集聚时期、成熟再生时期（Ahokangas et al.，1999），其间的网络关系也随着集群特征的变化而不断演化。基于企业组织生命周期与集群生命周期的分析，多核制造集群网络在演化发展的过程中，将会依次出现四个生命周期阶段，分别为引入期、成长期、成熟期与衰退期，其中不同阶段分别具有各自的网络特征，如表3-3所示。

表3-3　制造集群网络在生命周期各阶段的特征

要素	引入期	成长期	成熟期	衰退期
节点数量	较少	逐渐增加	最多	逐渐减少
网络规模	小	较大	最大	逐渐缩小
网络密度	小	逐渐增加	达到峰值	逐渐减小
度分布	均匀	向某些节点集中	均匀	混乱不均
关系强度	弱	较强	最强	强弱并存
核心企业主导地位	初具雏形	地位显现、控制力强	逐渐平等、差距缩小	去中心化、影响消退

1. 引入期

引入期是制造集群网络开始形成的演化阶段。最初在一定区域内，产业发展尚不成熟，企业数量较少，生产规模较小，技术发展并不成熟。虽然地域上已经分布有少量企业，但集群的规模效应尚未凸显。同时企业之间往往表现出较强的异质性，分别处于不同的生产领域和流程环节。这种异质性导致企业大都是独立封闭经营的，因此节点间几乎很少具有联系，且大都是母体企业和子企业之间控制与被控制的关系（Menzel et al.，2010）。此时的网络要素特征为节点联系很少，节点性质并不明显，网络密度保持在较低水平，同时由于节点大都处于独立经营的状态，度分布比较均匀。整个网络的完善程度与规模保持在较低水平。这意味着每个节点在网络中的重要性和影响力相对均衡，没有明显的核心节点或主导节点。

随着时间的推移，企业组织个体将逐步演化发展，此时企业规模逐渐扩大，生产、经营规模及范围也在以实现更高绩效为目标不断扩展，当这种扩展达到一定程度时，企业所占据的资源和生产技术将不足以支撑其高绩效水平的生产活动，并意识到从外界一定区域内的其他企业获取互补性资源以满足生产需要的可能性。此时，企业会倾向于放弃封闭独立的生产经营方式，尝试与其他企业进行合作，彼此建立起生产联系以弥补自身的生产条件缺陷。此外，地理空间上的邻近可以使企业的合作更加便捷，显著降低交易成本（赵波等，2014），同时企业更容易对所选择的伙伴进行比较，进而使合作的不确定性与风险大大降低。这些企业开始意识到制造集群网络关系所带来的优势，通过合作可实现个体经济效益的提高。

在这个过程中，网络节点间的联系将开始缓慢增加，制造集群网络将逐渐形成萌芽，初步显现出集聚的趋势。一些企业由于占据较多种类的资源，与区域内其他多个企业产生了联系，这些企业将成为核心企业的雏形。由于企业间建立关系的时间尚且较短，企业对彼此之间的生产能力、技术水平、信誉等缺乏比较清楚的认知，同时企业之间大多是基于对方的表象特征，即掌握某一对自己有利的资源与技术而建立关系的，这种关系并不深入。从网络层面上看，企业节点间的联系仍然比较松散，这使得网络体现出整体密度和位于产业生产环节上中下游的各个子网络的密度均较低，网络内部与各网络之间的协同关系还未显现（刘国巍等，2020）。从宏观视角来看，整个网络处于建立阶段，而这种弱联系则对整个网络的自发性调整起促进作用。一方面，网络节点间的弱联系为企业的资源获取、合作研发等活动提供了探索与试错的机会，驱动节点在各类异质性的企业中寻找真正的合作伙伴。另一方面，企业的弱联系在面对外部冲击时为整个网络赋予了柔性，在外界环境的不断变化下（如区域内某一处的资源急剧减少），企业间的合作关系很容易被打破，但同时新的合作关系将快速建立起来，形成新的关系稳态。因此，整个制造集群网络在此时具有较强的灵活性和适应性，但同时也具有较大的不稳定性。

从创新的维度上分析，该时期网络内部的创新活动仍然集中于高校与科研机构，而且由于这些科研机构和生产活动环节在该时期尚处于相互分离的状态，机构与企业的协作关系尚未建立，加之两端主体的封闭性，基于技术创新的跨环节交流受到比较严重的限制，技术、知识几乎很难向作为生产主体的企业流动。因此，企业获取外部技术资源的难度比较大，难以直接受益于高校和科研机构的技术创新成果，导致创新效率低下，几乎没有技术创新行为，拥有专利的企业很少，且节点间知识交流与共享频率较低，使得整个集群网络的创新能力处于较低水平，缺乏核心竞争力。

2. 成长期

随着技术和市场的不断发展，制造集群网络开始进入成长期。成长期是网络由开始形成至成熟状态的过渡阶段，也是网络发展的关键时期。由于产业逐渐发展，开始在市场上占据一定份额，此时，为了参与该产业的市场竞争，进而在不断扩大的市场规模中获取经济利润，不断有新的企业开始进入区域集群，成为制造集群网络新的节点成员。这些新的企业可分为异质性企业和同质性企业。异质性企业通常具有集群原有企业所不具备的先天性优势，如在某个产品生产环节具有较高的效率、占据生产活动更高级的制造资源，或是针对某个流程能产出更优质的产品，这些优势能帮助企业在该环节创造更大的价值。因此，这些企业往往能嵌入到集群生产过程中的某一特定生产流程中，在网络中担任特定的分工并发挥显著的比较优势。在前期，集群的生产模式可能存在某一流程的缺失，或是该流程由不具备相关优势的企业承担，而这些异质性企业的加入使这些流程空白得到补充，促进产业的生产流程逐渐细化，产业集群的供应链开始逐渐形成并完善，各企业节点间开始构建更加丰富、细致和紧密的协作关系。同质性企业则是基于学习模仿集群原有某一企业的生产内容和分工，以复制目标企业的生产活动与经济绩效为导向而加入网络中。这些同质性企业作为原有企业的竞争者，在产业链中与原有企业处于相同的生产流程和分工位置，具有相似的协作关系，共同占据流程对应产品的市场份额，同时竞争集群内部同类的生产资源。同质性企业的加入为制造集群网络带来了新的关系，即竞争关系，网络由此开始逐渐显现出竞合性的特征（高长元等，2012）。此时，从网络特征上看，网络规模逐渐扩大，网络的节点逐渐增加，且各网络节点的边数也在逐渐上升，这使得网络密度进入逐渐提升的过程，整个网络不断成长并趋于完善。

制造集群网络成长期的另一个显著特征是节点间关系的不断深化。随着企业节点基于频繁的一次性合作，逐步对合作伙伴的生产条件、资源、技术等能力和信誉有更为深入的理解，并由此催生出对合作伙伴的认同，从而建立起信任和承诺的情感性联系，使这种合作关系更加深入与持续。此时，在集群发展的背景下，节点间的协作关系将由原本的浅层次合作发展为更高层次的流程协同和资源互补关系。从流程协同的维度来看，由于企业自身的发展与网络演化所带来的产业链完善，节点企业的合作关系日益稳固，并基于更加细化的流程建立起稳定的"投入—产出"联系，以提高协同效率从而获得更高的经济效益，即"1+1>2"的协同效应。基于资源获取视角，企业合作伙伴之间在该阶段已经初步建立起了互补性的资源池，以互补性资源集中程度提高来增加企业对资源获取的可取得量与便捷性，使生产资源在合作伙伴间的流动渠道更加通畅。这种更深层次的生产协作关系为企业的长期联系奠定了基础，显著提高了企业间经济联系的稳定性，从而使整个制造集群网络更加稳定。

同时，集群的发展过程中一些核心企业开始凸显。这些企业处于集群产业链的核心环节，其生产活动具有较高的价值与泛用性。通常来讲，这些企业将作为整条产业链的集成者，即其上游与下游的企业所进行的活动是多样化的，它承接上游来自不同环节的多家企业的产品供应，并将产品投放到下游的不同企业作为生产原料。此外，核心企业在集群中占据大量关键性的制造资源，使得其他企业逐渐以其为中心集聚，并构建起比较紧密的资源获取关系。因此，该时期的核心企业一般具有较大的生产规模，与集群中的大多数企业都具有生产协作关系。这使得核心企业成为成长阶段集群网络的重心。由于节点质量开始出现分化，集群网络的度分布不再均匀，而是逐渐向核心企业这类高质量节点集中。核心企业作为网络的关键节点，其度中心性、紧密中心性和中介中心性也显著高于其他各个节点，这反映了其对集群网络其他节点具有极大的重要性、控制力和领导力。

由于核心企业的主导性作用，创新主体和生产主体的隔阂开始被打破。核心企业为了能够保持技术领先优势，提高生产效率和产品质量，继而扩大自身的经济效益和影响力，开始与高校、科研机构等创新主体建立起协作关系，将其产出的高端生产技术、知识等应用到自身的生产活动中，并开始进行企业内部的自主创新（周灿，2018）。基于核心企业的中介作用，这些科研机构开始成为集群网络的成员，它们的知识技术也成为网络中重要的创新资源。同时，由于核心企业与集群其他中小企业的联系，其知识外溢效应逐渐显著，网络中其他节点也开始学习新的生产技术，在核心企业的带领下进行创新活动。在此阶段，网络节点开始初步实现知识技术的交流与共享，技术创新行为逐步增加，企业开始注重技术专利等优势的培育，创新水平和创新效率开始逐步提高，以企业技术进步与核心竞争力的提高带动整个集群网络竞争优势的扩大。总的来说，成长期的制造集群网络在规模、效益和发展机制上逐渐完善，已达到一定的水平，但其网络结构与内部节点仍然处于不断演化的过程中，同时核心企业的主导性作用在这个阶段得到了充分的发挥，为集群网络的进一步发展和升级奠定了坚实的基础。

3. 成熟期

成熟期是整个制造集群网络发展的最高峰，也是发展过程中相对稳定的一个阶段。随着产业的市场规模达到最大，集群网络中不断涌入大批企业，节点数量不断提升，此时整个制造集群网络的节点数量和网络规模达到最大。企业数量的增加使得集群网络中企业间的同质同构性显著增强，即相较于承担新的生产流程的异质性企业，针对同一资源具有强需求与处于供应链上同一生产流程的企业数目增加显著，这将极大提高企业间的竞争关系，在争夺资源、市场份额和承接流程等方面产生更大的竞争压力。同时，这种竞争性将充当一种负反馈调节机制，大大增加了新企业进入集群的难度，从而使网络节点数目的增速逐渐放缓并维持在最高水平，且此时网络开始进入动态更新过程，即不断有新企业进入网络，与此同时，原有网络成员将由于资源优势不足等各种因素被"挤出"制造集群。由于竞争关系的引入，企业间的关系更多地表现为一种竞合性，各企业在协作与竞争的二重作用下保持一种动态的平衡，进而形成相对稳定的联系。这种动态的稳定均衡，从微观上看，是各个网络节点企业在生产过程中通过调整内部条件与外部关系，进而实现自身利益最大化。从宏观上看，各企业对利益最大化的追求，将促进整个网络形成新的均衡态，实现制造集群网络整体利益的最大化，即宏观与微观目标利益的统一。这种平衡状态使得整个网络得以高质量地平稳持续运作，集群网络功能在此时也最为优良稳定。

在成熟期，节点数量的增加促进供应链的进一步完善，最终形成了供应网。企业的协作关系开始延伸到所处的供应链之外，与集群网络内其他平行产业链中具有流程承接关系的上下游企业建立跨链间的协同关系，这种协同关系使得网络内部的关系结构更加复杂，网络节点的边数在此时进一步增加且逐渐达到最大，整个集群网络的密度也随之演化达到顶点。基于产业集群供应网络的形成，网络节点间的关系强度达到最大，协作关系最为紧密，体现出一种高度的共生性。自集群网络的引入期和成长期以来，企业伙伴间所形成的关系实现了由浅层合作到情感认同的深化，通过长期的协作和磨合，已经形成了高效的供应流程协同和资源共享机制（蔡彬清等，2013），同时演化形成了专用性资产等，使合作伙伴之间得以共同分担风险和成本，共享资源和市场机会，显著提高协作网络的生产效率与利润。最终，成熟期内企业间的交互关系演化达到最为成熟的阶段，其相互作用更加频繁有效，这种强互动驱动网络节点在空间上的集聚程度达到峰值，整个网络得以最大限度地发挥规模效应。但同时，网络节点的强联系使其更注重网络内部社会关系的建设，从而为衰退期社会闭合所导致的网络封闭埋下一定隐患。

此外，随着集群的逐步演化，核心企业的特征逐渐消失，在制造集群网络中的作用也在逐渐减弱。从企业节点本身来看，在网络成熟期个体企业的生产经营正处于鼎盛阶段，其获取外部资源、吸收技术知识等以用于自身成长的能力达到最大，同时由于网络规模的扩大和节点关系的增长，企业与外部交流交互的范围与速度都大大增加，因此更容易实现规模的快速增长，有利于企业间规模差距的缩小。从地位上看，企业在相互学习、共同协作中，将通过技术、知识的学习实现产品性能和生产技术的升级，通过资源配置提高特定流程的生产效率，从而使自身在集群内部具备一定的竞争优势。而优势性的资源、技术等在网络中的流动由于更多渠道的建立而趋于常态化，即资源在集群网络内部节点间产生均匀化分配的趋势，这使得原有核心企业对核心资源的占有受到稀释，度中心性、紧密中心性和中介中心性的优势日益消失，对整个集群的领导力和控制力逐渐减弱。最终，基于生产环节优势和制造资源的充分流动，各网络节点的地位逐渐平等。此时，集群网络的度分布重新由集中转向均匀，各个节点间的边数比较均衡，整个网络由"多强"转变为"群强"。

在网络创新能力的维度方面，虽然核心企业对集群的主导作用已然减弱，但在技术创新层面仍然是集群网络的重心。在此阶段，科研机构与网络内的制造企业已经形成了较强的联系，实现了机构科技研发到企业生产应用流程的紧密衔接。该阶段的网络创新主要有三个特征：一是知识溢出效益显著。集群网络中具有技术优势，与科研机构合作紧密的企业的技术扩散作用日益增强。同时网络内其他节点通过学习机制，将这些技术应用到自身的核心生产过程中。这种知识溢出极大地提高了整个集群的技术共享性。二是网络节点的知识同质性趋于明显。由于企业的同质同构性逐渐显著，企业间的生产流程所需的技术表现出高度相似性，因此所需知识的获取亦具有较高的同质性。一方面为企业的合作学习、构建基于技术研发的协作关系提供了机会，另一方面知识技术的相似性对企业核心优势的形成带来挑战。三是知识网络的开放性。随着集群规模的扩大，网络与外部的边界逐渐模糊化，这使得集群网络可以充分获取和引入来自外界和不同生产领域的信息、知识与技术，实现生产技术的更新（刘祎凡等，2023）。在成熟期，知识的流动和共享比较充分，企业的创新能力和效率达到较高水平，企业之间的技术创新合作比较频繁，核心竞争力的培育较为成熟，整个集群的技术创新能力达到峰值。

4. 衰退期

随着集群外部环境的变化，制造集群网络逐渐从成熟期进入衰退期，网络的演化过程开始逆转。在衰退阶段的早期，网络表现为一种较强的封闭性。一是结构僵化。由于成熟期网络关系的不断加强，网络内部结构的日益固化显著降低了网络的灵活性和适应性。二是社会封闭。集群网络中的成员将发展重心落在内部社会关系建设上，而忽视外部环境的变化。这种社会闭合可能会导致网络失去外部联系，难以获取外部环境中新的资源与技术。

在网络封闭的背景下，外部技术环境不断演进，集群产业所具备的知识与生产技术已明显落后于外部其他同质集群，导致整个集群的产品、技术等核心竞争力大大降低，集群总体的市场份额开始逐渐被侵占，企业的市场规模与获利空间显著减少。最终集群网络的经济效益不断衰减，此时基本没有新的企业进入，大部分原有企业在衰退的市场环境条件下选择退出该市场（王迪飞，2018）。同时，集群网络资源开始逐渐枯竭，集群所能支撑发展的企业数量日益减少，资源竞争逐渐加剧，甚至形成恶性竞争。此时网络中不断有旧节点，尤其是依赖资源型发展的企业，在资源竞争中落败，并被淘汰出集群网络。因此，网络节点数开始出现较大程度的减少。

从网络关系的角度分析，一方面，随着资源的枯竭，在通过互补性资源获取而构建的协作关系中，双方的资源优势显著降低，因此合作的强度不断消退。另一方面，由于市场规模的缩小，企业的经营意愿显著降低，在基于流程协同构建起的关系中，双方都很有可能因为经营绩效低下而选择结束协作关系并退出集群市场。最终，这些节点的联系强度大大减弱，关系重新演化回到引入期时的浅层次的一次性合作。但是，仍然有少数企业由于较强的信任与承诺的情感认同，选择继续保持高强度的关系，共同抵御导致网络消失的内外部风险，通过加强合作和交流，努力挖掘剩余资源的机会和潜力，以实现网络的复苏。在这些企业中，节点联系的强度反而会进一步加强。总的来说，网络规模不断缩小，节点的边数减少，网络密度显著下降，度分布逐渐由均匀向混乱、不规则的方向演化。网络的结构和功能也发生了明显的变化，结构上逐渐变得松散，联通性大大降低，网络中的信息流动和传播受到阻碍。同时，虽然核心企业地位的消退是集群网络成熟时期的重要特征，但是网络彻底的"去中心化"在衰退阶段才最终完成。由于技术和知识的传递受阻，加之企业的技术优势不再突出，集群的知识学习机制和知识溢出效应显著衰退，这些原来的核心企业影响力来源近乎完全消散，基本无法再对集群其他企业实现引导与控制。整个制造集群网络处于没有中心企业的涣散状态。此时，由于失去集群技术流动与应用的中介，科研机构与企业的协作关系显著消退，整个集群的技术创新动力和创新能力下降。

最终经过一段时间的衰退，制造集群网络将出现两种演化结果。一是网络消亡，即集群内的成员由于内外部的不利条件，主动或被动退出产业集群，绝大部分节点从网络中消失，网络关系与网络特征也由此不复存在。最终，整个集群被市场所淘汰。二是网络再生。处于网络中的剩余企业开始寻求新的发展机会，尝试依靠技术研发实现创新突破，最终整个产业形成新的竞争优势（刘晨昊，2014），进入一个新的发展阶段。在这个阶段，新一代的制造集群网络将重新开始构建，网络中的企业和关系可能会发生重大变化，集群网络的性质和功能也将随之改变。

3.5.3　制造集群网络演化的驱动因素

制造集群网络作为一个复杂的系统，在演变过程中具有强效的自组织机制。然而，在网络演化的过程中，仅仅依靠集群内部的力量并不足以驱动制造集群网络以生命周期的形式演化（戴建平等，2017），来自政府的控制力与市场、技术等外界力量发挥了重要作用。因此，制造集群网络的演化过程具有内生性和外部性的动力，多种网络的内外部驱动因素在网络演化过程的各个时期发挥不同作用，共同驱动网络的生命周期正向推进。本小节将基于生命周期视角，对制造集群网络演化的驱动因素进行分析。

1. 外部驱动因素

制造集群网络的演化受到外部环境的影响，包括技术、市场、政府等方面。随着时间的推移，外部环境不断发生变化，对制造集群网络的发展和演化产生深远的影响。

（1）技术环境。技术环境是指集群所属产业的生产技术与知识水平。随着外部环境新技术与生产工艺不断涌现，通过网络的吸收作用，制造集群网络可将先进技术引入内部，使内部结构、技术水平和生产能力发生变化。技术环境对网络正向演化的驱动力与网络的开放性密切相关（戴万亮等，

2019)。在引入期，由于企业生产活动比较独立，与科研机构和外界环境的相互作用不强，此时即使网络内部与外界存在比较大的技术水平差，也不能迅速地缩小差距实现集群的升级。因此，引入期的技术环境驱动作用较小。在成长期与成熟期，制造集群网络规模扩大，开放性较强，网络与外界环境交流互动比较频繁，得以吸收先进的技术、知识。这使得网络整体的技术水平不断提高，生产流程优化，产品的竞争力也显著提高。而在衰退期，囿于集群网络的封闭性，外界的技术进步反而会导致其进一步衰落，但同时也为其提供了通过创新实现再生的可能性。

（2）市场条件。市场条件主要是指影响集群网络产品市场份额和获利空间的各种因素，如来自同质类产品的竞争等。市场条件通过对集群经济效应的决定性作用，能够引发集群网络的扩大和衰减。在引入期，由于产业逐步发展，同时来自外界的竞争较少，集群产品的市场份额不断扩大，而且存在较大的成长空间。此时节点企业为寻求更大的经济利益开始谋求合作，以最大限度地抢占市场份额，由此构建起的网络关系驱动制造集群网络初步成型。在成长期和成熟期，产品间的竞争开始加剧，市场份额逐渐饱和，网络节点企业意识到想要进一步提高整体的经济效益，就必须形成更大的产品竞争力。因此，企业开始通过合作研发、分工细化与流程整合等提高集群网络产品价值和生产效率，并构建起更强、更密集的网络关系。同时，外界新企业也因为市场的高度发展选择加入网络，使网络规模进一步扩大并依靠负反馈调节维持相对稳定。而后，市场规模的由盛转衰成为集群网络发展的转折点。在衰退阶段，由于市场规模的衰减，网络中节点企业的经济效益降低，网络整体的生产活动和合作频率下降，由此变得松散，同时大量节点企业的退出导致网络规模与密度的下降。但是，新的市场机会也能为网络提供发展方向的引导，成为网络节点企业寻求创新、实现网络再生的关键突破口。

（3）政府介入。在制造集群发展过程中，来自政府的介入与控制起到了不可忽视的作用，政府通过各种政策与措施的制定和实施，从直接与间接层面驱动制造集群网络不断演化。从直接驱动因素分析，政府通过制定产业发展规划、扶持中小企业发展、向集群投放政府资金等激励性措施促进集群不断壮大，为产业发展提供推力。同时，政府在资源调配与利用、环境保护与市场规范化等方面制定法律法规并加强集群治理，引导集群网络规范化发展，为集群创设良好的内外部环境。间接驱动则主要包含政府完善集群基础设施建设、鼓励科技创新等措施，使节点企业的生产效率和科技创新能力有所提高，同时也为网络内部合作关系的加强提供了支撑。从网络演化过程来看，引入期政府介入所产生的驱动作用最为明显，政府通过各项措施引导网络节点企业的探索式发展与关系构建，同时促进了集聚程度的加强。在成长期，政府的控制力主要体现在核心企业上，通过对核心企业发展的调控推动网络演化进程。在成熟期政府介入则更多地体现为一种服务功能，政府与集群网络的控制关系淡化。而当集群走向衰退时，政府则重新扮演起引导者的角色，通过各种政策措施和治理手段以维持网络节点企业的生存发展，驱动网络进入再生阶段。

2. 内部驱动因素

从内部因素来看，制造集群网络节点企业之间的竞合关系，以及创新网络中企业所具备的学习机制与知识溢出效应，将显著提高集群网络的创新能力与经济绩效，最终驱动网络实现阶段性演化。

（1）节点企业间的竞合关系。竞合关系即网络节点企业之间并存的竞争与合作关系，这种复合性的关系将通过竞争驱动和合作驱动两类方式驱动制造集群网络演进。竞争驱动是指制造集群网络中的企业之间的竞争，能够激发企业不断进行技术创新和升级。企业为了在竞争中取得优势，会不断投入资源进行技术研发和创新，推出更具有竞争力的产品和服务。这种竞争能够促进技术的快速进步，从而提高制造集群网络的技术水平，这种技术水平的提高又外显为网络竞争力的增强与市场的拓宽，进而驱动网络向前演化。同时，在制造集群网络中，企业之间的合作也是实现演化的重要驱动力。企业之间通过建立合作关系，可以共享资源、技术和信息等，实现优势互补和协同创新（万幼清等，2014）。节点企业合作关系的建立一方面可以节约网络内部交易成本，推动外部市场等信息的高度共享，显著提高生产效率与产品价值，另一方面协同创新可以进一步扩大集群网络的技术优势。此外，企业间基于合作关系所形成的信任与承诺的情感联系将不断强化，形成一种正反馈调节，使节点企业间的合作持续加固，最终促进经济效益与创新能力的提高，形成网络演化的内在驱动力。而节点企业间复合性的竞合关系则表现为一种均衡，使整个制造集群网络在稳态中实现生命周期的演化。

（2）学习机制与知识溢出效应。网络中所存在的学习机制和知识溢出效应作为网络整体创新技术水平提高的关键动力，是制造集群网络演化的另一个内部驱动因素。学习机制是指节点企业在生产过程中不断从外部获取新的知识和技能的过程。在演化过程中，加入网络的新企业往往具有生产技术、知识经验欠缺等创新资源与能力的缺陷。通过学习机制，网络中节点企业可从其他节点企业获取高质量的信息与资源，通过蕴含学习与模仿的合作关系缩小发展差距，迅速提高企业规模与网络地位。同时，关系强度能够正向优化企业的学习机制，关系双方基于较强的合作意愿显著提高了知识的转移与吸收速率（韩炜等，2015），进一步促进小企业技术能力的提高。知识溢出效应是指企业在创新过程中产生的新知识和技术，逐渐扩散到其他企业（贺灵等，2012）。基于地理空间上的聚集与生产、研发等经营活动的协同，在网络内部形成了多个发展规模较小、创新能力较弱的企业与某一具有显著技术优势的中心性大企业的知识获取渠道，通过人员交流、技术推广等方式实现知识的外溢。同时随着集群网络的成长，网络密度与连通性增大，知识获取渠道不断增加，知识技术得以充分流动，向整个网络实现扩散。总之，学习机制与知识溢出效应实现了网络单一创新优势的放大，即大企业对小企业的带动作用，最终实现了网络整体创新能力与技术水平的均衡与跃升，以核心竞争力的提高驱动制造集群网络演化。

3.6 集群网络资源

3.6.1 资源的定义及特点

资源是构成现代社会和经济发展的主体要素的总称。资源的定义有广义和狭义之分。广义的资源是指人类生存发展和享受所需要的一切物质和非物质的要素，主要包括自然物质和人类的劳动，这里的劳动包括有形的和无形的，也包括人的体力和智力。从这个层面上讲，资源包括物质和非物质的要素。狭义的资源仅指自然资源，是指在一定的时间、地点条件下能够产生经济价值的、以提高人类当前和将来福利的自然环境因素的综合。由此可知，资源具有如下特点。

（1）社会效用性。资源必须具有开发和利用价值，能够为社会创造价值所利用。

（2）相对稀缺性。资源既是历史范畴，又是社会范畴，所以具有相对稀缺性。

（3）地域性。不同区域的资源分布和组合特征均有一定差异，因此，多核制造集群网络的发展必须遵循因地制宜的原则。

（4）数量有限性和功能多用性。网络资源的总量和能利用量是有限的，人类利用资源的能力、利用范围也是有限的，但是由于很多资源具有可更新、再生性，加之随着科学技术的进步，人类可以寻找新的资源和扩大资源利用范围，不断提高资源利用率和生产能力。因此，资源还具有数量的有限性和功能的多用性。

（5）动态性。各种资源及其组合，即集群网络资源都是不断发展演变的，由平衡到打破平衡再到形成新的平衡。

（6）涵盖面增大。自然资源的概念会不断扩大，不仅指可用于人类生产和生活部分的自然资源，也包括能够给予人类精神文明享受的自然环境部分。

（7）有待开发。由资源的定义可知，智力资源、信息资源、管理资源也是资源，并占有越来越重要的地位，且此类资源既有限又无限，有待开发和利用。

综上所述，资源是指在一定历史条件下被人类开发利用以提高自身福利水平或生存能力的、具有某种稀缺性、受社会环境约束的各种环境要素或事物的总称。

3.6.2　集群网络资源的定义与分类

根据 3.6.1 小节中资源的定义，本小节将集群网络资源定义为：在集群网络中被协作成员企业开发利用以提高自身福利水平或生存能力的、具有某种稀缺性、受社会环境约束、在集群网络中实现网络制造任务过程所需的各种生产、经营活动的物理要素或环境要素的总称。

集群网络制造资源可简单地定义为集群网络在把握外部市场机遇、提供一系列服务来实现网络任务的过程中所涉及的物理元素的总称，贯穿于集群网络全生命周期的所有阶段。集群网络资源可分类如下。

（1）按资源性质分，集群网络资源可分为自然资源、社会经济资源和技术资源。

1）自然资源，一般是指一切物质资源和自然过程，通常是指在一定技术经济环境条件下对人类有益、能够被人类加以利用的资源。

2）社会经济资源，又称社会人文资源，是直接或间接对生产发生作用的社会经济因素。其中，人口、劳动力是社会经济发展的主要条件，也是构成社会经济资源的主要组成部分。

3）技术资源，广义上也属于社会人文资源，其在经济发展中日益发挥着重要作用。技术是自然科学知识在生产过程中的应用，是直接的生产力，是改造客观世界的方法与手段。技术对社会经济发展最直接的表现就是生产工具的改进，不同时代生产力的标尺是不同的生产工具，主要是由科学技术来决定的。

（2）按资源执行任务的构成形式分，集群网络资源可分为独立资源和组合资源。

1）独立资源，是指能够单独实现某一功能或任务的资源构成形式。

2）组合资源，是指需要将其与其他资源结合或组合，才能实现某些集群网络任务的资源。

（3）按资源在集群网络协作过程中发挥的作用可将资源分为九大类，分别为人力资源、设备资源、物料资源、知识资源、技术资源、计算资源、管理系统资源、客户信息资源和其他资源（盛步云等，2006）。该分类在集群网络资源计划体系中的应用将在 7.3.2 小节中进行介绍。

3.6.3 多核制造集群网络资源的自组织聚类形式

协同是指事物或系统在联系和发展过程中其内部各个要素之间的有机结合、协作、配合的一致性或和谐性。协同意味着原本独立的行为主体或子系统通过一定的结构来形成联合作用。所以，混乱常常产生于彼此无关的独立运动，而秩序则是由协同而产生的。协同之所以重要，就是在于它能够使系统产生宏观有序的结构，从而使系统的功能得到质的飞跃（Haken，1988）。协同具有两个重要特征：一是结构性，即不同的资源或要素是以一定的非线性相互关系联系在一起的，从而使协同体呈现出完全不同于线性叠加的大于部分之和的整体效应。整体效应也不能还原为部分，协同体的各个部分相互依存，并通过相互作用而存在、成长，又通过相互作用而联结成整体。二是情境性，即协同效应总是因组成要素和结构关系的不同而不同（Porter，1998）。在成员企业协同运作的过程中，多核集群网络资源在集群网络的多元化业务驱动模式下自发形成以下几种聚类方式。

（1）产品驱动的模块化资源聚类，是指提供同类产品加工所需的原料或半成品资源，具有相同的供应链流向，为该类产品生产做储备的模块化资源聚类方式。这种聚类形式有一定的形成基础，它需要具有制造产品所需的完整原材料、零部件及其相关的模块资源，并且形成与其他产品制造所需资源的差异性。

（2）功能驱动的竞争性资源聚类，也称同质资源聚类，是指集群网络中具有相同或类似功能的资源聚类方式，这类资源的聚类形成集群网络内部资源市场。尽管这种资源聚类形态会产生竞争，但同时也具有协同效应：第一，聚类本身会对相关资源产生经济规模效应和促使市场份额提升，有利于资源开拓市场，提高整体市场占有率；第二，功能驱动的资源聚类能提高相关资源的集中程度，减少竞争者数量，形成资源行业中不同的专业特色，减少资源行业整体生产能力过剩的可能性。

（3）流程驱动的协作性资源聚类，也称异质资源聚类，是指某类资源与业务紧密相关的前后实施过程、工艺过程的资源实行聚类的方式。这种资源聚类方式能为一段业务流程的各个环节提供整体解决方案，形成整体功能。资源之间彼此信任、互惠互利、优势互补、互相促进。这种聚类方式下，由于彼此之间紧密结合，使协作成本大幅度降低，并能为相关资源提供附加价值，该资源聚类常常以组合资源的形式参与市场竞争，由于其具有整体性和低协作成本，在市场竞争中常处于有利地位。例如：设计资源、制造资源的聚类，提供设计制造一体化的联合解决方案；网络化销售系统资源、定制系统资源、客户关系管理系统资源、分销系统资源聚类，提供网络化市场营销的整体解决方案等。

（4）任务驱动的动态性资源聚类，是指为了共同完成集群网络中的某项任务，不同的资源相互结合，在一定时期内形成特定项目小组的资源聚类方式。这种聚类方式下，根据任务不同环节的功能要求，选择独立资源个体或组合资源团体组成临时的项目小组，协作完成任务。这种聚类方式既可能是同质资源聚类，也可能是异质资源聚类，其最大的特点是临时性、动态性较强。

（5）混合驱动的复合性资源聚类，是指根据集群网络任务的需要，同时兼顾以上几种驱动模式的资源聚类方式。这种聚类方式没有特定的任务约束，也不单独指向某种产品的生产过程，而是在集群网络制造过程中使用频率较高的资源自发形成的一种聚类方式。

有关资源聚类的方式、资源聚类对集群网络协作过程的影响及其在资源服务检索中的作用将在 10.4 节详细论述。

3.6.4 集群网络中资源管理与任务管理的关系

在集群网络中，存在着资源管理问题，也存在着与资源对应的任务管理问题。只有当资源外在表现的服务和任务管理协调一致，集群网络的协同运作才能提高效率。

（1）资源管理。资源管理实现对集群网络资源的封装、注册、组织和管理、评价，使集群内企业间的协同运作可高效定位合适的资源服务，并同时具备可行性和可用性。其中，资源注册主要是实现资源服务的发布、发现与协商；资源组织和管理主要实现资源服务面向特定任务功能需求的快速定位；资源评价则是通过对每个资源节点的每次任务完成情况及成效做出客观评价，作为以后资源参与协作前优化配置的参考依据，并指导和促进资源的自优化。关于资源建模的问题将在第 7 章资源消耗模型部分详细论述。

（2）任务管理。任务管理以用户需求为驱动，通过任务建模、资源服务匹配、资源服务优化、代理协商和作业流程管理等环节，实现面向任务的资源服务优化组合和协作。关于任务建模的问题将在第 6 章任务过程建模部分详细论述。

（3）资源管理与任务管理的关系。资源管理与任务管理是实现集群网络协作和网络资源集成化配置的两个重要维度，既是网络资源通过其提供的服务来实现资源配置的基础，也是网络协作共同执行任务的保障，因此，两者之间的关系甚为紧密。资源管理的目的是根据网络过程模型的每个业务环节搜索寻求满足其任务功能需求的资源服务节点（包含独立资源、资源组合在各个层次的服务形式）。再通过资源匹配的原则，将资源集中的资源单元与分解的子任务模型进行匹配。这种匹配的过程主要由代理来实现，即资源代理向任务代理提供资源信息，而任务代理则将收到的资源信息向内部主体广播，构成任务集的成员企业收到相应的招标书后，会根据资源适用性和经济性等情况决定是否投标，并将投标信息反馈给代理，代理再收集反馈，最后形成满足功能需求的资源集。

3.7　本章小结

本章首先从研究问题的概念和理论着手，分别对中小企业、产业集群、单核与多核产业集群、集群网络、网络资源等概念进行了界定，并交代了本研究多核制造集群的研究范畴，明确了研究对象。再运用自组织理论和耗散结构理论分析了传统产业集群中的供应链结构向供应协作网络结构演进的机理，论述了资源的分布式共享和集群成员企业间的协作是集群网络自组织演进的主要动力，同时探讨了制造集群网络的生命周期演化及其驱动因素。最后对集群网络资源、任务以及二者的协商过程进行了界定。

第4章 | CHAPTER 4

集群网络资源计划的多层次列表体系 ▷▷▷▷

在多核制造集群中，为了把握外部市场机遇，提升集群的整体竞争优势，会形成各类不同的网络目标，有经济形态的，有物质形态的，也有其他形态的，网络目标在集群运作过程中，会体现为一个个明确的任务，共同构成整个集群网络的整体任务，而这些网络任务需要各个成员企业协同运作共同实现。但在实际的集群网络运作中，由于各成员企业用以完成子任务所消耗的核心资源的专用性和稀缺性，既不能完全通过价格机制在市场结构中实现，又不可能只通过内部供给在层级组织中实现，而需要通过成员企业间的协作和各网络资源的分布式共享来完成由市场机遇所形成的总体任务。

4.1 集群网络的运作特点

随着互联网经济的不断发展，企业之间不再局限于地理空间上的集聚，其中制造集群网络的发展呈现出成员企业零散化分布，成员企业之间可以利用现代化的信息网络技术解决其空间距离的问题（陈小勇，2017）。然而，制造集群网络成员企业所面临的资源共享机制、共享功能开发与行为构建等都体现在产业集群网络平台的构建上（金杨华等，2023）。制造集群网络是在传统企业发展的基础上形成的，因此，在运作方面其既传承了传统企业的特点，同时又与传统企业存在差异。概括起来，集群网络的运作特点如下。

（1）集群网络运作是基于成员企业运作的一系列联合运作。集群网络运作是以各个成员企业运作为基础，但以各成员企业构成的集群网络整体为综合目标的运作活动，因此，集群网络的整体战略与各个成员企业的子战略要一致。

（2）集群网络运作是基于资源与任务匹配原则的运作。集群网络运作是基于成员企业之间的协同运作，而各成员企业的协同运作是以资源与任务的匹配为原则的。无论集群网络的覆盖面有多广，也无论集群网络所涉及的成员企业有多少，都要以集群网络的资源与任务匹配为协作目标。

（3）集群网络运作是其资源计划体系的基础。网络资源计划体系是对集群网络分布式资源进行配置的多列表体系结构，这种多列表体系结构必须依托集群网络成员企业所拥有的资源和所需完成的任务进行设计，所以，集群网络运作是其资源计划体系的基础。

集群网络成员企业匹配资源和任务，以便更好地促进沟通和服务集成的效果，进而提高供应网络的绩效，并实现集群网络成员企业的战略经营目标（王岚，2013）。集群网络资源计划体系是针对多核中小企业集群网络资源配置进行规划的协作活动机制，而集群网络是由一组同质同构、具有相似业务和相同产业特性的企业所组成的。因此，集群网络可以定义为一个四元组，即

$$CN = (CE, NRE, NTA, STRA)$$

其中，CE 表示集群网络中所有企业构成的集合，可表示如下：

$$CE = \{ce_i \mid i = 1, 2, \cdots, n_e\}$$

NRE 表示集群网络中所有资源构成的集合，可表示如下：

$$NRE = \{nre_i \mid i = 1, 2, \cdots, n_e\}$$

NTA 表示集群网络中所有任务构成的集合，可表示如下：

$$NTA = \{nta_i \mid i = 1, 2, \cdots, n_e\}$$

$STRA$ 表示集群网络所有战略经营目标构成的集合，可表示如下：

$$STRA = \{stra_i \mid i = 1, 2, \cdots, n_e\}$$

由资源和任务在实现集群网络制造目标中的关系可知：

$$\forall NRE_i \subset CE_j, \quad NTA_i \subset CE_j$$

（1）$\exists NRE_i > NTA_i$，则说明集群网络中成员企业 CE_j 资源有剩余，而任务不足，可以将资源提供给集群网络中的其他成员企业使用，以获取价值。

（2）$\exists NRE_i < NTA_i$，则说明集群网络中成员企业 CE_j 任务有剩余，而资

源不足，可以从集群网络中其他企业调用资源，以完成其任务。

（3）∃$NRE_i = NTA_i$，则说明集群网络中成员企业CE_j在资源和任务数量上平衡。在这种情况下，如果企业资源利用效率较高，企业的生产效率就高，企业任务的实现可以用本企业自有资源来满足；如果企业资源利用效率较低，直接导致企业的生产效率低，可以考虑利用外部企业资源对本企业生产效率加以改进。

由此可知，集群网络资源计划体系是在集群网络成员企业资源与任务的动态协作过程中形成的一种网络协作机制，目的是满足集群网络资源的高效配置和提升任务与资源的匹配效率。但产品市场不断发生变化，集群网络搭建的高效信息交流平台，集群内的企业可进行交流与协作，使资源在集群内的企业之间快速地传播并得到合理利用，很大限度地提高了资源与任务的匹配程度（蔡玮，2010）。通过完整的集群网络资源计划体系的构建，充分整合与利用资源，针对集群网络成员企业目标实施管理活动，确保成员企业的子战略与集群网络整体战略的协调发展，提升资源配置对市场绩效与创新绩效的影响力（王迅等，2016）。

4.2 集群网络资源计划的目标

集群网络资源计划是面向中小企业多核集群网络协同运作的基础，从该计划体系的功能来看，主要可以实现以下几个方面的目标。

1. 基本目标

（1）发挥网络资源分布式共享的优势。传统的企业资源计划通过集中式的计划来实现企业内部资源合理配置，供应链管理系统只能为产品驱动的供应链协同运作提供支持，它们在为多核中小企业集群实现网络资源优化配置和网络组织协调治理与协同运作提供集成化的管理系统支持方面有些力不从心，多核企业集群的协同运作在以物料需求列表为主要列表形式的 ERP 中也难以实现。而网络资源计划体系意在突破传统的企业资源内部共享的局限，并在实现网络资源分布式共享的基础上为集群网络资源的优化配置和高效协作提供前期的理论支持。

（2）促进集群网络资源的合理配置。传统的资源配置都限于企业内部的流动，突破企业界限的资源共享也主要依赖于信息化平台的调配，但信息化平台的调配只是针对部分参与该平台的资源进行了有限的配置，无法从根本上解决配置效率的问题。而网络资源计划体系意在从集群网络成员企业的运作原理出发，研究如何从成员企业的协同运作出发，平衡集群整体资源与任务的匹配关系。

（3）提高集群网络中资源和任务的匹配程度。在传统的市场或组织层级关系中，资源和任务的匹配是基于相对完整的资源产品形态或任务外在形态的，因此，很难确保资源任务的绝对匹配性。而网络资源计划体系意在从资源与任务的粒度分解出发，借助模块化的思想，对资源和任务粒度进行重构，进而提升资源与任务两者的匹配程度。

（4）促进多核中小企业集群网络的有序发展。传统的资源配置只是基于单个企业或单条供应链环节上的协调，借助传统的集中式计划可以实现其资源配置，但在复杂的集群网络中，除了传统的供应关系，成员企业之间还存在诸多错综复杂的关联，单纯依靠集中式计划无法满足成员企业间的资源共享和协同运作。而网络资源计划体系可以借助模块化的思想，对网络资源和任务进行分解，并以层次列表的形式进行组合，最终促进集群网络的有序发展。

2. 经济目标

（1）减少集群网络的交易费用和降低协作关系的不稳定性。在传统的离散型制造业中，市场的存在会导致交易费用的增加和资源配置的不稳定性，而层级结构又会导致管理成本增加。集群网络是介于市场与组织层级之间的一种组织形态，这些弊端在网络资源计划体系中可以得到有效控制，因此，网络资源计划体系可以减少集群网络的交易费用和降低协作关系的不稳定性。

（2）发挥多核集群的网络效应，降低集群网络成员企业运行的信息成本。传统的企业资源集中式计划是以单个企业或单条供应链关系为基础的资源配置过程，很难发挥企业之间的协作效应。以网络资源计划体系为前提的集群网络资源计划则可以从集群网络协作的角度出发，促使成员企业之间形成良好的关系型缔约关系，并逐步建立协调的网络联系结构，发挥集群的网络效应，进而降低成员企业运行的信息成本。

3. 战略目标

（1）实现集群网络整体战略与成员企业子战略的协调发展。传统的企业资源集中式计划主要考虑的是单个企业的战略与其资源的匹配和协调关系，而网络资源计划体系则主要站在集群网络的角度，意在协调好各个成员企业的子战略与集群网络的整体战略之间的关系，在促进各成员企业子战略实现的基础上，实现集群网络的整体战略。

（2）通过 SOA 的运用，提升集群网络的整体竞争力。集群网络资源具有离散特征，而网络资源计划体系的多层次列表可以利用面向服务架构体系实现集群网络资源的分布式共享，提升集群网络资源的利用效率和集群网络的整体竞争优势。

上述三个维度的目标主要通过集群网络多层次业务驱动的协作得以实现，集群网络多层次业务驱动协作映射框架如图 4-1 所示。

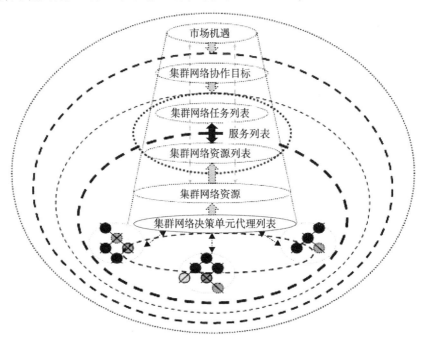

图 4-1　集群网络多层次业务驱动协作映射框架

图 4-1 所示的协作映射框架中包含了多层次列表结构，图中最下层是构成集群网络的集群企业，既有核心企业，也有非核心的成员企业，这些企业之间由于业务需要形成各种协作关系网络。通过对系统整体进行分析，提高资源与任务的匹配率，完成集群网络协作目标，确定集群网络中各成员企业

在组织资源与任务动态协作过程中的网络协作机制（杜军等，2013）。在集群网络协作中，各成员企业资源共享，构成集群网络资源集合。从集群网络业务驱动形成的协作映射框架可知，整个映射框架包括集群网络协作目标列表、集群网络服务列表（含集群网络任务列表、集群网络资源列表）、集群网络决策单元代理列表等。分别可定义如下。

定义：$BOCOB = \{cob_i \mid i = 1, 2, \cdots, m_{cob}\}$ 为集群网络协作目标列表，cob_i 为集群网络响应外部市场机遇的一个协作目标，而 m_{cob} 为集群网络中协作目标的个数。

定义：$BONTA = \{nta_i \mid i = 1, 2, \cdots, m_{nta}\}$ 为集群网络协作任务列表，nta_i 为集群网络中的一个协作任务，而 m_{nta} 为集群网络中协作任务的个数。

定义：$BONRE = \{nre_i \mid i = 1, 2, \cdots, m_{nre}\}$ 为集群网络协作资源列表，nre_i 为集群网络中的一个单位网络资源，而 m_{nre} 为集群网络中协作资源的个数。

定义：$BONSE = \{nse_i \mid i = 1, 2, \cdots, m_{nse}\}$ 为集群网络服务列表，nse_i 为集群网络中的一个网络服务，而 m_{nse} 为集群网络中网络服务的个数。

定义：$BODA = \{da_i \mid i = 1, 2, \cdots, m_{da}\}$ 为集群网络决策代理单元列表，da_i 为集群网络中的一个决策代理单元，而 m_{da} 为集群网络中决策代理单元的个数。

其中，外部市场机遇在集群网络特定状态条件下形成不同的目标，所有目标形成集群网络的目标列表；网络目标映射为集群网络各成员企业的子任务，各子任务形成集群网络的任务列表；在集群网络内部，各成员企业的资源构成集群网络资源，所有资源形成集群网络资源列表；网络资源与网络任务被封装为面向服务架构环境中的集群网络服务，形成集群网络服务列表；而网络资源列表和网络任务列表主要通过决策单元代理实现相互协作，实现集群网络协作过程的决策单元代理共同形成集群网络决策单元代理列表。

4.3　集群网络多层次列表体系结构模型

集群网络的结构模型是以形式化或信息化的形式对集群网络进行抽象化的描述，抽象是解决复杂问题采用的基本方法之一（范玉顺等，2000），也是分析、模拟仿真、集成、优化集群网络功能、过程、作业和行为的基础。产业集群网络结构自身的演化是网络节点的联结特征和位置特征随时间变化的过程，表现为节点联结特性的改变，节点位置的有序化、合理化和高级化（马骥等，2019），这种长期的演化过程更需要找到一种普遍性规律总结与模型构建。因此，它既要反映集群网络的一般企业特征，同时也要反映集群网络的本质特征。虽然集群网络是由多个核心企业形成的动态网络，会受到各成员企业特征的影响，但它又具有不同于单个成员企业组织的运行模式，也涉及多个企业之间的合作、协调、控制和约束关系。网络理论强调，在产业集群中，企业的经济活动并不是单独存在的，而是完全融合在企业所处的网络中，集群内的企业必须强化内部网络结构，才能促使集群的优势得到全面发挥（彭迪云等，2011）。这种既体现集群网络全局模型，又体现集群网络与各成员企业之间映射关系的企业模型就构成集群网络多层次列表体系结构模型。该模型以快速响应市场机遇为总体目标。

多核集群网络结构模型是面向对象的模型，所谓对象，既可以是反映实际问题、具有独立功能性的实体，也可以是实际系统中并不存在的对象（这些对象或者反映一个抽象的概念，或者是为了解决问题的需要而从几个实体中抽象出来的高层的人造对象），其内部结构及工作过程被封装起来，实体本身能依据外界条件的变化做出相应的反应。各个成员企业参与集群网络资源分布式共享的过程、组织、优化、信息等都具有对象的特征。集群网络主要通过成员企业之间的协作及局域网的信息集成来协调成员企业的资源、过程和组织。除了局域网本身的对象，集群网络的对象不一定改变其对应的现实企业对象的物理含义及位置，即这些对象只是从逻辑上归集群网络调度，并成为其中一部分，而实际运行仍在成员企业中完成。同时，集群网络的企业模型的对象本身具有物理性、信息性、功能性和组织性，从而保证不同视图和功能之间的联系（王硕，2005）。

集群网络通过成员企业的优化经营，以迅速响应市场机遇，进而赢得竞争为目标，其中，企业经营优化的关键是企业过程的优化，市场机遇则是通过一系列过程实现的。在集群网络的企业建模中，物流系统、信息系统和组织系统都应以企业过程的优化为前提来进行设计与实施，因此，过程建模是集群网络建模的关键。按照 CIM-OSA（Computer Integrated Manufacturing-Open System Architecture）观点，过程是一系列活动的有序集合，而活动又是由一系列功能操作来实现的，功能单位是不可细分的最小单位（王硕，2005）。

　　过程具有功能性，过程的功能性就是任务。而任务则是将具有相关性、相似性和可集成性的过程合并成具有职责性的功能单位，是由各成员企业的组织完成的。集群网络的过程由成员企业的过程实现，而集群网络的作业由成员企业的作业组成，集群网络的资源是成员企业资源构成的集合。

　　因此，集群网络多层次列表体系结构模型的建立，可以通过对集群网络实现机遇的过程进行分解，建立过程模型，然后通过合并、重组，形成任务模型；也可以通过对实现机遇的任务进行分解，建立任务模型，然后通过细化任务的实现过程，形成过程模型。

　　对于多核集群网络而言，要建立有效的集群网络资源计划体系框架模型，就要对集群网络系统的组件及运作过程进行分析和抽象。并针对各类成员企业的差异性，区分出不同类型成员企业构成的集群网络在资源协作方面的共性和特性，以及集群网络资源配置过程中具有共性、相对稳定以及具有特性、相对不稳定的结构部分。在制造业中，不同类型的集群网络，其业务类型、资源特性、运作过程、产品形式、管理方法等都会有所差别，它们是形成集群网络资源计划体系的基础。尽管如此，不同时期、不同区域和不同类型的集群网络在不同生命周期阶段所涉及的各个业务领域种类（如合作研发、供销、业务外包等）及其基本运作方式都会存在相似和可借鉴的地方，而不同集群网络的结构要素及其相互关系也会存在一定的共性，这些都是集群网络资源计划体系形成的基础。

　　通过对每一类集群网络系统的结构及其运作机理的深入研究不难发现，集群网络所有的业务过程都可以视为一系列的管理与决策活动，这些活动的实质是在特定的管理模式与方法的指导和控制下对集群网络中各种形态的网络资源，如人员、物料、设施、资金、知识、信息等，进行合理的分布式共享。集群网络的过程由成员企业的过程实现，网络过程是其成员企业协作过程的抽象，其执行过程主要表现为在一定的业务逻辑指导下，引用施加于集群网络系统要素的有关协作方法，完成特定集群网络协作功能。而集群网络业务过程所涉及的业务种类、各成员企业系统要素、施加于各成员企业系统要素上的各类操作方法及集群网络系统要素之间的关系具有相对的稳定性，是集群网络资源计划体系形成的基础。随着集群网络环境和成员企业之间关系的变化、集群网络及其成员企业战略的调整以及例外情况的发生，必须按照某种管理模式对集群网络的业务逻辑和业务过程进行调整，因此，业务逻辑和业务过程具有相对的易变性，是集群网络资源动态协作所要考虑的主要对象。

由以上分析可知，集群网络系统是共性与特性、相对稳定性与相对易变性的统一体。从集群网络资源计划体系的角度出发，建立多层次列表体系结构抽象模型，如图4-2所示。从该模型的整体结构来看，包括三个层面，即集群网络外部层面、集群网络层面和多核集群的企业层面。

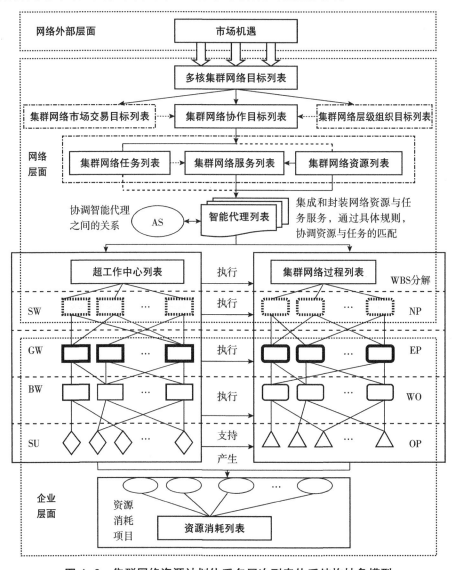

图4-2　集群网络资源计划体系多层次列表体系结构抽象模型

在集群网络外部层面，会存在诸多不同的市场机遇，它是集群网络成员企业运作的驱动要素，这些市场机遇既可以通过市场交易、层级结构的形式实现，也可以通过企业网络协作的形式实现。通过不同形式实现的目标，可以抽象为不同形式的企业协作目标列表。通过市场交易和层级结构实现的目标列表就是传统的两分法的资源配置方式，由于效率不高，会在企业组织形式发展的过程中逐步演化为企业网络形式，而企业网络形式是实现集群网络资源分布式共享的主要过程模式。

在集群网络层面，成员企业所构成的集群网络系统会因网络外部市场机遇的驱动形成集群网络的协作目标，所有网络协作目标可抽象为协作目标列表，它既是集群网络维持和协作的基础，也是集群网络维持和协作的动力。将集群网络中成员企业以市场形式进行资源交易实现协作的目标抽象为集群网络市场交易目标列表；将集群网络中成员企业通过自身协调实现的目标抽象为集群网络层级组织目标列表；将集群网络中成员企业依托企业网络形态实现协作的目标抽象为集群网络协作目标列表；将市场交易目标列表、层级组织目标列表和网络协作目标列表抽象为网络资源计划的协作目标列表。网络协作目标依赖网络资源与网络任务的协作得以实现，所以集群网络的成员企业需要共同协作提供一系列的服务，将成员企业独立和协作所提供的服务抽象为集群网络服务列表，而将对应于网络服务所执行的任务抽象为集群网络任务列表。根据网络资源与任务的特性不同，将集群网络资源与任务封装在不同的决策单元，将协作过程中涉及的计划、调度、协调、控制等相对独立的决策单元抽象为决策单元代理；将所有决策单元代理所组成的多代理分布式决策系统抽象为决策单元代理列表。将集群网络中成员企业在各个层次的资源服务或任务服务与其他成员企业对应的任务服务或资源服务协作才能实现制造目标的结构单元抽象为超工作中心；将集群网络中所有超工作中心的递阶层次结构抽象为超工作中心列表；将超工作中心所能执行的实现集群网络的某个目标或子目标的一系列作业的协同工作流抽象为网络过程。一个超工作中心可以执行其能力集范围内的一个或多个网络过程。

在集群网络的企业层面，将人员、物料、设备、资金、知识、信息等集群网络系统要素抽象为实体对象，将施加于这些实体对象上的操作方法抽象为功能操作。一类实体是支持集群网络业务过程的相对稳定且具有相同或相似结构特征和行为特征的集群网络系统要素的集合。按照其所支持的功能操作的不同，实体可以分类为物料资源、功能资源（人员、设备）、资金资源、信息资源（数据、知识等）、控制信息等。集群网络系统整合了不同类型的资源，在信息高度共享的状态下，能够让资源在集群网络内快速流通，以达到最大限度的利用（何敏等，2016）。将集群网络中成员企业运作的基本原子结构单元抽象为基本工作中心；将基本工作中心所能执行的完成某一特定功能的功能操作的逻辑集合抽象为作业。一个基本工作中心可以执行其能力集范围内的一个或多个作业。基本工作中心是基于多层次列表的集群网络的基本计划和控制单元，作业则是集群网络过程的原子单元。将集群网络成员企业在各个层次的结构单元抽象为广义工作中心，将集群网络中所有广义工作中心的递阶层次结构抽象为广义工作中心列表，将所有集群网络过程的递阶层次结构抽象为网络过程列表。将网络工作中心为实现集群网络目标执行网络过程实例所消耗的资源抽象为资源消耗，将网络工作中心所有资源消耗的集合抽象为网络资源消耗列表。

实体、功能操作、基本工作中心、作业、广义工作中心、网络过程、网络工作中心、资源消耗和决策单元代理是基于多层次列表模型集群网络资源计划体系的基本构件。多层次列表由网络工作中心列表、网络过程列表、资源消耗列表、决策单元代理列表组成，分别代表集群网络资源计划体系的网络结构模型、网络过程模型、资源消耗模型和分布式决策代理模型。

4.4 集群网络多层次列表体系结构的作用

集群网络多层次列表体系结构既具有通用的层次列表规范，又具有适应集群网络资源分布式共享模式的弹性，因此，它对集群网络资源计划体系具有重要的作用，主要体现在以下方面。

（1）集群网络多层次列表体系以企业模型为雏形，既构建了符合企业层面的资源优化配置模式，又构建了符合网络层面的资源分布式共享模式，是多核集群网络资源计划体系的基础。

（2）集群网络多层次列表体系在工作中心、广义工作中心概念的基础上，以超工作中心为核心的网络组织协作关系节点单元实现网络组织建模，改变了传统的以企业单元建模的粒度大小，有利于满足集群网络集成化过程中系统开放性、动态性、发展性和可重构性的要求。

（3）集群网络多层次列表体系结构可以从不同维度、不同阶段和集群网络协作过程的不同方面进行建模，既可以反映集群网络形成的基础，又可以体现集群网络维持的动力，还能将网络协作过程通过形象的视图进行表示，直观地体现网络协作过程所涉及的各类活动。

（4）集群网络多层次列表体系结构完整描绘了集群网络从市场机遇出现开始，到市场机遇形成网络目标，进一步映射为网络任务，再到成员企业的任务分配，网络协作过程执行直至最后协作完成任务，以把握市场机遇进而获得竞争力的整个动态过程。

4.5　集群网络资源计划的多层次列表体系概念模型

参照 CIM-OSA 企业建模方法（范玉顺，2007），本研究建立基于 X 列表的集群网络资源计划体系的概念模型，如图 4-3 所示。该模型是由集群网络资源计划体系的生命周期维度、X 列表维度和通用层次维度三个维度构成的一个立方体结构。

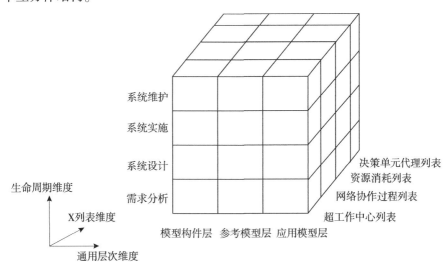

图 4-3　集群网络资源计划的多层次列表体系概念模型

在生命周期维度中，集群网络资源计划体系主要包括需求分析、系统设计、系统实施与系统维护四个阶段。而每个阶段的结果都是下一个阶段的输入，上一个生命周期的系统维护阶段的结果也是下一个生命周期需求分析阶段的输入，这种螺旋式循环演变的过程正好反映了集群网络资源集成化配置体系不断改进和扩展的过程，也是集群网络资源计划体系趋向成熟的逻辑发展过程。需求分析阶段的主要目标是建立集群网络资源配置的需求分析模型，说明网络所需达成的目标，以及该资源计划体系为完成该目标而必须具备的功能和业务流程，并明确表述在当前阶段集群网络对系统功能及业务流程改进的需求，还有哪些地方需要改进。系统设计阶段主要是在需求分析模型的基础上，逐步建立独立于具体实施语言和方式，并可为计算机等工具识别的设计模型。在系统实施阶段，通过定义具体的超工作中心、资源实体、任务实体、组织单元与应用软件，形成系统的实施模型，并按照具体实施方法运行使用。在系统维护阶段，主要是借助对用户界面、文档、登录权限、访问时间等的有效管理和监控，做好记录并进行修改，为下一个生命周期的输入做好准备。集群网络成员企业会依据不同的阶段进行交流合作，在集群网络系统中获取其所需要的资源来完成任务，达成企业个体的目标乃至整个集群网络的目标（张敬文等，2018）。

在 X 列表维度中，主要包括超工作中心列表、网络协作过程列表、资源消耗列表和决策单元代理列表。超工作中心列表主要说明集群网络资源共享的结构构件及其相互关系，以及在该列表中实现资源集成优化配置所需要执行的工作、提供的服务或实现的任务，并对网络成员企业的业务目标进行分解和解释，确定各业务功能的逻辑结构和相互关系。网络协作过程列表主要通过集群网络系统在特定环境下执行各种制造活动的逻辑关系来描述集群网络协作的作业流程，并通过对网络过程列表的建模准确地描述集群网络资源配置的过程，供集群网络资源配置流程分析和优化使用。资源消耗列表主要描述了集群网络资源分布式共享的经济性与合理性。决策单元代理列表为各个集群网络成员的资源请求与任务匹配提供了代理机制。由于多核集群的成员分布较为零散，这就需要资源分布式共享在多代理列表的支持下实现超工作中心所包含的资源和任务的请求，执行集群网络资源集成化配置活动的交换关系，建立网络资源分布式共享的多代理列表可以使集群网络建立可靠的服务匹配数据结构，生成资源与任务匹配的各种数据转换机制。

通用层次维度是集成化企业建模体系结构的空间维度，它是一种横向结构，可分为模型构件层、参考模型层和应用模型层三个层次。其中，模型构件层提供了整个集群网络建模体系结构的基本构成成分，既包括不同建模阶段、不同建模维度的基本模型构件，如集群网络成员企业、功能单元、超工作中心、网络工作中心、网络过程、资源配置代理等，还包括与网络体系活动有关的约束、规则、术语和协议等。它具有较强的通用性，能够广泛地应用于各种集群网络建模。参考模型层则以特定的集群网络为背景，通过对其典型协作业务流程和成员协作行为特征进行分析和提炼，并将其成员企业、功能单元、超工作中心、网络工作中心、网络过程、资源分布式共享的代理等实例化，形成各种可以描述、可区别的参考模型，而这些参考模型适用于某一类型的集群网络资源计划体系。应用模型层则根据该集群网络的特性选择参考模型，并利用多层次列表体系基本模型构件的可扩展性进行适当的修改，形成适合于某个集群网络的特定运作模式、资源配置方式和集成化管理方法。

由此可知，集群网络资源计划的多层次列表体系概念模型为多核中小企业集群网络资源计划体系的集群网络模型构建及动态资源配置提供了相应的理论指导和方法支持。

4.6　本章小结

本章主要从多核中小企业集群网络资源计划需求分析出发，构建了集群网络多层次业务驱动协作映射的框架，突出了市场机遇映射集群网络成员间的协作目标。并介绍了集群网络目标列表实现所依赖的任务列表和资源列表要求，体现出各种层次列表内与层次列表间的映射与驱动关系。同时，在传统的 X 列表体系模型研究的基础上，构建了集群网络资源计划体系多层次列表体系结构抽象模型。该模型由超工作中心列表、集群网络过程列表、智能代理列表、任务列表、资源列表（任务列表和资源列表共同构成服务列表）、成员企业协作目标列表、集群网络目标列表等组成。在此基础上，对基于多层次列表的网络资源计划体系的建模概念框架进行了讨论。

第5章 | CHAPTER 5

集群网络资源计划的网络结构模型 ▷▷▷▷

5.1 基本工作中心的定义

基本工作中心既是企业模型最基本的原子结构单元（汤勇力，2005；张洪亮，2003），又是集群网络中最基本的原子结构单元，它依附于企业单元结构，集成集群网络成员企业的某些资源和组织结构，与集群网络内其他工作中心协作，在协作中执行在其能力属性集范围内的一些作业或协作活动的实例，并在执行作业实例和协作活动实例的过程中产生资源消耗。

根据基本工作中心的特点，可以将其表示为一个多元组：

$$BW = (PHY, CP, STA, MISC)$$

其中，PHY 为物理属性集，包括基本工作中心所集成的集群网络成员企业的资源、任务和组织结构及其相关物理属性；CP 为能力属性集，包括基本工作中心所能执行的作业集合、相应作业的单位资源动因、时间、质量等执行效果属性等；STA 为状态属性集，记录了基本工作中心运行过程中的动态状态变化，包括消耗的所集成资源的相应基本资源动因、正在执行的作业实例和协作活动所消耗的资源动因等相关属性；$MISC$ 为其他属性集（汤勇力，2005；张洪亮，2003）。基本工作中心各属性集所包含的主要内容如表 5-1 所示。

表 5-1　基本工作中心各属性集的属性内容

属性集	属性内容
物理属性集	所集成的网络资源及其相关属性，如资源的归属、类型、名称、编号、数量等； 所集成的网络结构及其相关属性，如网络结构名称、所处网络位置、编号等
能力属性集	所能执行的作业集合及其相关属性，如作业的名称、编号、单位资源动因、时间、质量属性等其他与作业执行效果有关的属性； 所能完成的网络任务集合及其相关属性，如任务来源、名称、编号、时间、质量、成本属性等其他与任务完成情况有关的属性
状态属性集	基本工作中心的消耗所集成资源的相应基本资源动因； 基本工作中心所集成的动态任务，如任务来源、名称、编号、时间、质量、成本属性等； 正在执行的作业实例及其相关属性，如作业名称、作业实例编号、资源动因、作业实例状态（进行、暂停、完成）等
其他属性集	基本工作中心的标识、名称、类型等其他属性

资料来源：汤勇力. 基于 X 列表的可重构 ERP 体系研究［D］. 天津：天津大学，2005.

　　在基本工作中心的属性集中，其基本资源动因计量了其对网络资源的消耗。网络资源消耗则按照基本资源动因分配到基本工作中心，而基本工作中心的资源消耗则按照网络作业和协作活动所消耗的资源动因分配到网络作业集，并进一步根据相应的作业动因分配到与基本工作中心相关的成本对象。该成本对象一定是已完成的任务所属的集群网络的协作企业组合。

　　作为企业结构模型最基本的原子结构单元，基本工作中心也是集群网络结构模型最基本的原子结构单元，因此具有如下性质：设集合 CN 表示整个集群网络资源和各类组织结构的集合，Ent 表示整个企业的资源和组织结构的集合，则 CN、Ent 可分别用企业及基本工作中心的集合表示为

$$CN = \{ent_n \mid n = 1, 2, \cdots, N\}$$

其中，N 为构成集群网络的企业的数目；ent_n 为集群网络中的第 n 个企业。

　　同理，$Ent = \{bw_s \mid s = 1, 2, \cdots, S\}$

其中，S 为某个企业所划分的基本工作中心的数目；bw_s 为企业的第 s 个基本工作中心，则：

　　$\forall \, bw_s \in Ent, \ bw_t \in Ent, \ s \neq t, \ $ 有 $bw_s \cap bw_t = \varnothing, \ \varnothing$ 为空集。

若集群网络中有 N 个企业，第 i 个企业对应有 S_i 个基本工作中心，则集群网络共有基本工作中心的个数为 $\sum_{i=1}^{N} S_i$，其中，$i = 1, 2, \cdots, n$。

5.2 广义工作中心的定义

在传统 ERP 体系中，工作中心是企业内生产加工单元的总称。广义工作中心扩展了基本工作中心的定义，代表了企业内的各种构成单元，包括产品设计单元、工艺设计单元、生产加工单元、物料采购处理单元、产品销售及服务单元等（汤勇力，2005；张洪亮，2003）。ERP 系统不仅集成了集群网络成员企业的内部资源和流程，而且对外部资源的整合利用程度也有促进作用，企业不再局限于供应链上的单一环节，而是在全过程中注重与其他产业的协作（王婷等，2013）。为了更好地实现网络资源的共享性，扩展了广义工作中心的定义。

定义：（1）$\forall bw_s$，$bw_s \in Ent$ 是一个基本工作中心，则 bw_s 也是一个广义工作中心。

（2）$\exists gw_1$，gw_2，$\cdots$，gw_i，$\cdots$，gw_n 均为广义工作中心，则 $\bigcup_i gw_i$ 也是一个广义工作中心。

广义工作中心也可以表示为一个与基本工作中心类似的多元组：

$$GW = (PHY, CP, STA, MISC)$$

其中，PHY 为物理属性集，包括广义工作中心的子工作中心集合及其相关属性；CP 为能力属性集，包括广义工作中心所能执行的集群网络协作过程和子过程及相应的资源动因、时间、质量等执行效果属性等；STA 为状态属性集，记录了广义工作中心运行过程中的动态状态变化；$MISC$ 为其他属性集。各属性集所包含的主要内容如表 5-2 所示。

表 5-2 广义工作中心各属性集的属性内容

属性集	属性内容
物理属性集	所有子工作中心集合及其相关属性

续表

属性集	属性内容
能力属性集	能执行的网络过程和子过程集合及其相关属性，如过程名称、编号、单位资源动因、时间、质量属性等其他与过程执行效果有关的属性
状态属性集	正在执行的过程实例及其相关属性，如过程名称、过程实例编号、资源动因、过程实例状态（进行、暂停、完成）等
其他属性集	广义工作中心的标识、名称、类型等其他属性

可以看出，广义工作中心由一个或多个子工作中心组成，这些子工作中心可以是基本工作中心也可以是广义工作中心。广义工作中心是一个具有递阶层次的树形结构。广义工作中心的能力集是其子工作中心能力集的并集。广义工作中心可以根据其能力集的范围来执行网络协作过程或子过程，网络协作过程中的作业或下一级子过程则被分配给满足能力要求的子工作中心执行。广义工作中心的资源消耗列表是其各子工作中心资源消耗列表的并集。广义工作中心的资源消耗由其各子工作中心的资源消耗按照递阶层次结构滚加而成。

广义工作中心是集群网络全生命周期、网络协作全过程各个阶段上的结构单元，包括产品设计单元、工艺设计单元、生产加工单元、物料采购处理单元、产品销售及服务单元等，整个网络协作过程可以视为由一系列的广义工作中心组成。在传统的 ERP 中，工作中心定义为企业的生产加工单元。广义工作中心扩展了工作中心的定义，使企业的产品全生命周期、企业经营管理全过程各个阶段上的结构单元及其动态行为可以用统一的方式进行管理。在集群网络中，ERP 突破了企业传统管理边界，从网络整体层面促进了企业资源的共享，解决了资源闲置和管理职责的划分等问题。通过 ERP 系统，企业资源共享的优势得以体现，推动了企业高质量发展（陈鹏，2021）。本研究依据广义工作中心拓展的定义，进一步将其应用到集群网络中，体现了集群网络成员企业间协作统一的计控单元特性。

5.3　超工作中心的定义

尽管从定义和描述方面来看，不同企业的工作中心没有差异，但传统的基本工作中心和广义工作中心都是基于单个企业产品全生命周期、企业经营管理全过程各个阶段上的结构单元。因此，不同的企业，其基本工作中心的外在表现都具有一定的异质性，在资源分配和协作方面，基本工作中心和广义工作中心的主要功能是实现企业内部资源配置的优化。随着数字化技术的发展与应用，部分企业已经开始打造更适应信息时代的云端 ERP，利用前沿的数字化技术，实现多种资源的虚拟化，并将其集中管理与调度，达到降低运行成本、提高工作效率的目的（王汉军等，2023）。而集群网络资源的优化配置主要体现网络资源参与企业间协作的优化配置过程。本研究在基本工作中心和广义工作中心概念的基础上，提出了超工作中心的定义。

定义：所谓超工作中心，是指以具有关联业务特性的企业集群为基础，以集群网络中各种资源优化配置为目的，在集群网络各种约束机制影响下，实现集群网络成员企业的作业单元与异源资源或任务匹配优化的一类超工作单元，用 sw 表示。

由超工作中心的定义可知，超工作中心具有如下一些性质：

（1）多核中小企业集群网络中一定存在超工作中心，即超工作中心所构成的集合一定非空：

$$\{sw_s\} \neq \varnothing \, (s = 1, 2, 3, \cdots)$$

（2）$\forall sw_s \in CN$，$sw_t \in CN$，$s \neq t$，有 $sw_s \cap sw_t = \varnothing$，$\varnothing$ 为空集（$s = 1, 2, 3, \cdots$；$t = 1, 2, 3, \cdots$）。

（3）$\forall bw_s$，$\mathrm{Re}\, s_r$，$bw_s \in Ent_m$，$\mathrm{Re}\, s_r \in Ent_n$，$Ent_m \subset CN$，$Ent_n \subset CN$（其中 $m \neq n$），$\exists \mathrm{Re}\, s_r$ 可以满足 bw_s 实现工作任务的需要，则 bw_s 也是一个超工作中心。

推理一：$\forall bw_s$，$bw_s \in Ent_m$，$Ent_m \subset CN$，尽管 bw_s 是一个基本工作中心，但 bw_s 不一定是一个超工作中心。

（4）$\forall gw_s$，$\mathrm{Re}\, s_r$，$gw_s \in Ent_m$，$\mathrm{Re}\, s_r \in Ent_n$，$Ent_m \subset CN$，$Ent_n \subset CN$（其中 $m \neq n$），$\exists \mathrm{Re}\, s_r$ 可以满足 gw_s 实现工作任务的需要，则 gw_s 也是超工作中心。

推理二：$\forall gw_s$，$gw_s \in Ent_m$，$Ent_m \subset CN$，尽管 gw_s 是一个广义工作中心，

但 gw_s 不一定是一个超工作中心。

（5）$\forall sw_s$，$sw_s \in CN_m$ 是一个超工作中心，则 sw_s 既是一个基本工作中心，也是一个广义工作中心。

（6）$\exists sw_1$，sw_2，$\cdots$，sw_i，$\cdots$，sw_n 均为超工作中心，则 $\bigcup_i sw_i$ 也是一个超工作中心。

超工作中心也可以定义为一个类似于基本工作中心的多元组：

$$SW = (PHY, CP, STA, MISC)$$

其中，PHY 为物理属性集，包括超工作中心的所有子工作中心集合及其相关属性；CP 为能力属性集，包括超工作中心所能执行的网络过程和子过程及相应的资源动因、时间、质量等执行效果属性等；STA 为状态属性集，记录了超工作中心运行过程中的动态状态变化；$MISC$ 为其他属性集。各属性集所包含的主要内容如表 5-3 所示。

表 5-3　超工作中心各属性集的属性内容

属性集	属性内容
物理属性集	所有子工作中心集合及其相关属性
能力属性集	能执行的网络过程和子过程集合及其相关属性，如网络过程名称、编号、单位资源动因、时间、质量属性等其他与过程执行效果有关的属性
状态属性集	正在执行的网络过程实例及其相关属性，如网络过程名称、网络过程实例编号、网络资源动因、网络过程实例状态（进行、暂停、完成）等
其他属性集	超工作中心的标识、名称、类型等其他属性

可以看出，超工作中心由一个或多个子工作中心组成，这些子工作中心既可以是基本工作中心也可以是广义工作中心，还可以是它们的组合。超工作中心是一个具有递阶层次的树形结构。超工作中心的能力集是其子工作中心能力集的并集。超工作中心可以根据其能力集的范围来执行网络过程或子过程，网络过程中的作业或下一级子过程则被分配给满足能力要求的子工作中心执行。超工作中心的资源消耗列表是其各子工作中心资源消耗列表的并集。超工作中心的资源消耗由其各子工作中心的资源消耗按照递阶层次结构滚加而成。

超工作中心是集群网络全生命周期、网络协作全过程各个阶段上的结构单元，包括产品设计单元、工艺设计单元、生产加工单元、物料采购处理单元、产品销售及售后服务单元等，整个网络可以视为由一系列的广义工作中心和超工作中心组成。在制造集群网络协作的各环节，可以利用 ERP 科学化的连接性使得超工作中心的各要素之间能够相互协调，资源与任务实现良好的对接，提高企业乃至整个集群网络的核心竞争力（李海清，2015）。本研究提出的超工作中心有助于实现集群网络环境下集群资源分布式共享的统一界定。

5.4 网络工作中心的定义

由上文定义可知，基本工作中心、广义工作中心和超工作中心都被定义为构成整个多核中小企业集群网络的产品全生命周期、集群网络经营管理全过程各个阶段上的结构单元。基于对集群网络中各类工作中心的研究，本研究提出了网络工作中心的概念。

定义：所谓网络工作中心，是以集群网络为基础，以集群的网络资源单元和网络任务单元为核心，受集群网络内、外部运行机制的约束，最终实现集群网络的资源单元与任务单元匹配、优化的所有工作单元，用 NW 表示。

网络工作中心是实现集群网络资源优化配置的基本单元，具有如下一些性质。

（1）如果用 CN 表示某个相对集中的集群网络的资源和组织结构的集合，则 CN 可以用网络工作中心的集合表示为

$$CN = \{NW_s \mid s = 1,2,\cdots,S\}$$

其中，S 为集群网络中所划分的网络工作中心的数目；NW_s 为集群网络中的第 S 个网络工作中心。

（2）$\forall NW_s \in CN$，$NW_t \in CN$，$s \neq t$，有 $NW_s \cap NW_t = \varnothing$，$\varnothing$ 为空集（$s=1,2,3,\cdots$；$t=1,2,3,\cdots$）。

（3）多核中小企业集群网络中一定存在网络工作中心，即网络工作中心所构成的集合一定非空：

$${NW_s} \neq \varnothing \ (s=1,2,3,\cdots)$$

（4）∃ 集群网络中所有网络工作中心构成的集合为 I，则：

$$I = {bw_i} \cup {gw_m} \cup {sw_n}$$

同样，$I = {gw_m} \cup {sw_n}$（其中 $i=1,2,3,\cdots$；$m=1,2,3,\cdots$；$n=1,2,3,\cdots$）。

集群网络各类工作中心所构成集合之间的相互关系如图 5-1 所示。

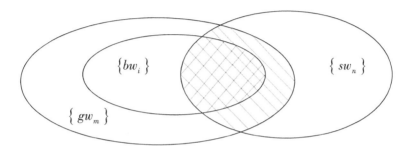

图 5-1　多核中小企业集群网络工作中心集合关系

网络工作中心是基本工作中心、广义工作中心和超工作中心的并集，它除了具备网络结构属性、状态属性，还具备以集群网络协作为基础的资源和任务属性，因此，网络工作中心的数学表达式与基本工作中心、广义工作中心和超工作中心存在差异，可表示如下：

$$NW = (PHY, STA, RES, TAS, MISC)$$

其中，PHY 为物理属性集，从集合的构成来看，PHY 包括两部分，一是属于广义工作中心及其子工作中心集合（含基本工作中心部分）的超工作中心，二是不属于基本工作中心和广义工作中心集合的超工作中心，以及集群网络中各类工作中心集合的相关属性；STA 为状态属性集，它会记录和反映集群网络中各类工作中心运行过程中的动态状态变化；RES 为资源属性集，与基本工作中心和广义工作中心不同的是，网络工作中心需要对网络中各类资源的属性进行良好的界定与封装，并为超工作中心提供服务，因此，资源属性集反映整个集群网络中所有的资源来源、数量、功能、价格等属性；TAS 为任务属性集，它与基本工作中心和广义工作中心不同的是，网络工作中心中的任务属性一定是由集群网络中其他成员企业资源所完成的任务的属性，包括任务的类型、实现的方式、条件等。各属性集所包含的主要内容如表5-4所示。

表5-4　网络工作中心各属性集的属性内容

属性集	属性内容
物理属性集	集群网络中各类工作中心的集合及其相关属性
状态属性集	正在执行的网络过程实例及其相关属性，如网络过程名称、网络过程实例编号、网络资源动因、网络过程实例状态（进行、暂停、完成）等
能力属性集	所能执行的网络过程和子过程集合及其相关属性，如网络过程名称、编号、单位资源动因、时间、质量属性等其他与网络过程执行效果有关的属性
其他属性集	网络工作中心的标识、名称、类型等其他属性

注：为便于与基本工作中心、广义工作中心、超工作中心进行比较，本表仍列出物理、状态、能力、其他属性集包含的主要内容。

可以看出，网络工作中心与广义工作中心和基本工作中心不一样，它并不是构成集群网络中工作中心的全集，在集群网络中，其工作中心的全集是由多个基本工作中心、广义工作中心和超工作中心共同组成的。集群网络的工作中心是一个具有递阶层次的树形结构。其资源集和任务集是其子工作中心资源集和任务集的并集。网络工作中心可以根据其资源集和任务集的范围来执行集群网络过程或其子过程，网络过程中的每一个具体作业或下一级子过程则被分配给满足资源或任务要求的子工作中心执行。网络工作中心的资源消耗列表是其各子工作中心资源消耗列表的并集。网络工作中心的资源消耗由其各子工作中心的资源消耗按照递阶层次结构滚加而成。

5.5　网络工作中心列表的定义及模型

1. 网络工作中心列表的定义

定义：$BONW = \{nw_i \mid i = 1,2,\cdots,m_{nw}\}$ 为集群网络中网络工作中心列表，nw_i 为集群网络中的一个网络工作中心，而 m_{nw} 为集群网络中网络工作中心的个数。

网络工作中心列表以集群网络为研究对象，因此，它是集群网络框架中所有网络工作中心的集合。集群网络框架中资源的共享主要借助于基本工作中心、广义工作中心和超工作中心来实现，网络工作中心是基本工作中心、广义工作中心和超工作中心的动态组织结构，并借助于其动态适应性的特点最终实现集群网络资源的优化配置，满足集群网络资源的分布式共享的需求。

　　从网络工作中心列表的结构来看，它比较全面地集成了集群网络中各个阶段的网络结构单元，具有模块化、可扩展的结构特点，能够支持集群网络计控单元粒度的变化，以及对集群网络各成员企业的异构、分布式资源信息系统的封装，是支持集群网络资源集成化配置的网络结构模型。同时，网络工作中心列表也是多层次列表体系中战略目标列表、网络过程列表、网络服务列表（包括网络任务服务列表和网络资源服务列表）和网络能力列表等协作与映射的基础。

　　2. 网络工作中心列表的模型

　　网络工作中心列表是支持集群网络各成员企业之间资源与任务动态共享的网络结构模型，是多层次列表体系中网络过程列表、超工作中心列表、广义工作中心列表、资源消耗列表和决策单元代理列表的基础。网络工作中心列表模型可用图 5-2 所示的 UML 类图表示。

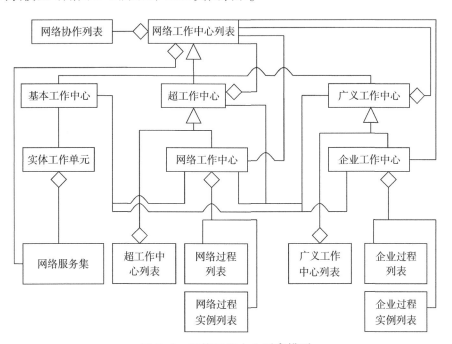

图 5-2　网络工作中心列表模型

　　注：△表示支撑，◇表示对应关系，后同。

如图 5-2 所示，基本工作中心、广义工作中心、超工作中心和网络工作中心是网络工作中心列表模型的基本模型构件。网络工作中心列表是基本工作中心、广义工作中心、超工作中心和网络工作中心的抽象基类，封装存在于集群网络中的各类工作中心共性的内部机制和外部接口。基本工作中心集成了一部分作业实体单元（构成集群网络的成员企业的资源和各类组织结构形式等），它是广义工作中心列表不可分的最基本模型构件。广义工作中心则是基本工作中心的动态组织结构，它以基本工作中心为粒度，按照成员企业的需要对集群网络的动态任务进行组合，通过资源的共享和配置实现集群网络的任务需求。超工作中心则主要封装了集群网络成员企业异源资源与任务的特性，并就成员企业外部的任务进行组合，通过匹配任务所属企业之外的企业资源，实现网络成员的资源共享和任务协作。因此，超工作中心是集群网络中专门实现资源共享和任务匹配的基本单元，是部分基本工作中心、广义工作中心和超工作中心构成的集群网络资源共享的主要功能结构。从形态上看，网络工作中心列表是集群网络中所有工作中心构成的集合。在特定的集群网络中，每个集群网络具有唯一的顶层网络工作中心，并管理集群网络中的网络过程列表和网络过程实例列表。在集群网络的网络工作中心列表中，传统的虚拟工作中心的概念被弱化，分别被超工作中心和广义工作中心所取代，并由基本工作中心、广义工作中心和超工作中心协同实现企业间共享集群网络资源，最终促成网络资源的优化配置。

多核集群网络是由聚集在同一区域内多个同质同构的成员企业构成的，并针对市场机遇的要求，迅速实现网络资源的有效集成与共享，及时满足成员企业的网络协作需要，有效缩减交易费用，降低经营风险的一种嵌入于社会网络组织中的网络组织形态。制造集群网络的协同机制会强化企业与社会网络之间的密切联系，进一步提升制造集群网络的可持续发展和市场竞争能力（毛才盛，2016）。在该网络结构中，可以对响应集群网络外部市场机遇的过程进行分解，建立网络过程列表，通过网络过程的合并、重组，形成集群网络任务列表；也可以对响应外部市场机遇的任务进行分解，建立网络任务列表，再通过细化任务的实现过程，形成网络过程列表。由此形成的集群网络资源计划多层次列表模型如图 5-3 所示。

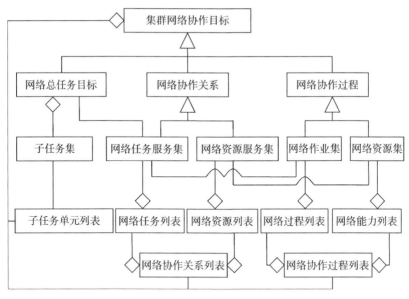

图 5-3　集群网络资源计划多层次列表模型

在多核集群网络资源计划多层次列表模型中，网络任务服务集、网络资源服务集、网络作业集和网络资源集都是构成多层次列表模型的基本构件。集群网络协作目标是网络总任务目标、网络协作关系和网络协作过程共同的抽象基类，封装了三者共性的内部机制和外部接口。网络任务服务集和网络资源服务集是集群网络资源计划多层次列表的动态列表要素；而网络作业集和网络资源集是过程集和能力集对应的映射单元，代表多层次列表体系中的构成要素的抽象基类。参与协作的各个成员企业，它们各自的目标是整个网络存在与发展的支撑，因此，网络成员企业是构成网络子战略单元列表的主要部分。所有网络成员企业形成的子战略单元列表，最后形成了网络战略，它们成为网络稳定和发展的依据。但网络战略的实现依赖于子任务的完成，映射成子任务单元列表。网络任务服务集构成网络任务列表，网络资源服务集构成网络资源列表，两者的映射构成网络协作关系列表；网络作业集构成网络过程列表，网络资源集构成网络能力列表，两者的映射构成网络协作过程列表。子任务单元列表与网络协作关系列表、网络协作过程列表一起构成集群网络协作战略目标。

5.6 网络工作中心的建模与解析

网络工作中心是实现集群网络资源优化配置的工作单元，其各构成部分的运作原理对实现资源优化配置起着关键的作用。本研究运用集合的数学定义，以基本工作中心、广义工作中心和超工作中心为对象，对网络工作中心的运作过程建立如下数学模型。

1. 各类工作中心的组合建模及其解析

定义：$\exists bw_i$，bw_j 为基本工作中心，gw_m，gw_n 为广义工作中心，sw_m，sw_n 为超工作中心，NW_m，NW_n 为网络工作中心，则有：

（1）$bw_i + bw_j = gw$，两个基本工作中心相加构成一个广义工作中心。

（2）$bw_i + gw_m = gw$，基本工作中心与广义工作中心相加构成一个新的广义工作中心。

（3）$bw_i + sw_m = sw$，基本工作中心与超工作中心相加构成一个新的超工作中心。

（4）$bw_i + NW_m = NW$，基本工作中心与网络工作中心相加构成一个新的网络工作中心。

（5）$gw_m + gw_n = gw$，两个广义工作中心相加构成一个新的广义工作中心。

（6）$gw_m + sw_m = sw$，广义工作中心与超工作中心相加构成一个新的超工作中心。

（7）$gw_m + NW_m = NW$，广义工作中心与网络工作中心相加构成一个新的网络工作中心。

（8）$sw_m + sw_n = sw$，两个超工作中心相加构成一个新的超工作中心。

（9）$sw_m + NW_m = NW$，超工作中心与网络工作中心相加构成一个网络工作中心。

（10）$NW_m + NW_n = NW$，两个网络工作中心相加构成一个新的网络工作中心。

2. 各类工作中心的分解建模及其解析

定义：$\exists\, bw_i$ 为集群网络中的一个基本工作中心，$\bigcup_j bw_j$ 为集群网络中所有基本工作中心构成的集合，gw_m 为集群网络中的一个广义工作中心，$\bigcup_n gw_n$ 为集群网络中所有广义工作中心构成的集合，sw_s 为集群网络中的一个超工作中心，$\bigcup_t sw_t$ 为集群网络中所有超工作中心构成的集合，NW_u 为集群网络中的一个网络工作中心，$\bigcup_v NW_v$ 为集群网络中所有网络工作中心构成的集合，则有：

$$（1）\ \bigcup_j bw_j - bw_i = \begin{cases} 0, & \bigcup_j bw_j = bw_i \\ gw, & \bigcup_j bw_j \neq bw_i \end{cases}$$

即，若从由一个基本工作中心构成的广义工作中心中去除该基本工作中心，则该广义工作中心解散；若从由多个基本工作中心构成的广义工作中心中去除一个基本工作中心，则形成一个新的广义工作中心。

$$（2）\ \bigcup_n gw_n - gw_m = \begin{cases} 0, & \bigcup_n gw_n = gw_m \\ gw, & \bigcup_n gw_n \neq gw_m \end{cases}$$

即，若从一个广义工作中心中去除一个同样的广义工作中心，则该广义工作中心解散；若从多个广义工作中心中去除其中一个广义工作中心，则形成一个新的广义工作中心。

$$（3）\ \bigcup_t sw_t - bw = sw$$

即，若从一个超工作中心中去除一个基本工作中心，则形成一个新的超工作中心。

$$（4）\ \bigcup_t sw_t - gw = sw$$

即，若从一个超工作中心中去除一个广义工作中心，则形成一个新的超工作中心。

$$（5）\ \bigcup_t sw_t - sw_s = \begin{cases} 0, & \bigcup_t sw_t = sw_s \\ sw, & \bigcup_t sw_t \neq sw_s \end{cases}$$

即，若从一个超工作中心中去除一个同样的超工作中心，则该超工作中心解散；若从多个超工作中心中去除其中一个超工作中心，则形成一个新的超工作中心。

(6) $\underset{v}{\cup} NW_v - bw = NW$

即，若从一个网络工作中心中去除一个基本工作中心，则形成一个新的网络工作中心。

(7) $\underset{v}{\cup} NW_v - gw = NW$

即，若从一个网络工作中心中去除一个广义工作中心，则形成一个新的网络工作中心。

(8) $\underset{v}{\cup} NW_v - sw = NW$

即，若从一个网络工作中心中去除一个超工作中心，则形成一个新的网络工作中心。

(9) $\underset{v}{\cup} NW_v - NW_u = \begin{cases} 0, & \underset{v}{\cup} NW_v = NW_u \\ NW, & \underset{v}{\cup} NW_v \neq NW_u \end{cases}$

即，若从一个网络工作中心中去除一个同样的网络工作中心，则该网络工作中心解散；若从多个网络工作中心中去除其中一个网络工作中心，则形成一个新的网络工作中心。

3. 各类工作中心数理建模的意义

基本工作中心集成一部分企业资源和组织结构，是基于多层次列表的网络资源消耗和网络任务执行的计控单元，它在一定程度上构成了集群网络的运作实体。广义工作中心是从集群网络中成员企业中抽象出具有资源消耗和任务执行的工作单元，为集群网络资源计划体系的实现提供一定的中间条件。超工作中心则将企业资源计划和网络资源计划区别开来，并将网络资源配置与网络任务执行进行严格的对应，使其之间的映射关系更为明确。基本工作中心、广义工作中心和超工作中心共同构成网络工作中心，网络工作中心是集群网络资源优化配置过程最外在的表现形态。由于资源的稀缺性与市场份额的有限性，在共享资源的情况下多数企业之间仍存在资源争夺的问题（万幼清等，2014）。只有当有限的资源在工作中心中得到合理分配时，才能促进集群创新实力的提升。处于集群网络中心的企业能够与其他成员企业形成多样的网络关系，得到更为多元化的知识（吴松强等，2018）。因此，这些工作中心的组合和分解建模，可以为网络资源集成化配置提供更具针对性和应用性的基础理论框架。

5.7　本章小结

　　本章主要针对多层次列表模型中网络结构模型进行了讨论。本研究认为构成网络结构的主要是网络工作中心，而网络协作过程主要体现和依赖于超工作中心之间的协作。因此，本研究在基本工作中心、广义工作中心的基础上，对超工作中心和网络工作中心进行了界定，并就网络工作中心列表模型构件的定义与性质进行了讨论，为后文的网络协作过程与资源消耗过程研究奠定了基础。

集群网络协作过程列表模型 ▷▷▷▷

6.1 集群网络协作过程列表模型概述

通过利用资源要素和管理手段，将系统输入转化为系统输出的活动形成的完整环节，可以视为一个过程。通常，一个过程的输出可直接形成下一过程的输入。因此，过程具有如下特点。

(1) 所有过程都包含三个基本要素：输入、输出和活动。

(2) 过程是一个活动系统，输出是过程的结果。

(3) 必须使用与所开展的活动相适应的资源，如人员、资金、知识、设施、设备、技术与方法等。

(4) 应针对该过程的活动规定相应的执行方法，即制定程序并实施。

(5) 在过程的适当阶段进行必要的测量并实施控制。

在以企业集群为特征的区域化制造网络中，网络成员企业之间由于地理专用性、物理专用性和人力资源专用性等原因，会存在以资源共享等方式进行合作的市场机遇，响应这些机遇的过程就是集群网络成员企业超工作中心之间的协作活动，而协作是依赖过程体现的。王举颖（2012）将中小企业集群的协同商务演进分为四个阶段：信息共享的初级阶段；资源整合的发展阶段；协同创新的强化阶段；战略柔性决策的成熟阶段。不同阶段对于构建技术基础、搭建资源网络平台、打造多元互动的联盟等有不同的侧重点，其目的都是实现企业与集群的互利共赢。

在基于 BOX 理论的 X 列表体系架构中，将企业理解为由一系列企业过程组成的动态系统（汤勇力，2005），这些企业过程的顺畅运行才使企业任务被及时执行，目标得以实现。依据该观点，在集群网络多层次列表体系下，集群网络也是由一系列网络过程组成的动态系统，而这些网络过程除了要承担传统企业架构中各类工作中心的基本职责，还需要从集群网络的整体利益出发，协调好分属于不同企业的网络资源，共同实现集群网络的整体目标，更好地响应和把握外部市场机遇，进而使集群网络获得竞争优势。集群网络内的企业形成协同效应，能够使资源配置达到较高水平的优化（范太胜，2008），增加集群的产出效益和创新能力。由于制造集群的知识溢出效应显著，不同类型的产业集群深度融合会推动产业集群的协同创新发展（马有才等，2021）。在发展传统 X 列表模型和企业过程列表模型（汤勇力，2005）的基础上，本研究采用 UML 类图的形式将集群网络协作过程列表模型表示为图 6-1 的形式。

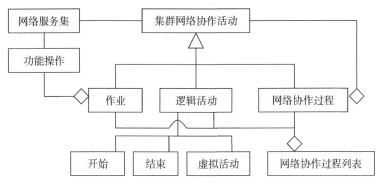

图 6-1　集群网络协作过程列表模型

网络协作过程是网络成员企业为了实现集群目标和完成目标所映射的网络任务，经过分解之后，再通过各类网络工作中心共同执行的消耗网络资源并提高协作效率的所有操作子过程的集合及其逻辑顺序结构。在网络协作过程中，包含着诸多个协作子过程，它们也具有同样的作业、逻辑活动和其他类型的协作过程。从发展的角度来看，这些子过程是制造集群网络成员企业之间的协作发展，其实质是彼此达成相互之间资源共享、风险共担以及优势互补等目标的一种不同于竞争关系、超越正常市场交易的以经济互动交往为主，涵盖企业人才交流、信息分享、技术弥补等的密切往来关系（江菲，2020）。这些分布于不同工作中心及不同成员企业的网络协作过程具有递阶层次的树形结构。这些树形结构相互关联，构成网络协作过程列表。逻辑活动的描述有三种形式，即开始、结束和虚拟活动，而网络协作活动则是集群网络协作过程中作业、逻辑活动和网络协作过程的共同抽象基类，封装了三者共性的内部机制和外部接口，如集群网络中超工作中心任务与超工作中心资源外在体现的网络服务集之间的映射关系、集群网络成员企业对超工作中心资源依赖的关系等。网络服务集是集群网络工作中心执行协作过程或协作活动以完成网络任务时所需要依赖的制造资源、花费的时间、消耗的成本、完成任务的质量等集群环境约束参数所构成的集合，而具体的特征与协作成员企业和集群网络任务有关。

集群网络协作过程实例列表模型如图 6-2 所示，该模型是集群网络协作过程的对象模型，集群网络协作过程实例列表是集群网络系统中执行完和正在执行的作业实例、逻辑活动实例和协作过程实例的集合。而协作过程实例又涉及与之有关的各个成员企业间的企业过程实例。这些实例列表既概括了网络协作过程的状态，也反映了网络协作过程的所有作业情况。而网络协作活动实例则是协作过程中所有参与协作的网络工作中心执行某些协作活动的事件集合。网络协作活动实例列表是协作过程中作业实例、逻辑活动实例和协作过程实例共同的抽象基类，它封装了三者共性的内部机制和外部接口，包括具体的实例输入、输入及协作主体间的协作依赖关系，并根据网络协作过程所处的状态对协作实例执行过程进行比较、管理和控制等。作业实例是某个网络工作中心在网络协作过程中执行某一特定作业的事件，因此，该网络工作中心需要具备实现该作业的服务约束参数。协作过程实例是某几个网络工作中心执行某一网络协作过程的事件，执行网络协作过程实例的网络工作中心必须满足网络协作过程实例所要求的服务约束参数。它由作业实例、逻辑活动实例和协作过程实例等执行的协作子过程形成，因此，在集群网络成员企业间的协作过程中，协作过程实例是分布式并发执行的，具有系统的多元性和统一性特征。

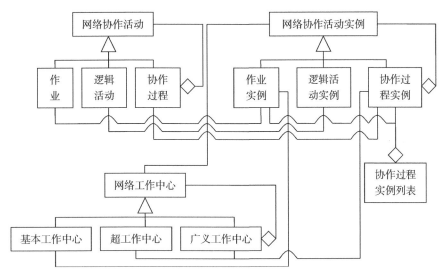

图 6-2　集群网络协作过程实例列表模型

6.2　集群网络协作过程的基本构件

6.2.1　集群网络协作过程构件描述

集群网络成员企业间的协作由分属不同企业的超工作中心实现，外在表现为集群网络的协作过程，这些协作过程又形成一系列的基本活动及其之间的衔接关系。基于活动属性的过程图表示方法是用一个有向图表示过程中各个活动及其属性的衔接关系（汪定伟等，1999；Wrennall，1997）。一般用有向箭头上的字母 m 表示上一个活动执行完后进入下一个活动的概率。根据文献（黄海新等，2002b）的表示方法，本研究用图 6-3 所示的方式来表示集群网络协作过程的一个活动，其中网络工作中心和时间均为对应网络协作活动的属性。

图 6-3　基于活动属性的网络协作过程图表示方法

集群网络协作过程的基本构件包括如下四个主要部分。

（1）活动。活动是实现协作过程逻辑步骤的一项网络任务的描述，它也是执行协作过程实现协作目标的最小工作单元，一般分为手工操作和自动处理两类。

（2）衔接关系。衔接关系是协作活动之间的时间逻辑关系和操作逻辑关系的表现。在网络协作过程中存在四种活动关系：串联关系、并联关系、并行关系和循环关系（黄海新等，2002a），如图6-4所示。

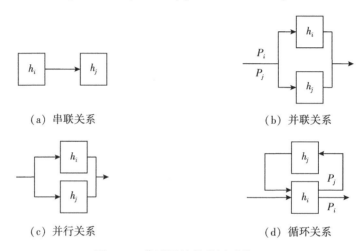

（a）串联关系　　　　　　　　　　　　（b）并联关系

（c）并行关系　　　　　　　　　　　　（d）循环关系

图 6-4　集群网络协作活动关系

（3）执行者。协作活动的执行者也是完成某个活动，实现特定协作过程的工作中心，它负责提供、分配和消耗活动执行过程中所需要的资源。

（4）数据源。协作活动和应用所涉及的数据信息，是实现协作目标不可缺少的部分，包含集群网络系统和特定工作中心的环境数据，访问该数据源有读和写两种基本形式。

与一般的活动过程不同的是，协作过程除了体现过程的输入元和输出元，还要体现协作的依赖性和集成度。因此，本研究在一般的过程模型的基础上，添加了集群网络成员企业间协作的特点，形成了协作过程的各类扩展模型定义：

协作过程 $PR_i = (IN(PR_i), OUT(PR_i), DE(PR_i), CON(PR_i), f(PR_i))$

其中，IN（PR_i）是 PR_i 的输入信息实体的集合；OUT（PR_i）是 PR_i 的输出信息实体的集合；DE（PR_i）是 PR_i 中对实现该过程的组织单元之间的依赖性描述形成的集合；CON（PR_i）是 PR_i 中所有约束条件构成的集合；f（PR_i）是集群网络协作过程所涉及的全部活动和作业过程代数式构成的集合。

$$协作活动\ AC_i = (SW(AC_i), IN(AC_i), OUT(AC_i), CO(AC_i))$$

其中，SW（AC_i）是完成该协作活动的超工作中心单元集合；IN（AC_i）是 AC_i 的输入信息实体的集合；OUT（AC_i）是 AC_i 的输出信息实体的集合；CO（AC_i）是 AC_i 所涉及的所有作业间协作关系的集合。

$$作业\ OP_j = (ACU_j, AC_j, CST_j, CSM_j)$$

其中，ACU_j 代表该作业的名称；AC_j 代表该作业所属的协作活动；CST_j 代表在执行作业 ACU_j 时所必须具备的网络实体；CSM_j 代表在执行作业 ACU_j 时所牵涉的网络实体。

由此可知，集群网络协作过程可以用成员企业中各类工作中心的活动或作业来描述。而过程代数是用表示逻辑关系的特殊运算符将一系列活动按一定规则连接起来，形成的一个反映流程进行情况的代数式（黄海新等，2002a）。根据相关文献（朱云龙等，1999）的思想，对集群网络协作过程的过程代数运算符号约定如下。

$\oplus$ 运算表示集群网络中两相邻协作活动是串联关系，图 6-4（a）所示的协作活动关系为：$h_i \oplus h_j$，意指在网络协作过程中，只有协作活动 i 执行完之后才能执行协作活动 j。

$\otimes$ 运算表示集群网络中两个协作活动是并联关系，图 6-4（b）所示的协作活动关系为：$P_i h_i \otimes P_j h_j$，意指在网络协作过程中，当前一个协作活动执行完之后，能且只能执行协作活动 i 或 j，在实际执行过程中，执行活动 i 的概率为 P_i，执行活动 j 的概率为 P_j。

$\parallel$ 运算表示集群网络中两个协作活动是并行关系，图 6-4（c）所示的协作活动关系为：$h_i \parallel h_j$，意指在网络协作过程中，当前一个协作活动执行完之后，同时执行协作活动 i 和 j，只有协作活动 i 和 j 都执行完之后才能执行后续的协作活动。

V 运算表示集群网络中协作活动执行的是一个虚拟活动，对集群网络中协作关系的改进没有实际意义，只是方便体现和表达介于这个虚拟活动之间的其他协作活动的运算和描述。

$CR(\ )$ 运算表示集群网络协作过程中协作活动的循环关系，图 6-4（d）所示的协作活动关系为：$h_i \oplus P_i V \otimes P_j CR\ (h_j \oplus h_i)$，意指在集群网络协作过程中，协作活动 h_i 执行之后，就执行两个并联的协作活动，其中执行虚拟协作活动的概率为 P_i，执行循环协作活动的概率为 P_j，而循环协作活动中，要先执行协作活动 h_j，再执行协作活动 h_i。

在集群网络协作活动的过程代数关系运算中，运算符的优先级由高到低为：$CR(\ ) \to \| \to \otimes \to \oplus$（黄海新等，2002a），若网络协作过程处于同一层次的列表体系中，则按照协作过程的先后，以从左到右的顺序进行运算。

6.2.2 集群网络协作过程代数运算规则

（1）过程代数交换律。

并联协作过程运算的交换律：$P_i h_i \otimes P_j h_j = P_j h_j \otimes P_i h_i$

并行协作过程运算的交换律：$h_i \| h_j = h_j \| h_i$

其中，h_i 和 h_j 表示集群网络协作活动，其对应的执行概率分别为 P_i 和 P_j，$P_i + P_j = 1$。协作过程运算的交换律表明，具有并联和并行关系的网络协作活动之间不存在先后顺序，都是构成集群网络协作的子过程。

（2）过程代数结合律。

串联协作过程运算的结合律：$(h_i \oplus h_j) \oplus h_r = h_i \oplus (h_j \oplus h_r)$

并行协作过程运算的结合律：$(h_i \| h_j) \| h_r = h_i \| (h_j \| h_r)$

并联协作过程运算的结合律（见图 6-5）：

$$P_i h_i \otimes P_j h_j \otimes P_r h_r = P_i h_i \otimes \left[(P_j + P_r)(P_j h_j \otimes P_r h_r) \right]$$

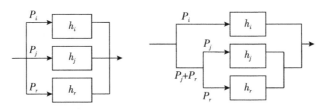

图 6-5　并联协作过程运算的结合律示意图

其中, h_i、h_j 和 h_r 表示网络协作活动; P_i、P_j 和 P_r 为并联关系中协作活动 h_i、h_j 和 h_r 对应的执行概率。协作过程代数运算结合律表明了协作过程中不同关系活动间执行的优先序的变化对协作结果的影响情况。

（3）过程代数分配律。

串联和并联混合协作过程的分配律（见图 6-6）:

$$h_i \oplus P_j h_j \otimes P_r h_r \oplus h_s = P_j(h_i \oplus h_j) \otimes P_r(h_i \oplus h_r) \oplus h_s$$
$$= h_i \oplus P_j(h_j \oplus h_s) \otimes P_r(h_r \oplus h_s)$$
$$= P_j(h_i \oplus h_j \oplus h_s) \otimes P_r(h_i \oplus h_r \oplus h_s)$$

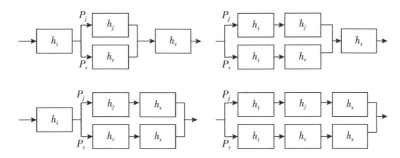

图 6-6　串联和并联混合协作过程的分配律示意图

串联和并行混合协作过程的分配律（见图 6-7）:

$$h_i \oplus h_j \parallel h_r \oplus h_s = (h_i \oplus h_j) \parallel (h_i \oplus h_r) \oplus h_s$$
$$= h_i \oplus (h_j \oplus h_s) \parallel (h_r \oplus h_s)$$
$$= (h_i \oplus h_j \oplus h_s) \parallel (h_i \oplus h_r \oplus h_s)$$

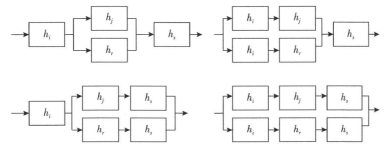

图 6-7　串联和并行混合协作过程的分配律示意图

其中, h_i、h_j、h_r 和 h_s 表示网络协作活动。协作过程代数运算分配律表明了协作过程中不同关系活动间执行的优先序的变化对协作结果的影响情况。

并联和并行混合协作过程的分配律（见图6-8）：

$$P_i(h_i \oplus h_r \| h_s) \otimes P_j h_j = P_i[(h_i \oplus h_r) \| (h_i \oplus h_s)] \otimes P_j h_j$$

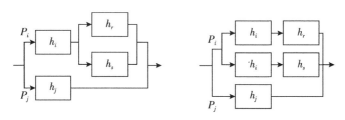

图6-8 并联和并行混合协作过程的分配律示意图

（4）虚拟活动运算规则。

$$h_i \oplus V = V \oplus h_i = h_i$$

$$h_i \otimes V = h_i$$

$$h_i \| V = h_i$$

6.3 超工作中心协作过程的建模与解析

由超工作中心的定义可知，超工作中心所执行的任务是指仅由执行任务的网络工作中心所属企业内部资源无法实现，而必须借助异源资源才能实现的任务。王泓略（2020）提出基于知识获取视角，企业通过协作研发网络与战略合作伙伴的直接与间接联系，得到了更多同质和异质知识，促进了企业的创新；基于知识重组视角，企业内部研发网络促进了研发人员的交流，节点处的研发人员收获了多元化的知识，给企业创新带来了积极影响。从而，集群之间的协作不断增进，整体创新水平得到快速提升。因此，实现协作过程的网络工作中心必须是成对出现并进行协作的。该协作过程外在体现为超工作中心任务与资源的匹配及协作程度的高低。

6.3.1 超工作中心任务的定义

超工作中心任务是指在集群网络中，一定有超工作中心参与才能部分或全部执行的任务。超工作中心任务形成的条件如下：

（1）$\forall sw_1, sw_2, \exists sw_1 \neq sw_2, sw_1 \in CN, sw_2 \in CN$，即集群网络 CN 中存在多个（含两个）超工作中心。

（2）$\forall ct_1 \in sw_1, cr_2 \in sw_2, \exists sw_1 \in ent_1, sw_2 \in ent_2$，$ct_1$ 的执行依赖于 cr_2 的加盟，即集群网络范围内其中一个企业的超工作中心所执行的某些任务必须由其他至少一个超工作中心所属企业拥有的资源加盟实现。包括以下三种情况：

（1）超工作中心执行的某些任务借助异源资源的实现会获得更大的收益。

（2）网络工作中心所属企业内部资源数量无法满足部分工作中心执行任务的数量，未满足的任务执行需要其他超工作中心提供资源供应。

（3）其他网络工作中心所属企业拥有但暂时闲置，被某超工作中心临时调用，以协助实现超工作中心执行的任务。

6.3.2 超工作中心的动态任务建模

任务是集群网络实现目标并获取市场机遇的一种表现，需要以资源为主的一系列服务来完成。由于集群网络本身受外部环境和成员企业的影响而具有动态性，所以集群网络超工作中心的任务也是动态变化的。

1. 集群网络超工作中心任务生命周期

在集群网络中，外部市场机遇映射的网络目标形成整体任务，该整体任务被分解为不同粒度的子任务，由各个成员企业承担，并被网络工作中心协作执行，最终实现集群网络目标。集群网络任务的完成既包含网络协作过程的变化，也包含网络协作活动的执行。对集群网络外部市场机遇形成的任务进行分解，可以将任务划分为不同的粒度单元，而每种粒度单元的任务都可以经过一定的资源执行，得以完成。集群网络任务包含超工作中心任务和非超工作中心任务，由超工作中心定义可知，超工作中心任务是指由网络成员企业协作过程所执行的任务。本研究将超工作中心任务的生命周期划分为五个阶段：总任务生成阶段、子任务执行延迟阶段、子任务执行阶段、子任务结果提交阶段和任务裕度阶段。根据任务单元被执行的过程可以建立集群网络超工作中心任务生命周期，如图6-9所示。

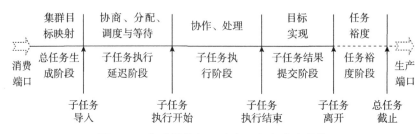

图 6-9　集群网络超工作中心任务生命周期

（1）总任务生成阶段。集群网络总任务的形成依赖于集群网络的运作目标，该目标主要由外部市场机遇映射形成。这个阶段主要是集群网络的外部市场机遇映射出不同层次不同结构的集群网络目标，是网络协作活动执行的主要动力。因此，该阶段开始时，意味着网络资源的消耗即将开始，将该阶段开始的时刻称为网络资源的消费端口。

（2）子任务执行延迟阶段。总任务生成之后，还得依赖各成员企业的共同执行，而在分配任务的过程中，还存在等待时间，如根据子任务分配的情况进行协商、规划等活动均会影响子任务不能立即被执行。因此，子任务执行延迟阶段也是子任务执行前的协商和准备阶段。

（3）子任务执行阶段。经过企业间的协商，外部市场机遇映射的总体协作目标被分解，子任务执行的条件基本成熟并进入实质的执行阶段。为了提高子任务执行的效率，成员企业间会因资源的分布式共享进一步协作，共同执行各自承担的子任务。因此，该阶段结束时，意味着网络子任务的执行阶段结束，并伴有相应的产出物形成，该阶段结束的时刻称为网络资源的生产端口。

（4）子任务结果提交阶段。子任务的执行与完成并不是同步的，存在时差，被执行完毕的子任务可以提交子任务成果，但要形成集群网络总体任务的交付物还必须等待所有子任务都结束。所以，子任务结果提交阶段是总任务分解成的子任务全部执行完毕并提交任务执行成果的过程。该阶段的长短与各子任务完成的效率有关，由执行时间最长的子任务的执行时间决定。

（5）任务裕度阶段。由外部市场机遇映射的网络任务经过分解，分别由不同的网络工作中心执行，从子任务被执行完毕到总任务全部执行结束的这段时间就是任务裕度阶段。

在集群网络超工作中心任务生命周期中，约定各阶段的符号如下。

总任务导入时间 a：表示集群网络中响应外部市场机遇形成的总任务导入集群网络系统的时间。

子任务开始分配时间 d：表示集群网络总任务进行协商并分配给各成员企业的开始时间。

子任务参与协作开始时间 s：表示集群网络各子任务参与网络协作过程的开始时间。

子任务参与协作结束时间 f：表示集群网络各子任务参与网络协作过程的结束时间。

子任务离开协作系统时间 l：表示集群网络各子任务协作完成之后离开集群网络系统的时间。

总任务执行的截止时间 e：表示集群网络响应外部机遇所形成的总任务执行完成的最后时间。

（6）集群网络超工作中心任务生命周期的特性。

1）子任务形成延迟时间：$d - a$。

2）子任务协作延迟时间：$s - d$。

3）子任务协作完成时间：$f - s$。

4）子任务提交时间：$l - f$。

5）任务生命周期裕度：$e - l$。

2. 集群网络超工作中心任务描述的作用

集群网络超工作中心的任务是指在集群网络范围内为了达到某种目标，由超工作中心参与并与异源工作中心共同协作执行的活动的集合，超工作中心任务模型包括任务、任务之间的层次关系和时序关系，需要说明的是，前文所论及的各类抽象活动实际上是对网络任务的各种抽象描述，而网络任务是各类抽象活动描述的实体表现和具体化。

任务模型是刻画服务提供者与服务接受者交互过程中动态行为方面的信息集合，它是服务提供者与服务接受者沟通的桥梁，是集群网络协作过程实现的基础。它可以作为集群网络资源计划体系运行的起点，并能由此得到网络协作模型及资源配置的体系结构。

任务可以通过属性来描述，任务规范包含如下属性（Patemo et al.，1997）。

（1）名称。区别不同任务的标志，一般用有意义的短语。

（2）类型。Patemo 等（1997）将任务分成了四类，即用户任务、应用任务、交互任务以及抽象任务。集群网络超工作中心任务则主要属于交互任务和抽象任务两种类型。

（3）父任务。指明该任务是哪个任务的子任务。

（4）对象。任务所涉及的对象，每个对象可以由名称、类型、输入对象动作表、输出对象动作表组成。

（5）循环。一个表示该任务是否循环的布尔变量（是一种逻辑运算符）。

（6）可选。一个表示该任务是否必须执行的布尔变量。

（7）初始活动集。

（8）结束活动集。

3. 集群网络超工作中心任务结构建模

参照罗赛等（2007）的任务建模思想，基于网络协作具有目标驱动的特性，本研究将集群网络超工作中心任务定义为一个五元组：$task = (f, A, B, C, D)$，其中，f 是集群网络超工作中心任务的功能函数（Function），A 是任务的属性集（Attributes Set），B 是任务映射的配置数据流向量（Bit-stream Vector），C 是消费端口向量（Consuming Ports Vector），D 是生产端口向量（Producing Ports Vector）。具体如图 6-10 所示。

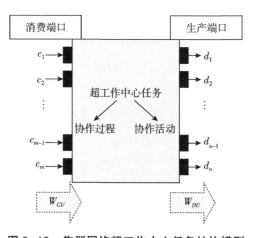

图 6-10　集群网络超工作中心任务结构模型

根据集群网络协作过程的复杂程度不同，超工作中心任务的结构也不一样。

对于某个特定的超工作中心任务，一般存在 m 个消费端口（$m \geqslant 1$），记为 c_m，由于超工作中心任务具有差异性和不完全匹配性，所以该端口只接收 T_{Cm} 类型的资源数据，将该超工作中心任务所有消费端口的总和记为向量 $\boldsymbol{C} = [c_1, c_2, \cdots, c_m]$，则其能够接收资源数据的类型为 $S_C = S_{C1} \times S_{C2} \times \cdots \times S_{Cm}$，其中 m 为超工作中心任务中消费端口的数量。

对于某个特定的网络超工作中心任务，一般存在 n 个生产端口（$n \geqslant 1$），记为 d_n，由于超工作中心任务具有差异性和不完全匹配性，所以该端口只生产 T_{Dn} 类型的协作子任务数据，将该超工作中心任务所有生产端口的总和记为向量 $\boldsymbol{D} = [d_1, d_2, \cdots, d_n]$，则其能够生产协作子任务数据的类型为 $S_D = S_{D1} \times S_{D2} \times \cdots \times S_{Dn}$，其中 n 为协作子任务中生产端口的数量。

在该超工作中心任务模型中，f 是超工作中心任务的功能集，描述该超工作中心任务从消费端口到生产端口过程中所体现的功能，可以表示为从超工作中心任务消费端口到生产端口的一种映射，记为 $f: T_C \rightarrow T_D$。在实际的集群网络运行过程中，超工作中心任务的生产端口向量会与消费端口向量的历史表现有关，因此，协作过程的重复性越高，协作效率就越高，但由于集群网络成员企业的成长和环境的动态变化，这类复杂的应用情况比较少见，在此不做讨论。比较常见的还是生产端口向量主要受实时的消费端口向量的影响。而对于一般超工作中心任务的生产端口生成数据的应用而言，超工作中心任务的功能都可以简单地表示为针对当前数据的数学或逻辑表达式形式，不必考虑历史表现对任务过程的影响。

A 是超工作中心任务的属性集，描述超工作中心任务的各项参数特性，如超工作中心任务的功能、成本、时间、集成度等，它是集群成员企业努力构建和维护该集群网络协作关系的基础和依据，也是成员企业间协作的动力。为了适应外部动态环境带来的集群网络超工作中心任务的变化，集群网络可以对超工作中心任务进行组合，既可以通过对任务属性的单元结构进行计算，以确定组合超工作中心任务的属性，也可以根据超工作中心任务的具体情况扩展属性集内涵等。本研究以网络协作过程中涉及的概念为基础，对超工作中心任务属性集做进一步界定。由于协作过程的复杂性和协作活动处理的效率不同，因此消费端口到生产端口之间会存在延迟。

（1）记从消费端口 i 到生产端口 j 协作过程的映射矩阵为 $\boldsymbol{R}_{m \times n}$，延迟矩阵为 $\boldsymbol{M}_{i \times j}(1 \leqslant i \leqslant m ; 1 \leqslant j \leqslant n)$，则有：$\boldsymbol{M}_{i \times j} \subset \boldsymbol{R}_{m \times n}$；若 d_j 与 d_i 之间无依赖关系，则 $\boldsymbol{M}_{i \times j} = \boldsymbol{0}$。

（2）记 τ 为超工作中心任务从消费端口到生产端口之间的最大延迟，对于协作过程的映射矩阵 $\boldsymbol{R}_{m \times n}$，有 $\tau = \max\limits_{i,j}\{\boldsymbol{M}_{i \times j}\}$。

（3）记 λ 为网络协作过程中，特定超工作中心任务映射的数据流处理速率，则有 $\lambda \propto 1/\tau$。在集群网络成员企业间协作次数增加，而且超工作中心任务频率较高的情况下，协作过程数据流的处理速率会提高，即 λ 值会增加，但增加速度会逐渐减缓。具体关系如图 6-11 所示。

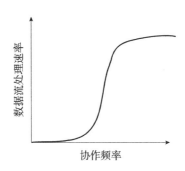

图 6-11　集群网络协作频率与数据流处理速率关系

（4）记 W_{CUm}、W_{DUn} 分别为消费端口单元和生产端口单元执行协作活动时的数据处理能力，则由协作过程和协作活动执行的特点可知，只有当 $W_{CU} \leqslant \lambda$ 时，超工作中心任务才能实时处理消费端口单元到生产端口单元的映射数据，否则，就会出现延迟，集群网络成员企业超工作中心任务的执行效率就会受到影响。

（5）由 W_{CU}、W_{DU} 的特点可知，只有当 $W_{CU} \leqslant W_{DU}$ 时，集群网络超工作中心任务才能实时处理协作过程中的一系列协作活动。

6.3.3　超工作中心任务动态组合的解析机制

在集群网络中，动态的超工作中心任务既可能是以某种单一形式存在的子任务，也可能是以某种组合形式存在的总任务，而总任务构成的任务列表形式更加依赖于各成员企业的协作。在子任务执行过程中，也具有很多性质，可用数学解析式表示为

$$\mathscr{R} : \{task_1, task_2, \cdots, task_n\} \xrightarrow[\text{处理}]{} task$$

该解析式抽象地描述了集群网络中多个超工作中心任务经过一定的处理生成新的超工作中心任务的过程。新的超工作中心任务的执行不会影响其他各个协作子任务。而新的超工作中心任务的属性是处理之前各个超工作中心子任务属性的并集，新的超工作中心任务的数据处理能力范围的上限是处理前最大处理能力的子超工作中心任务的上限，新的超工作中心任务的消费端口到生产端口的最大延迟时间是处理前的最大延迟时间。

根据集群网络超工作中心任务执行的特点，可以将其组合方式分为四种类型：串联组合、并联组合、并行组合和间续式组合。仅以两个超工作中心任务的组合为例，其示意图如图6-12所示。

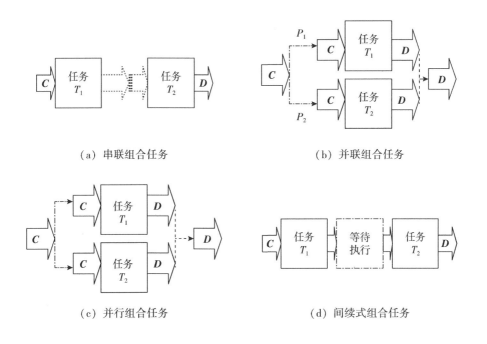

（a）串联组合任务　　　　　　　　（b）并联组合任务

（c）并行组合任务　　　　　　　　（d）间续式组合任务

图6-12　集群网络超工作中心任务的四种组合模式

1. 集群网络串联组合任务的性质

串联组合任务用 $\mathscr{R}_{series}$ 表示，在这种任务组合模式下，前一个任务生产的数据直接是紧后任务消费端口的输入。对于任务组合的过程逻辑，消费端口所处理的信息必须经过中间子任务的端口才能到达组合任务的生产端口，所以端口延迟时间等于任务组合环节所有路径的延迟时间之和。在串联任务单元执行效率相似的情况下，该组合任务具有如下性质。

（1）$\mathscr{R}_{series}(T_1, T_2, \cdots, T_n) \cdot f = \bigcup_n f_n$，即串联组合任务的功能集是组合前各个子任务功能集的并集。

（2）$\mathscr{R}_{series}(T_1, T_2, \cdots, T_n) \cdot A = \bigcup_n A_n$，即串联组合任务的属性集是组合前各个子任务属性集的并集。

（3）$\mathscr{R}_{series}(T_1, T_2, \cdots, T_n) \cdot C = T_1 \cdot C_1$，即串联组合任务的消费端口向量是第一个子任务的消费端口向量。

（4）$\mathscr{R}_{series}(T_1, T_2, \cdots, T_n) \cdot D = T_n \cdot D_n$，即串联组合任务的生产端口向量是最后一个子任务的生产端口向量。

（5）$\mathscr{R}_{series}(T_1, T_2, \cdots, T_n) \cdot \tau = \sum_{i=1}^{n} T_i \cdot \tau_i$，即串联组合任务的消费端口到生产端口的最大延迟时间，是各个子任务最大延迟时间之和。

（6）$\mathscr{R}_{series}(T_1, T_2, \cdots, T_n) \cdot \lambda = \left[\sum_{i=1}^{n} \dfrac{1}{T_i \cdot \lambda_i} \right]^{-1}$，即串联组合任务的数据流处理速率与各个子任务的数据流处理速率有关，但不是简单的线性关系，而是如公式所示的复杂关系形式（与串联情况下电容求解公式类似）。

（7）$\mathscr{R}_{series}(T_1, T_2, \cdots, T_n) \cdot W_{CU} = T_1 \cdot W_{CU1}$，即串联组合任务的消费端口数据处理能力由第一个子任务的消费端口数据处理能力决定，并与其等值。

（8）$\mathscr{R}_{series}(T_1, T_2, \cdots, T_n) \cdot W_{DU} = T_n \cdot W_{DUn}$，即串联组合任务的生产端口数据处理能力由最后一个子任务的生产端口数据处理能力决定，并与其等值。

2. 集群网络并联组合任务的性质

并联组合任务用 $\mathscr{R}_{parallel}$ 表示，在这种任务组合模式下，所有任务按照各自执行概率 P_i 并联执行，互相独立，而对于任务组合中相同的子任务则依据概率进行重复设置，并获得更高的数据处理能力。对于新生成的任务，它的消费端口是前一任务的生产端口，而生产端口则是各并联子任务生产端口的期望值。因此，组合任务的延迟时间是各子任务中延迟时间的最大值，而超工作中心任务执行能力则是子任务执行能力的期望值。该组合任务具有如下性质。

（1）$\mathscr{R}_{\text{parallel}}(T_1,T_2,\cdots,T_n)\cdot f = \bigcup\limits_n f_n \cdot \alpha(P_i)$，其中$\alpha(P_i) = \begin{cases} 1, & P_i > 0 \\ 0, & P_i = 0 \end{cases}$，

即并联组合任务的功能集是组合前各个执行概率不为0的子任务功能集的并集。

（2）$\mathscr{R}_{\text{parallel}}(T_1,T_2,\cdots,T_n)\cdot A = \bigcup\limits_n A_n \cdot \alpha(P_i)$，其中$\alpha(P_i) = \begin{cases} 1, & P_i > 0 \\ 0, & P_i = 0 \end{cases}$，即

并联组合任务的属性集是组合前各个执行概率不为0的子任务属性集的并集。

（3）$\mathscr{R}_{\text{parallel}}(T_1,T_2,\cdots,T_n)\cdot C = \sum\limits_{i=1}^{n} T_i \cdot (C_i \cdot P_i)$，即并联组合任务的消费端口向量是各个子任务的消费端口向量的期望值。

（4）$\mathscr{R}_{\text{parallel}}(T_1,T_2,\cdots,T_n)\cdot D = \sum\limits_{i=1}^{n} T_i \cdot (D_i \cdot P_i)$，即并联组合任务的生产端口向量是各个子任务的生产端口向量的期望值。

（5）$\mathscr{R}_{\text{parallel}}(T_1,T_2,\cdots,T_n)\cdot \tau = \max\{T_1 \cdot [\tau_1 \cdot \alpha(P_1)], T_2 \cdot [\tau_2 \cdot \alpha(P_2)],\cdots,T_n \cdot [\tau_n \cdot \alpha(P_n)]\}$，其中$\alpha(P_i) = \begin{cases} 1, & P_i > 0 \\ 0, & P_i = 0 \end{cases}$，即并联组合任务的消费端口到生产端口的最大延迟时间，是执行概率不为0的子任务的最大延迟时间。

（6）$\mathscr{R}_{\text{parallel}}(T_1,T_2,\cdots,T_n)\cdot \lambda = \sum\limits_{i=1}^{n} T_i \cdot [\lambda_i \cdot \alpha(P_i)]$，其中$\alpha(P_i) = \begin{cases} 1, P_i > 0 \\ 0, P_i = 0 \end{cases}$，即并联组合任务的数据流处理速率是执行概率不为0的各个子任务的数据流处理速率之和。

（7）$\mathscr{R}_{\text{parallel}}(T_1,T_2,\cdots,T_n)\cdot W_{CU} = \sum\limits_{i=1}^{n} T_i \cdot [W_{CUi} \cdot \alpha(P_i)]$，其中$\alpha(P_i) = \begin{cases} 1, P_i > 0 \\ 0, P_i = 0 \end{cases}$，即并联组合任务的消费端口的数据处理能力是执行概率不为0的

各个子任务对应的消费端口的数据处理能力之和。

(8) $\mathscr{R}_{\text{parallel}}\left(T_1, T_2, \cdots, T_n\right) \cdot W_{DU} = \sum_{i=1}^{n} T_i \cdot \left[W_{DUi} \cdot \alpha(P_i)\right]$，其中 $\alpha(P_i) = \begin{cases} 1, & P_i > 0 \\ 0, & P_i = 0 \end{cases}$，即并联组合任务的生产端口的数据处理能力是执行概率不为 0 的各个子任务对应的生产端口的数据处理能力之和。

3. **集群网络并行组合任务的性质**

并行组合任务用 $\mathscr{R}_{\text{concurrent}}$ 表示，在这种任务组合模式下，所有任务并行执行，互不影响，而对于任务组合中相同的子任务一般采取重复设置，以获得更高的数据处理能力。对于新生成的任务，它的消费端口和生产端口都是各子任务端口的并集，因此，组合任务的延迟时间是各子任务中延迟时间的最大值，而超工作中心任务执行能力则是子任务执行能力之和。该组合任务具有如下性质。

(1) $\mathscr{R}_{\text{concurrent}}\left(T_1, T_2, \cdots, T_n\right) \cdot f = \bigcup_n f_n$，即并行组合任务的功能集是组合前各个子任务功能集的并集。

(2) $\mathscr{R}_{\text{concurrent}}\left(T_1, T_2, \cdots, T_n\right) \cdot A = \bigcup_n A_n$，即并行组合任务的属性集是组合前各个子任务属性集的并集。

(3) $\mathscr{R}_{\text{concurrent}}\left(T_1, T_2, \cdots, T_n\right) \cdot C = \sum_{i=1}^{n} T_i \cdot C_i = C_0$，即并行组合任务的消费端口向量是各个子任务的消费端口向量之和。

(4) $\mathscr{R}_{\text{concurrent}}\left(T_1, T_2, \cdots, T_n\right) \cdot D = \sum_{i=1}^{n} T_i \cdot D_i = D_0$，即并行组合任务的生产端口向量是各个子任务的生产端口向量之和。

(5) $\mathscr{R}_{\text{concurrent}}\left(T_1, T_2, \cdots, T_n\right) \cdot \tau = \max\{T_1 \cdot \tau_1, T_2 \cdot \tau_2, \cdots, T_n \cdot \tau_n\}$，即并行组合任务的消费端口到生产端口的最大延迟时间，是各个子任务延迟时间中的最大值。

(6) $\mathscr{R}_{\text{concurrent}}\left(T_1, T_2, \cdots, T_n\right) \cdot \lambda = \sum_{i=1}^{n} T_i \cdot \lambda_i$，即并行组合任务的数据流处理速率是各个子任务的数据流处理速率之和。

(7) $\mathscr{R}_{\text{concurrent}}\left(T_1, T_2, \cdots, T_n\right) \cdot W_{CU} = \sum_{i=1}^{n} T_i \cdot W_{CUi}$，即并行组合任务的消费

端口的数据处理能力是各个子任务对应的消费端口的数据处理能力之和。

（8）$\mathscr{R}_{\text{concurrent}}(T_1,T_2,\cdots,T_n)\cdot W_{DU}=\sum_{i=1}^{n}T_i\cdot W_{DUi}$，即并行组合任务生产端口的数据处理能力是各个子任务对应的生产端口的数据处理能力之和。

4. 集群网络间续式组合任务的性质

间续式组合任务用$\mathscr{R}_{\text{gap}}$表示，它与串联组合任务很相似，组合任务中各个子任务的执行都存在先后顺序。所不同的是，间续式组合任务中前一个子任务的生产端口的数据并不是直接由后一个子任务的消费端口处理，由于子任务之间存在衔接或者其他关系的处理过程（本研究为了描述方便，称为"缓冲"），需要等待一段时间再进入下一个子任务的消费端口。为了区分不同缓冲的任务特性，在此引入虚拟子任务的概念，将各个子任务之间的缓冲定义为V，其中V_i是描述介于子任务T_i与T_{i+1}之间的缓冲。为了建模方便，本研究不讨论在相邻两个子任务之间存在多个不同类型的虚拟任务，对于存在多个虚拟任务的情形，统一封装为一个虚拟任务加以描述。该组合任务具有如下性质。

（1）$\mathscr{R}_{\text{gap}}(T_1,V_1,T_2,V_2,\cdots,V_{n-1},T_n)\cdot f=\bigcup_{2n-1}f_{2n-1}$，即间续式组合任务的功能集是组合前各个子任务及缓冲过程虚拟任务功能集的并集。

（2）$\mathscr{R}_{\text{gap}}(T_1,V_1,T_2,V_2,\cdots,V_{n-1},T_n)\cdot A=\bigcup_{2n-1}A_{2n-1}$，即间续式组合任务的属性集是组合前各个子任务及缓冲过程虚拟任务属性集的并集。

（3）$\mathscr{R}_{\text{gap}}(T_1,V_1,T_2,V_2,\cdots,V_{n-1},T_n)\cdot C=T_1\cdot C_1$，即间续式组合任务的消费端口向量是第一个子任务的消费端口向量。

（4）$\mathscr{R}_{\text{gap}}(T_1,V_1,T_2,V_2,\cdots,V_{n-1},T_n)\cdot D=T_n\cdot D_n$，即间续式组合任务的生产端口向量是最后一个子任务的生产端口向量。

（5）$\mathscr{R}_{\text{gap}}(T_1,V_1,T_2,V_2,\cdots,V_{n-1},T_n)\cdot\tau=\sum_{i=1}^{n}T_i\cdot\tau_i+\sum_{j=1}^{n-1}V_j\cdot\tau_j$，即间续式组合任务的消费端口到生产端口的最大延迟时间，是各个子任务及虚拟任务的最大延迟时间之和。

（6）$\mathscr{R}_{\text{gap}}(T_1,V_1,T_2,V_2,\cdots,V_{n-1},T_n)\cdot\lambda=\left[\sum_{i=1}^{n}\frac{1}{T_i\cdot\lambda_i}+\sum_{j=1}^{n-1}\frac{1}{V_j\cdot\lambda_j}\right]^{-1}$，即间续式组合任务的数据流处理速率与各个子任务及虚拟任务的数据流处理

速率有关，但不是简单的线性关系，而是如公式所示的复杂关系形式。

（7）$\mathscr{R}_{gap}(T_1, V_1, T_2, V_2, \cdots, V_{n-1}, T_n) \cdot W_{CU} = T_1 \cdot W_{CU1}$，即间续式组合任务的消费端口的数据处理能力由第一个子任务的消费端口的数据处理能力决定，并与其等值。

（8）$\mathscr{R}_{gap}(T_1, V_1, T_2, V_2, \cdots, V_{n-1}, T_n) \cdot W_{DU} = T_n \cdot W_{DUn}$，即间续式组合任务的生产端口的数据处理能力由最后一个子任务的生产端口的数据处理能力决定，并与其等值。

6.4 超工作中心协作过程与集群网络演进

超工作中心协作过程的实现也就意味着超工作中心资源的消耗和任务的执行，它和网络资源的分布式共享活动是同步的。资源获取和流程协同都是资源配置的不同方式，集群创新网络协作机制对资源获取和流程协同都有促进作用。集群内的成员企业能够有效地交流学习，从合作伙伴企业处获得共享的资源。此外，集群网络成员之间的流程协同能够灵活应对市场变化，在市场中占据较大竞争优势，提升创新绩效（王莉等，2017）。因此，超工作中心协作过程的实现会促进集群网络成员企业之间的协同运作，反过来也会促进集群网络的进一步演进。

超工作中心一方面承担了所属网络需执行的部分任务，另一方面也消耗了集群网络的部分超工作中心资源。集群网络成员企业既可以通过相应的资源与业务的整合实现产业价值链活动的空间分工和优化组合，但又可能因为竞争发生资源的争夺（程贵孙等，2006）。当这种资源消耗和任务执行过程发生时，有两种情况发生，要么会进一步加深协作企业之间的合作，要么会改变协作之前与其他企业之间的协作关系。但无论哪种情况，在超工作中心与外部企业合作的时刻，都会由于协作需要产生随机驱动力，致使该系统产生一定的涨落，破坏协作前的平衡状态。而超工作中心执行任务的协作过程会被不断复制，集群网络成员企业之间的协作程度也会随之加深，因此，成员企业之间会在多次的涨落过程中形成工作中心之间在资源共享方面的物理资产专用性、人力资源专用性和地域专用性。资源专用性的产生会形成稳定的协作关系，并产生资源依赖，这时，协作过程的随机驱动力会减弱。当协作过程趋于平稳,随机驱动力逐渐减弱为零时,集群网络协作子系统形成一致的运动,实现新的平衡态。集群网络较前一次平衡状态而言,成员企业间的相互合作、资源共享的关系有所加深。

集群网络演进也正是在超工作中心一次次协作过程的完成中逐步实现并演进发展的。

6.5　本章小结

本章主要针对多层次列表模型中网络协作过程模型进行了讨论。针对网络协作过程列表模型,定义了网络协作过程中各类协作任务涉及的抽象活动以及网络协作过程的模型构件。在对协作任务建模的基础上,对协作过程代数的基本数学模型进行解析,以提升协作过程对集群网络组织动态性和复杂性的适应能力。

集群网络资源消耗列表模型与
协同客户选择 ▶▶▶▶

7.1 集群网络资源消耗列表模型

在单个企业的运作中,主要考虑的是工作中心执行任务与企业资源的优化配置问题,也是 ERP 体系运行的主要原理,该资源配置与企业任务执行过程依靠的是 BOM 结构中所遵循的企业业务环节及各环节的相互依赖关系。制造集群网络能够提高整体的资源配置效率,打破企业之间信息不对称的困局,缓解信贷市场的摩擦和资源错配(杜群阳等,2022),挖掘资源重新配置的空间,有效避免制造业的资源错配现象(蔡昉,2021;于斌斌等,2023)。在集群网络中,生产运作资源的配置范围扩展了,由仅仅考虑单个企业或供应链合作伙伴间的上下游关系转向了要考虑诸多离散型集群成员企业间的纵横交错的网络协作关系。该种变化既强调了参与协作的成员企业的变化,又强调了超工作中心之间协作过程的变化。在传统的 BOM 结构驱动的资源消耗过程的基础上,本研究构建了基于超工作中心协作关系的集群网络资源消耗列表模型,该列表模型的结构可用图 7-1 所示的 UML 类图表示。

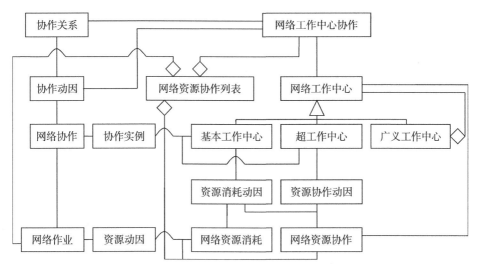

图 7-1 集群网络资源消耗列表模型

在图7-1中，集群网络资源消耗列表模型以执行集群网络任务为基础，并依托超工作中心之间的协作关系和其他网络工作中心共同运作，完成集群网络整体任务并实现集群网络的目标。其中，超工作中心协作描述的是集群网络中各类工作中心之间由于执行任务和资源消耗所产生的协作活动的总称，既表达了集群网络总体任务与网络资源共同执行的协作活动，也表达了各类工作中心之间由于细分子任务与某些资源类别的协作，因此，它主要依靠网络工作中心来实现。而网络工作中心是基本工作中心、超工作中心和广义工作中心的总称。超工作中心会消耗异源工作中心所属企业的网络资源，其他工作中心则消耗同源工作中心企业所属的资源，各个网络工作中心都实现由对应工作中心执行的子任务，因此，各类工作中心是各类资源消耗的具体动因。不同的是，基本工作中心消耗的资源与传统 BOM 结构中的资源消耗一样，而超工作中心所消耗的资源体现的是集群网络各成员企业之间的协作动因，并与基本工作中心资源消耗活动一起，产生整个集群网络的资源动因。

由基本工作中心和超工作中心资源消耗动因所驱动的网络资源消耗、网络资源协作与集群网络中的所有作业共同构成网络资源消耗列表。该列表对应于网络工作中心协作、协作动因及由各类工作中心所执行的集群网络资源的消耗与协作。资源动因由网络中的所有作业驱动，并通过各类超工作中心协作实例实现网络协作，产生协作动因，最后形成集群网络中各种协作关系。而协作实例则由基本工作中心和超工作中心共同实现。

7.2　集群网络资源概念模型

资源是集群网络实现各成员企业所承担子任务的基础，它以服务或能力的形式体现出来，并参与网络动态总任务的执行过程。因此，资源的描述、定义与建模都与集群网络成员企业的动态环境密切相关。

超工作中心资源是指在集群网络范围内为了实现某种目标，而参与到其他企业所属的工作中心协作执行任务的资源共同构成的集合。集群网络搭建开放和互动交流的平台，企业信息的传播与扩散，促进资源的流动，增强企业识别和获取资源的能力，有效减少了信息的重复性，企业双方能够高效地利用集群网络获取和整合各自所需的资源（王慧等，2022）。集群网络资源模型同任务模型一样，是集群网络成员企业协作过程中各个网络工作中心需要共享的信息源。一方面，集群网络工作中心执行网络任务，实现集群目标，进而把握外部市场机遇，离不开集群网络资源的支持；另一方面，如何用合理的方式组织生产，如何充分利用现有的网络资源，协作生产出高质量、低成本，又能满足用户需求的各类产品（或服务）进而实现集群网络总体任务是集群网络资源分布式共享的最终目标。本研究讨论的集群网络协作过程主要是针对共享部分和参与协作的资源，该资源是超工作中心资源，但由于超工作中心资源在执行网络任务过程中，有时还需要与企业自有资源进行协作，所以集群网络资源的范围大于超工作中心资源的范围，为了体现对集群网络协作过程讨论的完整性，不专门针对超工作中心资源进行概念建模，而是以集群网络资源为原型进行概念建模。

集群网络资源建模的目的在于制造资源的表达和集成。制造资源集成与共享就是为了获得更好的制造生产的有效性和效率，去掉冗余，将可用的资源信息汇集起来，使各种资源之间紧密联系、相互适应、彼此促动与共同发展（黄映辉等，1996）。掌握集群网络中各企业资源的布局和拓扑结构，厘清网络资源之间的关系，是有效管理集群网络资源的前提，同时可以更好地控

制和评估集群网络中企业间协作生产的执行情况，实现资源的分布式动态共
享，并为实现资源的集成和快速重构、提高集群网络协同运作的柔性和敏捷
性提供支持。因此，网络资源建模技术就是通过定义集群网络生产经营过程
中所涉及的关键资源之间的逻辑关系和资源的具体属性，描述制造集群范围
内主要资源构成和约束的模型的技术方法。建立具有良好的准确性、全面性、
开放性、可集成性和柔性的面向多核制造集群的资源模型，不仅可以为集群
网络协作过程重组设计、分布式资源的合理化管理和优化配置提供有效的
方法和工具，还可以有效地满足集群网络制造系统知识密集、敏捷性、规
模可调以及动态重构等需要，有利于实现集群网络制造系统资源的全局优
化利用和系统全局生产成本最小化等目标，为实现集群网络集成制造奠定
坚实的基础（孙雪冬等，2003；李刚等，2003；Kang et al.，1998）。对于
面向多核中小企业制造集群资源集成的协同运作而言，制造网络资源的建
模是企业协同运作的基本功能模块之一，也是建立分布式制造资源中心的
基本内容。

　　资源模型包括资源、资源之间的隶属关系和时序关系。集群网络资源的
分布式共享系统属于复杂的大系统，由于涉及的成员企业和网络协作过程比
较复杂，所以共享的网络资源在所属企业、物理属性、能力属性和状态属性
方面均是动态变化的，而且在集群网络动态变化的大系统中，系统的状态也
是开放的、变化的、可扩展的和可重构的，因而资源建模一定要反映系统本
身的特点，并适应系统过程不断完善的变化趋势。基于这些考虑，本研究参
照 CIM-OSA 企业建模方法，建立了集群网络资源的立体式概念模型，如图
7-2 所示。该模型是由集群网络资源的通用层次维度、资源分类维度和生命
周期维度构成的一个立方体结构。该结构既反映了集群网络资源的不同特点，
帮助实现分布式共享中建立资源的应用模型，又反映了网络资源动态建模过
程中的开放性、可变性、渐进性、可扩展性和可重构性，为网络资源分布式
共享的具体应用提供指导。

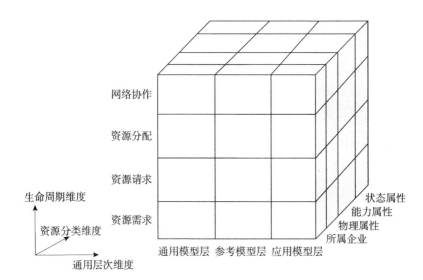

图7-2 集群网络资源多维度概念模型

集群网络资源模型的三个维度的含义如下。

（1）通用层次维度。在图7-2中标示为从左到右的坐标，又称为资源模型的应用对象子维度，是描述分布式共享资源由一般到具体的定义过程。该过程描述了从形成基本资源分类的通用模型层到具有一定分类特点的参考模型层，再到最后具有实际应用功能的应用模型层。该坐标维度清晰地给出了一个具有参考意义的全过程多视图多层次模型。在网络协作过程中，各成员企业可以结合不同企业和协作过程的特点，修正模型框架，代入具体值和参数，如此就能很快建成特定资源的应用性专用模型。

（2）资源分类维度。在图7-2中标示为从内向外的坐标，又称为资源对象的消耗特征子维度，是指按分布式共享资源消耗过程所具有的特征进行分类建模的维度。它既可以按照资源的制造功能进行分类，又可以按照资源的协作功能进行分类。所分类别之间并非完全独立，而是存在一定的关联，并随着协作过程的变化而发生变化，如增加、删减、合并、分立、重新分类等，进而体现出资源模型的开放性、动态性和可重构性。所以，资源模型中的资源分类维度的开放性最为显著。但无论以哪种标准进行分类，所有分类构成的资源集合一定要涵盖集群网络协作过程所涉及的全部资源。

（3）生命周期维度。在图7-2中标示为从下到上的坐标，又称为集群网络资源对任务执行的过程子维度，是指集群网络资源在网络协作过程中，从有资源需求开始，到资源最终实现网络协作过程的整个生命周期阶段。在该过程中，根据应用需求的变化，不同阶段的资源都具有与所处阶段相适应的不同模型。

7.3　集群网络资源层次结构分析

7.3.1　集群网络资源及其特点

资源的概念很广泛，既包括物化资源，也包括求解制造问题的能力。其中物化资源包括：软件（设计、制造、管理、销售、维护等软件）、生产设备、加工单元、生产线、场地、特种工具、物料、产品信息、知识资源等；求解制造问题的能力，如复杂零件的设计能力、复杂零件的工艺能力或加工能力等（石胜友等，2006）。制造资源是完成产品设计、制造和服务的整个产品生命周期中各种活动的物理元素的总称（廖敏等，2004），我国制造企业生产率水平较低的其中一个原因就是资源稀缺（聂辉华等，2011）。如前文3.6.2小节论述，本研究将集群网络制造资源简单地定义为集群网络在把握外部市场机遇、提供一系列服务来实现网络任务的过程中所涉及的物理元素的总称，贯穿于集群网络全生命周期的所有阶段。集群网络资源具有如下特点（盛步云等，2006；罗群等，2007）。

（1）异构性和分布性。制造资源种类繁多，功能各异，且分布于集群网络的不同企业和组织中。由于企业的运行基础不一样，每个成员企业和组织对制造资源的管理都有一套自己的标准和规范，所以，集群网络资源在实现分布式共享的时候存在异构性和分布性特点。

（2）动态性和多样性。动态性主要是指制造资源不是一成不变的。制造资源的可获得性是随着时间而动态变化的，一个制造资源提供给用户的使用能力是随时间而动态变化的。原来可用的资源随着时间的推移可能变得不再可用，而原来没有的资源也会逐渐加入进来。制造资源是多种多样的，隶属于不同的企业和组织，是多样性的具体体现。

（3）抽象性和相似性。由于形成集群网络的成员企业具有同质同构性，因此，其资源也相应地具有很强的相似性，当资源以聚类形式出现时，聚类资源就具有一定的抽象性。

（4）开放格式。集群网络资源要满足成员企业的分布式共享，就需要根据资源请求者的需求信息，任意开发和设计新的制造资源接口和应用。

（5）快速检索性。为了满足集群网络资源的分布式共享，在任何情况下都要能够实现网络资源数据的快速、准确检索。

（6）多视图性。由于不同聚类资源的异构性和多样性，所以需要有不同的视图形式来反映企业制造资源的状况和相应的数据。

（7）智能化。集群网络资源要从使用的方面考虑数据的存取，加快存取速度，同时要有一定的学习能力，以满足网络资源的分布式共享需求。

如前文 3.6.2 小节所述，按照资源的属性、用户需求、使用方式以及在制造活动中发挥的作用，将制造资源分为人力资源、制造设备资源、技术资源、物料资源、应用系统资源、服务资源、用户信息资源、计算资源和其他相关资源（盛步云等，2006）。

7.3.2 集群网络资源的层次结构分类

1. 集群网络资源实体定义

根据资源在集群网络中所发挥的作用，可将资源的实体定义为一个三元组，即 $RE = (PHY, CAP, STA)$。

（1）PHY 代表资源的物理属性。它是资源实体表征所不可缺少的性质，也是资源实现制造能力集描述的基础。包括资源所属的企业、资源的编号、资源种类、资源名称、对资源的相关说明、资源所处的网络位置等。

（2）CAP 代表资源的能力属性。它是资源实体功能描述构成的集合，是资源对网络协作活动或过程的一种支持作用，也是制造资源共享的基础。在集群网络中，某种制造资源的能力属性值可以是一个，也可以是多个，有些可以调频的制造工具就可以制造多种型号的产品。资源的能力属性值对资源网络协作活动有较大的影响。资源的描述与分布式共享是以资源的能力属性集为基础，并对其能力属性值实施的一种集成管理与优化配置。所以，通过资源实体和能力集的一对多的映射，可以判断、区别和比较资源的制造能力

（周晓晔等，2007）。

（3）STA 代表资源的状态属性。它是对资源能力属性值更加细致的描述，可以为网络资源的分布式共享提供更加详细和准确的参考依据。网络资源的状态有协作中、待使用、空闲、暂时失效、彻底失效等，它与资源的可调用性、协作效率有极大的关系，如已在协作中或已经确定待使用的资源就无法参与执行其他的制造活动，资源的使用或参与集群协作与它的关联属性有关。对网络资源的状态进行定义和区分有助于网络资源的分布式共享与优化配置。

2. 集群网络资源的分类

集群网络资源要实现网络内的分布式共享，就需要用统一的语义进行描述，并体现其开放性、可重构性和共享性的特点。目前，SOA 体系是分布式计算技术在制造领域较为先进的应用，它可以将集群网络成员企业的生产经营活动需要的各类资源封装成统一的、标准的、规范的、开放的和可重构的服务，将不同节点的服务借助互联网技术形成一体化的制造网络集成服务列表，向各用户提供透明、一致、优质的制造服务，实现集群网络制造资源的分布式共享和优化配置。为了使集群网络制造资源能够方便地接入 SOA 中的网络服务总线，成为 SOA 架构中的服务节点，进行动态的配置和分布式共享，本研究根据集群网络资源在集群网络协作过程中发挥的作用将 SOA 所提供的资源服务类型分为九大单元，即人力单元、设备单元、物料单元、知识单元、技术单元、计算单元、管理系统单元、客户信息单元和其他单元，如图 7-3 所示。

3. 集群网络资源的层次模型

SOA 环境下的资源定义与建模应当遵从 Web 服务资源框架（Web Service Resource Framework，WSRF）（Karl et al.，2004）的架构，支持资源服务的统一描述、发现机制，支持 SOA 环境下服务节点之间的互操作。为此，本研究建立图 7-4 所示的资源层次结构模型，该模型在全面包含资源信息的条件下，向服务访问者提供标准化的操作访问机制。

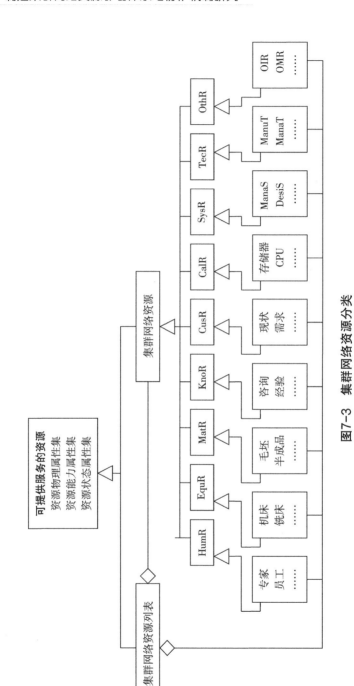

图7-3 集群网络资源分类

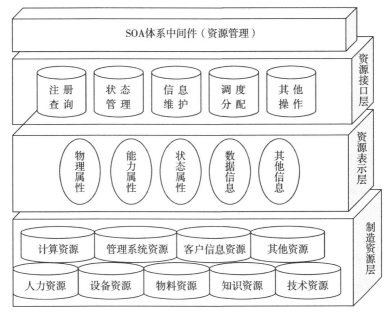

图 7-4　集群网络资源层次结构模型

由图 7-4 可知，集群网络资源层次结构模型分为三层，自下而上分别是制造资源层、资源表示层和资源接口层。制造资源层是集群网络中实现网络协作过程的所有资源。资源表示层则是对制造资源层的各种资源信息进行全面的描述，并将其表示为计算机可处理的格式，供资源接口层对其进行操作，实现资源服务的请求与配置。资源接口层是实现资源服务与资源请求之间匹配的机制，其功能体现在两个方面：一是对资源层次中下层的功能，在于定义对资源的各种操作，包括资源数据的读取、状态的查询、更新、生命周期的管理等；二是对资源层次中上层的功能，在于提供对资源的标准化访问以及与其他资源交互的接口，该接口向用户屏蔽资源数据和信息的内部处理与交互细节。

4. 集群网络资源的应用描述

在 SOA 环境下，资源被封装为服务节点，这些服务节点既可以作为资源服务提供者向 SOA 中的资源请求者提供服务，同时也可以作为资源请求者向其他资源服务提供者请求资源服务，资源服务节点之间是 P2P 的对等关系，所以资源描述应当以标准的、可互操作的方式支持资源服务节点的描述和发现，以及资源服务节点之间的交互（石胜友等，2006）。为此，通过 Web 服

务技术实现资源描述，将其表示为

$$SOAResourceModel = \{Resources, ReferenceAddress, PropertyInfo, Interfaces\}$$

Resources 表示具体的集群网络制造资源，它们在地理区位上是分布的、异构的、可共用的，而逻辑上对集群成员企业又是统一的、透明的。

ReferenceAddress 表示集群网络制造资源可被集群网络成员企业访问的引用地址，是一个全局唯一的通用资源标识符（Universal Resource Identifier，URI）。*ReferenceAddress* 通过在特定的命名空间内为某类特定资源做一个全局元素声明，作为该资源的身份标识，并通过该标识实现对资源的具体定位和引用。

PropertyInfo 表示集群网络资源包含的各种信息，即集群网络资源层次结构模型中的资源表示层所抽象的物理属性、能力属性、状态属性及其他可以概述资源特征的信息等。

基于可扩展标记语言（XML）对集群网络资源信息进行统一描述和数据封装，每类资源的模型信息对应一个 XML Schema 格式的资源属性文档，而资源的每项具体的信息则对应 XML Schema 中的一个元素。

Interfaces 表示对集群网络资源的标准化操作，如数据的读取、状态的查询、更新等，该操作被封装在集群网络资源层次结构模型中的资源接口层，是基于 Web 服务描述语言（Web Services Description Language，WSDL）定义的，访问资源的接口对应 WSDL 中 portType 类型，各种操作对应 portType 下的 operation 元素。资源服务节点接受操作请求、资源服务节点之间互操作的通信格式都是基于简单对象访问协议（Simple Object Access Protocol，SOAP）。

7.4 集群网络资源消耗的建模与解析

集群网络协作过程很重要的一个方面是集群网络协作过程驱动的网络资源消耗，而网络协作又主要由超工作中心参与实现，所以有必要对超工作中心资源的性质进行研究。由超工作中心的定义可知，超工作中心资源是集群网络中资源所属企业专门提供给集群网络中其他企业以实现其他企业任务的资源部分。因此，集群网络超工作中心资源消耗与协作过程 E-R 图如图 7-5 所示。

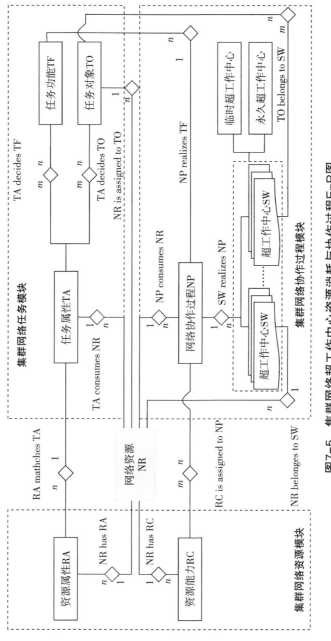

图7-5 集群网络超工作中心资源消耗与协作过程E-R图

对于超工作中心资源消耗与协作过程可做如下分析。

宏观方面，集群网络成员企业拥有不同的资源，而不同资源又具有不同的资产专用性，不同企业利用各自专用性资产进行协作可以节约交易成本并产生协作剩余（有关协作剩余的问题将在第 8 章具体讨论）。因此，协作关系治理成为集群网络成员企业之间介于市场与层级制之间的一种治理模式。微观方面，对集群网络中的工作中心而言，由于集群环境的动态性和企业自身能力存在差异的原因，在某个特定的时刻 t_0，资源与任务的不匹配是常态，而资源与任务完全匹配是理想状态，在现实的集群网络中这种现象存在的时间非常短暂。孙国强等（2015）指出，提高企业网络的治理能力应从网络构建能力、协调能力、抵御能力出发，提高治理效率、创新速度和网络学习能力。由第 3 章集群网络自组织过程分析可知，集群网络中成员企业内部的资源供求平衡的状态是离散的、间断的，且是交替出现的。单个企业往往因为资源和任务的不匹配而造成信息不对称和代理问题，企业面临着资源和任务的错配情况以及较大的运营风险，同时也意味着管理者不能满足所有者的利益最大化（洪茸等，2022）。因此，集群网络成员企业一定存在资源冗余和任务冗余的情况，即在集群网络中，一定存在超工作中心资源和超工作中心任务，这也是本研究讨论集群网络资源分布式共享的基础和意义所在。

假设资源冗余（Resource Redundancy）为 RR，在时刻 t 集群网络中第 i 种资源冗余可表示为 RR_{it}，则集群网络资源的资源冗余集为 $RR \in \{0,(0,1),1\}$，RR 的状态模型可表示为

$$RR_{it} = \begin{cases} 1, & \text{资源完全可流动} \\ x, & \text{资源可流动但不完全} \\ 0, & \text{资源完全不可流动} \end{cases}$$

假设任务冗余（Task Redundancy）为 TR，在时刻 t 集群网络中第 i 种任务冗余可表示为 TR_{it}，则集群网络中心的任务冗余集为 $TR \in \{0,1\}$，TR 的状态模型可表示为

$$TR_{it} = \begin{cases} 1, & \text{可利用异源资源} \\ 0, & \text{不可利用异源资源} \end{cases}$$

7.4.1　超工作中心资源的定义

超工作中心资源是指在集群网络中，可以参与执行企业外部其他企业超工作中心所负责的任务的资源部分。

由此可知，超工作中心资源必须具备如下条件。

（1）$\forall sw_1$，sw_2，$\exists sw_1 \neq sw_2$，$sw_1 \in CN$，$sw_2 \in CN$，即集群网络 CN 中存在多个（含两个）超工作中心。

（2）$\forall ct_1 \in sw_1$，$cr_2 \in sw_2$，$\exists sw_1 \in ent_1$，$sw_2 \in ent_2$，cr_2 可以参与 ct_1 的执行，即集群网络范围内其中一个企业的超工作中心拥有的资源一定可以参与其他企业超工作中心所负责的任务的执行过程。包括以下三种情况。

1）资源参与执行企业内部工作中心任务的收益小于执行外部企业超工作中心任务的收益，决定提供给外部企业执行任务，以改善资源利用效率。

2）资源数量大于企业自身工作中心任务执行的需求，将多余的资源提供给外部企业超工作中心，创造额外的价值，为集群网络成员企业的协作提供资源支持。

3）企业的资源暂时闲置，临时调用给其他企业，既可以减少库存成本，又可以获得协作收益。

7.4.2　超工作中心资源的建模与解析

在集群网络中，既存在只提供给企业内部工作中心执行任务过程的资源，也存在可以提供给企业外部其他网络工作中心执行任务过程的资源。但这两类资源在执行任务过程中并非完全分立，由于企业执行的网络子任务的特点不同，有些任务可以依靠单一资源实现，有些任务则需要资源组合之后才能实现，因此，资源间的协作对任务执行也起着关键的作用。为了清晰表述网络资源在集群网络协作过程中的作用，本研究以企业承担的子任务为基础，将参与子任务执行过程的资源分为两类：一类是同源资源，即由企业自身资源参与执行任务的资源集合；另一类是异源资源，是由企业外部资源参与执行任务的资源集合，与前文所述的超工作中心资源含义一致。两者共同构成集群网络资源，其关系可用图 7-6 所示的集合表示。

图 7-6　集群网络资源构成集合

（1）集群网络资源的数学表示。集群网络资源 NRE 表示集群网络中的所有资源构成的集合，由第 3 章中对集群网络资源的描述可知，NRE 还可以表示如下：

$$NRE = \{nre_i \mid i = 1,2,\cdots,n_e\} = \{hor_s \mid s = 1,2,\cdots,n_a\} \cup \{swr_t \mid t = 1,2,\cdots,n_b\}$$

其中，$\{nre_i \mid i = 1,2,\cdots,n_e\}$ 表示集群网络资源构成的集合，n_e 表示集群网络资源的数量；$\{hor_s \mid s = 1,2,\cdots,n_a\}$ 表示集群网络资源中同源资源构成的集合，n_a 表示集群网络资源中同源资源的数量；$\{swr_t \mid t = 1,2,\cdots,n_b\}$ 表示集群网络资源中超工作中心资源构成的集合，n_b 表示集群网络资源中超工作中心资源的数量。

（2）同源资源的特征。由同源资源的定义可知，$\forall hor_i \in CE_j$，$hor_i \in NRE$，$NTA_i \in CE_j$，hor_i 只能用于执行同企业的任务 NTA_i。

（3）超工作中心资源的特征。由超工作中心资源的定义可知，$\forall swr_i \in CE_j$，$swr_i \in NRE$，$NTA_i \in CE_k$，$j \neq k$，swr_i 只能用于执行其他企业的任务 NTA_i。

（4）集群网络资源的性质解析。在集群网络中，存在多个成员企业、多个超工作中心和多类超工作中心资源、同源资源。由集群网络资源协作关系可知，网络协作资源具有许多性质。

$\forall swr_i \in Ent_i$，$hor_i \in Ent_i$，$swr_j \in Ent_j$，$hor_g \in Ent_g$，$NTA_k \in Ent_k$，且 $i \neq j \neq g \neq k$，则集群网络中超工作中心、超工作中心资源、同源资源具有如下性质。

1）多核中小企业集群网络中一定存在超工作中心、超工作中心资源和同源资源，它们所构成的集合一定非空：

$$\{sw_s\} \neq \emptyset \ (s = 1,2,3,\cdots)$$

$$\{swr_i\} \neq \emptyset \ (i = 1,2,3,\cdots)$$

$$\{hor_g\} \neq \varnothing\ (g = 1, 2, 3, \cdots)$$

2）$\exists swr_i + swr_j = r_s$，$r_s$ 可执行网络任务 NTA_k，则 r_s 也属于超工作中心资源。即两个不同企业的超工作中心资源进行组合，能够执行其他企业承担的网络子任务，则该资源组合也是一种超工作中心资源（其中 i、j、s、k 均为自然数）。

3）$\exists swr_{i1} + swr_{i2} = swr_{i3}$，$swr_{i3}$ 可执行网络任务 NTA_k，则 swr_{i3} 也属于超工作中心资源。即集群网络中某成员企业的两类超工作中心资源进行组合，能够执行其他企业承担的网络子任务，则该资源组合也是一种超工作中心资源（其中 i、k 均为自然数）。

4）$\exists swr_i + swr_j = swr_s$，$swr_s$ 是超工作中心资源，swr_s 可执行网络任务 NTA_k，则 NTA_k 是超工作中心所承担的网络子任务。即集群网络中分属两个企业的超工作中心资源进行组合，能够执行集群网络中的超工作中心任务（其中 i、j、s 均为自然数）。

5）$\exists swr_i + hor_g = r_s$，$r_s$ 可执行网络任务 NTA_k，则 r_s 也属于超工作中心资源。即一个企业的超工作中心资源与另一个企业的同源资源进行组合，能够执行其他企业承担的网络子任务，则该资源组合也是一种超工作中心资源（其中 i、g、s、k 均为自然数）。

6）$\exists swr_i + hor_i = swr_i'$，$swr_i'$ 可执行网络任务 NTA_k，则 swr_i' 也属于超工作中心资源。即集群网络中某成员企业的一类超工作中心资源与一类同源资源进行组合，能够执行其他企业承担的网络子任务，则该资源组合也是一种超工作中心资源（其中 i、k 均为自然数）。

7.4.3　集群网络超工作中心资源的动态分配建模

在集群网络协同运作过程中，成员企业之间由于协作产生的相互依赖性越来越强，逐步发展成为一个个集群范围的制造资源共享协作执行任务的网络。在该网络范围内，超工作中心资源的分布式共享是集群网络的主要特点，因此，网络资源不再由单一企业的资源组成，而是由不同地理位置、不同企业的资源共同组成。相应地，资源具有分布式、异构性和不确定的特点，这与传统意义上简单的资源集成有着本质的不同。首先，网络资源的分布式共享不再以价格作为衡量的唯一标准，而需要考虑制造网络中柔性、可重构性和智能机制性等要素，并建立一种以产品驱动、任务驱动、项目驱动、运作驱动或混合驱动为主要特征的资源协作机制。其次，在传统的资源集成运作中，企业系统所追求的是总体目标的最优，成员企业之间体现的是零和竞争关系，也是单一目标的优化问题；而在集群网络协同运作的资源集成过程中，成员企业之间由于资源依赖性和生产依赖性，除了要考虑集成总体目标的最优，还要兼顾各个协作伙伴的个体目标最优，因此，是典型的多赢关系，属于多目标优化问题。最后，传统的资源集成问题主要考虑资源的数量和设备的约束条件，忽视了分布式资源配置的路径约束，而在集群网络中，地理专用性、物理专用性和人力资源专用性等都是资源分布式共享要考虑的约束条件。所以相比较而言，集群网络资源的分布式共享问题会复杂得多（周光辉等，2002；周赵刚等，2003）。本研究受篇幅限制，主要讨论网络资源中用于协作过程和协作活动以执行协作任务的超工作中心资源消耗情况，该资源的消耗主要以超工作中心为任务执行的主体。

1. 基于 SOA 的集群网络超工作中心资源的动态分配过程

基于 SOA 的集群网络超工作中心资源的动态分配过程如图 7-7 所示，具体步骤如下。

步骤 1：集群网络接到外部的任务需求信息，并将集群网络超工作中心资源封装为 SOA 的资源服务节点，该服务节点是可以随时调用实现集群网络某些子任务的构成单元。

步骤 2：将集群网络任务分解为各成员企业承担的子任务集，并通过网络工作中心列表结构进一步明确承担各个子任务的工作中心。

步骤 3：根据工作中心的地理位置等特点，确定哪些资源服务节点可以实现具体的子任务，同时可以调用以前协作执行各子任务的资源服务记载作为衡量资源服务好坏的依据，对可以查询到的资源服务也要进行评价，如果确定可以协作执行集群网络子任务，则向 SOA 发送招标书，等待资源服务代理协商与竞标，若没有合适的资源服务可供调用或竞标，则该子任务返回任务代理处，回复初始的请求或等待资源状态。

步骤 4：参与竞标的资源服务，需要根据子任务的特点，提交相应的申请书。

步骤 5：SOA 接收申请书，并针对相应子任务所属超工作中心的申请书接收状况进行审核并决定参与竞标的服务请求，不参与竞标的资源服务，则结束协作过程，回复到初始的资源服务等待状态。

步骤 6：对于参与竞标的资源服务，SOA 则根据审核排序结果依次按资源服务需求量给资源代理发送合同书。

步骤 7：资源服务代理在规定时间内回复确认信息，并与任务代理确认协作的具体方式。

步骤 8：根据协商的协作方式和 SOA 应用情况，确定资源调度的具体规则。

步骤 9：资源服务调度完成，实现网络资源服务的协作功能。

步骤 10：执行完成任务代理所分配的子任务。

步骤 11：评价各类资源服务与集群网络子任务的协作效果，并转存入资源调用记载中备案，以供后续协作参考。

步骤 12：集群网络资源动态分配过程完成。

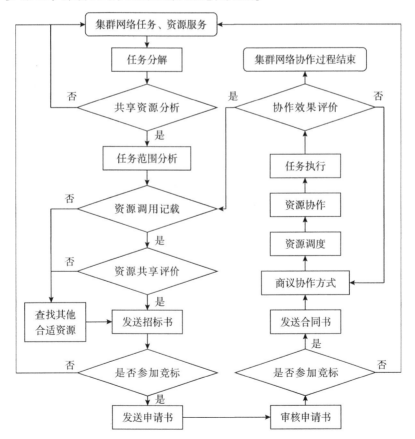

图 7-7　集群网络超工作中心资源的动态分配过程

2. 集群网络协作过程超工作中心资源的动态分配建模

为了简化问题，先对集群网络协作过程超工作中心资源的动态分配模型做如下假设：①任务执行所需的超工作中心资源是充足的，不考虑超工作中心资源（以下简称"资源"）短缺的情况，同时，任务也是无间断存在的，即资源方与任务方协商过程是连续的；②资源方与任务方的协商过程中，因外界条件所致的其他情况均以任务的优先级来体现，如运输距离远近、协作熟悉程度等；③忽略由于意外因素导致协作过程失败的损失，即该模型只考虑理论上成功的协作情况；④如果资源方与任务方协商成功，只要时间允许，就判定资源与任务是协作成功的。

在集群网络协作过程中，所有的时间描述均以单位时间 t_0 表示。根据需要，t_0 既可以表示为日常的计时时间单位（如秒、分钟、小时、日、月、季等），也可以根据协作过程的需要表示为资源消耗或任务执行的计量单位（如工序、流程或加工单元时间等）。据此，对集群网络协作过程多资源多任务问题中资源动态分配模型所涉及的符号做如下约定。

$TA = \{ta_1, ta_2, \cdots, ta_i, \cdots, ta_m\}$，表示集群网络中参与协作的任务。

$RE = \{re_1, re_2, \cdots, re_i, \cdots, re_n\}$，表示集群网络中参与协作的资源。

$TI = \{TI_1, TI_2, \cdots, TI_k, \cdots, TI_o\}$，表示集群网络某类任务执行的有效时间区间。

$TI_{i,j}$ 表示第 i 个资源与第 j 个任务协商可用的时间区间；$TI = \cup \, TI_{i,j}$，$TI_{i,j} = \{TI_{i,j}^o\}$，表示网络资源 i 与任务 j 协商的时间区间构成的集合，o 为时间区间的个数。

FT_i 表示集群网络中第 i 个任务被网络资源有效执行的最迟结束时间。

LT 表示集群网络资源执行任务的提前期，超过该时间，协商失败。

CC_t 表示资源方与各任务方进行协商的成本。

RP_t 表示资源与任务在 t 时刻协商的协作价格。

SRE_t 表示时刻 t 某类可参与协作的资源数量。

QRE_t 表示时刻 t 协商后资源方参与协作的资源数量。

QTA_t 表示时刻 t 协商后任务方获得协作的资源数量。

RC_t 表示时刻 t 资源方的资源成本。

TC_t 表示时刻 t 某任务执行的预算成本。

tr_{ij} 表示任务 ta_i 被执行的协作活动的决策变量，有

$$tr_{ij} = \begin{cases} 1, & \text{任务能被执行} \\ 0, & \text{任务未能被执行} \end{cases}$$

P_i 表示任务 ta_i 的优先级，$1 \leqslant i \leqslant m$。

L_i 表示任务 ta_i 被执行的持续时间。

t_i 表示任务 ta_i 实际被执行结束的时间。

s_i 表示执行任务 ta_i 与资源进行协商的开始时间。

f_i 表示执行任务 ta_i 与资源进行协商的截止时间。

x_i 表示任务 i 被协作执行。

x_{ij} 表示资源与任务协作的结果变量，有 $x_{ij} = \begin{cases} 1, & RE_j \text{ 执行 } TA_i \\ 0, & RE_j \text{ 未执行 } TA_i \end{cases}$。

$sti_{i,j}^k$ 表示第 k 个时间区间协商的开始时间。

$eti_{i,j}^k$ 表示第 k 个时间区间协商的结束时间。

$vti_{i,j}^k$ 表示时间区间内资源 i 与任务 j 协商结果的决策变量，有

$$vti_{i,j}^k = \begin{cases} 1, & \text{特定时间段内协商成功} \\ 0, & \text{特定时间段内协商不成功} \end{cases}$$

参与网络协作的资源提供方的目标是充分利用现有资源，并实现现有资源协作剩余的最大化，其目标函数可表示为

$$\max COP = RP_t \cdot QRE_t - RC_t \cdot SRE_t - CC_t \qquad (7-1)$$

$$\text{s. t. :} \begin{cases} QRE_t \leqslant SRE_t \\ f_i - s_i \leqslant LT \\ CC_t \leqslant RP_t \cdot QRE_t - RC_t \cdot SRE_t \end{cases}$$

其中，约束 $QRE_t \leqslant SRE_t$ 表示任务的请求不能超过资源提供方在某时刻提供的资源上限；约束 $f_i - s_i \leqslant LT$ 表示资源与任务协商的时间限制；约束 $CC_t \leqslant RP_t \cdot QRE_t - RC_t \cdot SRE_t$ 表示资源协作产生的协作剩余要大于其协作成本。

参与网络协作的任务承担方的目标是在规定时间内执行任务的前提下，以尽可能低的协作成本获得某类协作资源，创造任务的协作剩余最大化（更

多的任务被超工作中心资源执行），其目标函数可表示为

$$\min COC = RP_t \cdot QTA_t \tag{7-2}$$

$$\text{s. t. :} \begin{cases} RP_t \cdot QTA_t \leqslant TC_t \\ (f_i - s_i) + L_i \leqslant FT_i \\ \sum\limits_{i=1}^{m} tr_{ij} \geqslant n_{tt} , tr_{ij} = \{0,1\} \end{cases}$$

其中，$RP_t \cdot QTA_t \leqslant TC_t$ 约束表示任务方所调用资源的成本不能超过执行任务所规定的成本预算；$(f_i - s_i) + L_i \leqslant FT_i$ 约束则表示执行任务在时间方面的保证；$\sum\limits_{i=1}^{m} tr_{ij} \geqslant n_{tt}$ 约束表示在该协商过程中要执行任务的最低限制。

对于某个集群网络总体而言，SOA 分布式资源共享协作体系的目标为：整个集群网络任务被执行的延迟尽量减少，即在集群网络中，优先级越高的任务尽可能不被延迟执行。所求的目标规划模型可表示如下：

$$\min Z = \sum\limits_{i=1}^{m} (P_i d_i^+) \tag{7-3}$$

$$\text{s. t. :} \begin{cases} tr_{ij} = \sum\limits_{j=1}^{n} \sum\limits_{k=1}^{o} (x_{ij} vti_{ij}^k) & (1) \\ x_{ij} s_i - x'_{ij} s'_i \geqslant L'_i , s_i > s'_i , 1 \leqslant i \leqslant m , 1 \leqslant i' \leqslant m , 1 \leqslant j \leqslant n & (2) \\ x'_{ij} s'_i - x_{ij} s_i \geqslant L_i , s'_i > s_i , 1 \leqslant i \leqslant m , 1 \leqslant i' \leqslant m , 1 \leqslant j \leqslant n & (3) \\ tr_{ij} s_i \geqslant tr_{ij} \sum\limits_{j=1}^{n} \Big[x_{ij} \sum\limits_{k=1}^{o} (vti_{ij}^k sti_{ij}^k) \Big] , 1 \leqslant i \leqslant m , 1 \leqslant j \leqslant n & (4) \\ tr_{ij} (s_i + L_i) \leqslant tr_{ij} \sum\limits_{j=1}^{n} \Big[x_{ij} \sum\limits_{k=1}^{o} (vti_{ij}^k eti_{ij}^k) \Big] , 1 \leqslant i \leqslant m , 1 \leqslant j \leqslant n & (5) \\ t_i + d_i^- - d_i^+ = FT_i & (6) \end{cases}$$

其中，P_i 表示第 i 个集群网络任务的优先级，P_i 值越大，表明任务的优先级越高；$t_i, d_i^-, d_i^+ \geqslant 0$，$tr_{ij} = \{0,1\}$，$0 \leqslant s_i \leqslant f_i$，$0 \leqslant s_i + L_i \leqslant f_i$，$1 \leqslant i \leqslant m$。

约束（1）~约束（5）是该目标规划模型的硬约束，约束（6）是该目标规划模型的软约束。其中，约束（1）表示如果网络任务能够被执行，即 $tr_{ij} = 1$，则一定存在可执行该任务时间区间 vti_{ij}^k 且在该区间内有执行该任务的

资源 x_{ij}，即 $\sum_{j=1}^{n}\sum_{k=1}^{o}(x_{ij}vti_{ij}^{k})=1$；否则，$\sum_{j=1}^{n}\sum_{k=1}^{o}(x_{ij}vti_{ij}^{k})=0$。

约束（2）和约束（3）包含了条件判断，即当 $s_i>s_i'$ 时，约束条件 $x_{ij}s_i-x_{ij}'s_i'\geqslant L_i'$ 被激活，表示如果任务 ta_i' 和任务 ta_i 占有同一个资源 re_j，并且任务 ta_i 的协商开始时间在任务 ta_i' 的开始时间之后，则 ta_i 必须在 ta_i' 执行完之后才能开始执行；而当 $s_i'>s_i$ 时，约束条件 $x_{ij}'s_i'-x_{ij}s_i\geqslant L_i$ 被激活，表示如果任务 ta_i 和任务 ta_i' 占有同一个资源 re_j，并且任务 ta_i' 的协商开始时间在任务 ta_i 的开始时间之后，则任务 ta_i' 必须在任务 ta_i 执行完之后才能开始执行。因此，约束（2）和约束（3）主要表示集群网络资源在同一时间内只能执行一项任务。

约束（4）表示任意可以完成的任务的开始时间，必须在协作资源的可用时间区间的开始时间之后；约束（5）表示任意可以完成的任务的执行，必须在协作资源的可用时间区间之内执行；约束（6）表示所有集群网络任务尽可能被提前执行，但最迟应不晚于最后一个时间窗口的结束时间，即任务被有效执行的最迟结束时间 FT_i。

上述模型表述了在集群网络动态协作过程中，诸多同质同构的超工作中心资源与网络任务之间的协商模式，当资源提供方与任务承担方能够实现各自理想的网络协作剩余时，该协商过程达到了均衡。具体的协商过程将借助智能多代理系统实现，该问题将在第 10 章具体讨论。

7.5　基于网络资源共享的协同客户选择的指标体系与方法

集群网络中，成员企业之间由于资源共享的范围和程度不断加深，企业之间也会由于资产的专用性产生协作关系进而对某些客户形成协作依赖，由任务的知识需求和客户知识匹配，明确完成每项任务所需的客户知识（张雪峰等，2015）。本研究为了表述方便，将与集群网络中某成员企业共享资源和协作的企业称为该企业的协同客户。协同客户与企业的资源共享质量如何，与协同客户的评价选择有很大的关系。

7.5.1　集群网络协同绩效评价指标体系的构建

参考左小明（2009）构建的协同客户选择指标体系、瞿富强（2019）的协同客户绩效评价指标以及陈畴镛等（2020）的企业数字化转型能力评价指标，本研究拟将信息协同（张志等，2021）、业务协同（邓明荣等，2013）、内部流程协同（曹玉红等，2014）、协同客户财务绩效（耿晶晶等，2019）、客户服务协同（张宇嘉等，2021）以及数字化协同能力（王柯懿等，2021）六个大类作为集群网络协同客户综合评价指标。

信息协同 B_1 可以有效消除企业之间的信息流通障碍并且有利于获取制造商信任从而提高交易量（张旭梅等，2023）。在对文献进行整理分类后，我们将从信息交互能力 C_{11}（Thakur et al.，2016；孙璐等，2021；黄婕等，2022）、信息共享度 C_{12}（张英华等，2016；卢强等，2022；肖静华等，2015）、信息准确率 C_{13}（Li et al.，2016；Ge et al.，2013；张宇嘉等，2021）、信息传递及时率 C_{14}（周伟华等，2013；代宏砚等，2018；张丽君等，2020）和信息平台建设 C_{15}（张旭梅等，2023；孟庆春等，2021；杨慧琴等，2018）五个方面进行考量，通过各节点的企业资源计划安排情况加以判断。信息交互能力建立在新一代信息技术环境的基础上，企业通过配置、应用和整合各种信息互动资源，旨在以用户为中心，实现企业、用户或用户社群、价值网络成员之间的共同价值创造，从而获取竞争优势（孙璐等，2022）。信息共享度是指供应链上下游企业实现它们的需求、生产能力、库存、成本和服务水平等信息的共享（Bok et al.，2002），通过信息共享可以保障供应链前端需求向后端的传递和扩散，以及后端向前端的响应和反馈，形成供应链协作共识，提高网络协作效率（肖静华等，2015）。信息准确率反映的是信息传递的有效性，有效性越高则越有利于集群网络之间的沟通合作，提高生产合作效率，实现高效率的价值共同创造。信息传递及时率则是指信息共享的及时性，及时的信息共享能够帮助集群网络制定生产营销策略，实现更深层次的信息交互，完成集群网络提质增效的战略目标。信息平台建设是用于信息交互共享的平台，通过平台建设，可以实现信息的实时流转和共享，提高信息传播的有效性和及时性，提高集群内外部的沟通效率，提高企业的盈利能力。

业务协同 B_2 则是企业业务流程的核心，是维持供应链高效运作的保证。在企业进行业务协同的过程中，产品质量 C_{21}（Ataseven et al.，2017；杨砚砚等，2020；周业付，2020）、产品柔性 C_{22}（吕晶晶等，2020；杨思东，2016；Beamon，2013；万骁乐等，2022）、产品合格率 C_{23}（查晓宇等，2022；曾小明等，2017）、产品售后率 C_{24}（赵晓敏等，2015；黄毅敏等，2023；李冬，2021）、退货处理达标率 C_{25}（赵晓敏等，2015；龚旺等，2017；王茜等，2023）和供应链集中程度 C_{26}（冯自钦等，2019；王东生等，2020；庄伯超等，2015）都是需要进行严谨考量的部分。产品质量是体现产品竞争力的重要指标（王蕙等，2013），较好的产品柔性、产品合格率和产品售后率则是集群网络实现高质量发展的关键环节（黄毅敏等，2023），是生产经营过程中衡量绩效的重要指标，同时能够反映企业对生产过程的控制能力。而供应链集中程度是提升企业业务绩效的有效途径，供应链内部集成对外部集成具有促进作用，供应链内部集成和外部集成都能直接或间接地提升企业绩效（Huo，2012）。

内部流程协同 B_3 则是企业重要的内部治理机制，是世界各国提高企业治理水平的重要手段之一，通过一系列内部制度的设定，确保企业经营活动的合法合规性，规范企业的资金管理，以增进企业的投资效能（方红星等，2011），同时提高企业的研发投入（陈红等，2018）。该指标层通过运营成本控制 C_{31}（朱立龙等，2009；宋艳琼，2022；周驷华等，2017；毛义华等，2021）、内部战略决策协同 C_{32}（Chang et al.，2016；Gunasekaran et al. 2001；Marien，2000；Rasool et al.，2021；Frederico et al.，2020）、技术创新程度 C_{33}（邵争艳等，2022；韩海燕等，2020；赵喜洋等，2017；杨砚砚等，2020；刘建江等，2023）、绿色可持续发展程度 C_{34}（白世贞等，2016；隋博文，2017；王海兵等，2018）、系统协作度 C_{35}（姚澜等，2023；陈志明，2016；吴晓波等，2016）和风险控制 C_{36}（黄苒等，2023；董海等，2020；谢康等，2016）这六个方面来呈现。运营成本控制包括对用工、环境保护、会计、运输、管理等方面的成本控制（蒋冠宏，2020），是企业能够在市场中保持高竞争力的关键，也是内部流程的关键环节。内部战略决策协同是对企业是否高效组织企业内部资源，是否有全局长远的未来发展方向的考量（Rasool et al.，2021）。技术创新程度和绿色可持续发展程度是供应链管理的一个重要方向，能够合理化供应链的产业结构发展，提升全球竞争力（李朋林等，2023）。系统协作度可以减少战略不确定性，降低个体付出努力的风险，从而实现协调成功（姚澜等，2023）。风险控制包括控制供应链的内部风险和外部风险（史思雨等，2019），通过风险控制可以显著提升零售企业供应链整合水平（王晓红，2022）。

协同客户财务绩效 B_4 则反映了企业的整体营收状况和资金流转情况，其中资金运营效益 C_{41}（杨砚砚等，2020；陈祥丽，2021；隋博文，2017）、经济收益率 C_{42}（许建华等，2017；白世贞等，2016；孙斐，2017）和资金周转率 C_{43}（Chang et al.，2016；孙兰兰等，2019；邱枫等，2018）三个方面凸显企业供应链的竞争力并衡量企业自身的盈利能力。资金运营效益是指企业运用有限的资产在不断周转的过程中获取更多的营业收入的能力，可以直观衡量企业的业绩，并且支撑企业持续自主创新（王玉冬等，2017）。经济收益率反映了企业利用资本创造附加价值的能力，表明企业在成本管理、资本运用和战略执行方面与客户或合作伙伴协同工作的效率。资金周转率可揭示企业一段时间内流动资金的占用情况，该指标可以为企业的管理层提供详尽的资金占用情况，使决策者做出更科学的年度预算、计划及经营决策（周岐，2019）。

客户服务协同 B_5 主要是由六个三级指标构成，分别是：用户满意度 C_{51}（张宇嘉等，2021；陈祥丽，2021；王志宏等，2023；赵宇晴等，2020）、订单完成率 C_{52}（王连月，2014；徐琪等，2022）、客户忠诚度 C_{53}（熊伟等，2014；薛艳等，2023；仇立，2017）、服务及时响应时间 C_{54}（Modak et al.，2019；邱若臻等，2021；金艳，2021）、协同合作能力 C_{55}（曹永辉，2013；卢安文等，2015）以及客户渠道管理能力 C_{56}（Modak et al.，2019；邱若臻等，2021；刘向东等，2023）。随着客户在集群网络中的作用日趋重要，客户服务协同成为制造集群网络中协同体系的重点，有效提高协作企业的服务能力是每个协同单位应当考虑的关键问题（张英华，2016）。订单完成率、用户满意度、客户忠诚度和服务及时响应时间是服务质量评定的重要参考（张杨等，2021）。对客户渠道的控制能力能够体现出企业满足市场上不同需求的消费者的能力，对销售渠道的控制不仅满足了更多消费者的需求，更为企业开拓了电子商务市场，并提高了利润（Chen et al.，2017；Huang et al.，2009）。

数字化协同能力 B_6 是在数字经济蓬勃发展的当今对供应链企业提出的新要求，在本指标层中从数字化素质 C_{61}（Gunasekaran et al.，2017；Khan et al.，2021；陈新明，2022）、数字化设施建设 C_{62}（王春英等，2023；王玉柱，

2018；Wang et al.，2016)、研发平台数字化 C_{63}（姜黎辉，2016；郭润萍等，2021；邵婧婷，2019；吴群等，2023）、管理过程数字化 C_{64}（刘淑春等，2021；朱仁宏等，2023；陈剑等，2020；谢小云等，2021）、生产过程数字化 C_{65}（李晓华，2022；谢康等，2021；邹家阳，2023；李君等，2023）和数字化投入力度 C_{66}（姚雨婷，2021；刘丽娜等，2022；李安等，2023；张峰等，2023）六个维度进行评价。数字化素质是指员工和管理层的数字化倾向和对数字化的重视程度，良好的数字化素质能够帮助企业更好地适应数字化技术和数字化时代，提高企业的数字化竞争力（Khan et al.，2021）。数字化设施建设、研发平台数字化、管理过程数字化、生产过程数字化和数字化投入力度则是对企业在数字化能力方面的全面评价：较好的数字化设施建设能够提高能源利用效率，降低企业生产成本（陈怡安等，2023）；研发平台数字化能够提高企业的创新能力，提高研发效率（郭润萍等，2021）；管理过程数字化和生产过程数字化则能够帮助企业对管理问题和市场问题快速做出反应和决断，提高企业的决策效率和产出效率，赢得市场先机（刘淑春等，2021）；数字化投入力度则能够帮助企业提高投资效率，降低不必要的管理费用（刘丽娜等，2022），提高企业的创新数量和质量（姜安印等，2023）。基于此，本研究构建了集群网络协同绩效评价指标体系，如图7-8和表7-1所示。

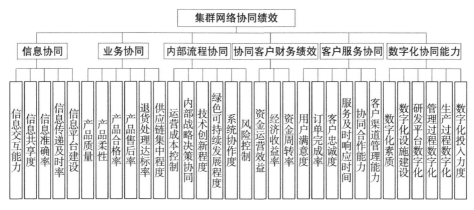

图7-8　集群网络协同绩效评价指标体系

表 7-1　集群网络协同绩效评价指标体系

一级指标	二级指标	三级指标
集群网络协同绩效 A	信息协同 B_1	信息交互能力 C_{11}
		信息共享度 C_{12}
		信息准确率 C_{13}
		信息传递及时率 C_{14}
		信息平台建设 C_{15}
	业务协同 B_2	产品质量 C_{21}
		产品柔性 C_{22}
		产品合格率 C_{23}
		产品售后率 C_{24}
		退货处理达标率 C_{25}
		供应链集中程度 C_{26}
	内部流程协同 B_3	运营成本控制 C_{31}
		内部战略决策协同 C_{32}
		技术创新程度 C_{33}
		绿色可持续发展程度 C_{34}
		系统协作度 C_{35}
		风险控制 C_{36}
	协同客户财务绩效 B_4	资金运营效益 C_{41}
		经济收益率 C_{42}
		资金周转率 C_{43}
	客户服务协同 B_5	用户满意度 C_{51}
		订单完成率 C_{52}
		客户忠诚度 C_{53}
		服务及时响应时间 C_{54}
		协同合作能力 C_{55}
		客户渠道管理能力 C_{56}
	数字化协同能力 B_6	数字化素质 C_{61}
		数字化设施建设 C_{62}
		研发平台数字化 C_{63}
		管理过程数字化 C_{64}
		生产过程数字化 C_{65}
		数字化投入力度 C_{66}

7.5.2　三种单一分析法与组合模糊 Borda 法的基本原理

目前，对于集群网络协同绩效有许多评价方法，但存在方法单一、不确定性和局限性较大的缺点。由于单一评价模型自身的缺点，其评价结果必然有一定的片面性和局限性。为此，本研究基于单一评价模型结论，采用模糊 Borda 组合评价模型对多项目优先级进行评价，进而克服单一评价模型自身的缺点及不同评价模型导致评价结果差异大的缺陷。相对于单一评价模型而言，组合评价模型不仅能够充分利用研究对象的各种信息进行全方位评价，而且能通过事前事后一致性检验判断评价结果的精度，使评价结果更具客观性、科学性、准确性和全面性。

1. 因子分析法

因子分析法是一种以压缩变量维度为主要手段的多元分析方法，它能够利用极少数的通用因子，来反映原始观测变量所表达的信息。它是基于相关关系而进行的数据分析技术，是一种建立在众多观测数据的基础上进行降维处理的方法。它通过寻找共同因子，将具有相似本质的变量归类到同一因子中，以减少变量数量和测试变量间关系的假设。在因子分析中，当一组因子均超过 1 或达到一定比例的累积贡献时，这些因子能够充分反映大部分观测数据的信息，并且这些因子之间的关联度相对较低。因此，解读因子分析结果有助于确定每个因子与原始变量之间的关系以及它们在数据中的作用。通过应用因子分析法，本研究旨在更深入地研究复杂数据集中的潜在模式和结构。

2. 灰色关联法

灰色关联法是一种用于分析多个变量之间关联度的统计技术。它通常用于研究多个因素之间的关系，特别是在多因素决策和预测中。它的核心思想是通过比较不同因素之间的关联程度，找出它们之间的联系和影响，以揭示变量之间的内在关系。灰色关联分析是以灰微分方程为基础，对在一定幅度范围内、一定时间内变化的随机过程，通过某种生成变化，弱化其随机性，强化其规律性。一般原始数据经过有限次累加即可达到光滑条件，这也是符合建模的唯一条件。而且，灰色关联分析是根据系统内部各主体之间发展态势的相似程度或相异程度来衡量主体之间的关联度，即将连续的概念用离散的数据取代，将无限的空间问题用有限的数列问题取代，通过这种分析确定影响该系统研究对象的重要程度。

在确定所要分析的对象和采用的主要指标之后，灰色关联法的主要步骤如下。

第一步，决定一个基准序列和一个比较序列。X_{ki} 代表了第 i 个企业中的 k 个指标，因此，$X = (X_{1i}, X_{2i}, \cdots, X_{mi})$ 是被评估的第 i 个企业的全部指标。取第 k 项指标的最优数值 $X_{k0} = \text{Optimum}(X_{ki})$，作为基准序列 $\boldsymbol{X}_0$ 的第 k 个成分。$\boldsymbol{X}_0$ 是一个矢量，它表示了一个理想的企业，有 $\boldsymbol{X}_0 = (X_{10}, X_{20}, \cdots, X_{m0})$。

第二步，对各个指标之间的关联进行计算。在此基础上，将理想企业的序列值看作空间上的一个参考点，以各个企业的指标为比较点。参考点和比较点的间距即为各企业的相关系数。其公式为

$$\varepsilon_{ij} = \frac{\min_k \min_i |X_{k0} - X_{ki}| + \xi \max_k \max_i |X_{k0} - X_{ki}|}{|X_{k0} - X_{ki}| + \xi \max_k \max_i |X_{k0} - X_{ki}|} \tag{7-4}$$

其中，ξ 为分辨系数，$\xi \in [0, 1]$，通常取 $\xi = 0.5$。

由式（7-4）得出关联系数矩阵：

$$\boldsymbol{E} = (\varepsilon_{ij})_{m \times n} = \begin{bmatrix} \varepsilon_{11} & \cdots & \varepsilon_{1n} \\ \vdots & & \vdots \\ \varepsilon_{m1} & \cdots & \varepsilon_{mn} \end{bmatrix} \tag{7-5}$$

第三步，计算被评价企业与理想企业的关联度。通过综合多个关联系数来比较被评价企业与理想企业的关联程度，即

$$\gamma = \frac{1}{n} \sum_{j=1}^{n} \varepsilon_{ij} \tag{7-6}$$

第四步，根据关联度排序。以被评价企业和理想企业之间的关联度 $\gamma_i(i = 1, 2, \cdots, n)$ 的大小进行排序，即为各企业竞争力的排序。

3. 熵权 TOPSIS 法

TOPSIS 法是一种通过对有限的评估对象与理想目标之间的关系进行比较，并将其分类，从而实现对已有对象评估的方法。

从信息论的角度来看，信息是衡量系统秩序的标准。在多个目标中，某一目标的指标信息差异越小，表示该指标所能提供的信息越多，其在综合评估中的作用就越大，权重也越高。

TOPSIS 法的计算过程如下。

对原始矩阵 $X = (X_{ij})_{m \times n}$ 进行标准化：

$$Y_{ij} = \begin{cases} \dfrac{x_{ij} - \min(x_{ij})}{\max(x_{ij}) - \min(x_{ij})}, & x_{ij} > 0 \\[3mm] \dfrac{\max(x_{ij}) - x_{ij}}{\max(x_{ij}) - \min(x_{ij})}, & x_{ij} < 0 \end{cases} \tag{7-7}$$

计算第 j 项指标在第 i 年的数值占该指标比重（P_{ij}）：

$$P_{ij} = \frac{Y_{ij}}{\sum\limits_{i=1}^{m} Y_{ij}} \tag{7-8}$$

计算第 j 项指标熵值（E_j），当 $P_{ij} = 0$ 时，$P_{ij}\ln P_{ij} = 0$：

$$E_j = -\frac{1}{\ln m} \sum_{i=1}^{m} P_{ij}\ln P_{ij} \quad (j = 1, 2, \cdots, n) \tag{7-9}$$

计算第 j 项指标的差异系数 G_j：

$$G_j = 1 - E_j \tag{7-10}$$

计算第 j 项指标的权重 W_j：

$$W_j = \frac{G_j}{\sum\limits_{j=1}^{n} G_j} \quad (j = 1, 2, \cdots, n) \tag{7-11}$$

然后进行 TOPSIS 计算。

由标准化矩阵和各指标权重可得加权标准化矩阵：

$$\mathbf{Z}_{ij} = W_j \times Y_{ij} \tag{7-12}$$

计算正、负理想解：

$$I_j^+ = \max(z_{1j}, z_{2j}, \cdots, z_{mj}) \ , \ I_j^- = \min(z_{1j}, z_{2j}, \cdots, z_{mj}) \tag{7-13}$$

计算各指标与正、负理想解的欧氏距离：

$$D^+ = \sqrt{\sum_{j=1}^{n} (i_j^+ - z_{ij})^2} \ , \ D^- = \sqrt{\sum_{j=1}^{n} (i_j^- - z_{ij})^2} \tag{7-14}$$

最终计算综合评价值：

$$C^+ = \frac{D^-}{D^+ + D^-} \tag{7-15}$$

4. 模糊 Borda 法

在组合评价之前，用 Kendall 一致性系数检验来判断三种评价方法是否具有一致性。假设 a 个企业在 b 种评价方法下具有不一致性，计算检验统计量。

$$\chi^2 = b(a-1)T \tag{7-16}$$

其中：

$$T = \frac{12 \sum\limits_{i=1}^{a} R_i^2}{b^2 a(a^2 - 1)} - \frac{3(a+1)}{a-1} \tag{7-17}$$

$$R_i = \sum_{j=1}^{b} r_{ij} \tag{7-18}$$

r_{ij} 表示第 i 个企业在第 j 种评价方法下的排序值，$1 \leq r_{ij} \leq a (i = 1,2,\cdots,$ $a; j = 1,2,\cdots,b)$。χ^2 服从自由度为 $a - 1$ 的卡方分布。把得出的 T 统计量与临界值进行比较，得出一致性检验结果。

用模糊 Borda 法将三种评价结果进行组合，计算出最后的组合得分，原理如下。

首先，计算各个方法的得分差异隶属度：

$$u_{ij} = \frac{s_{ij} - \min\{s_{ij}\}}{\max\{s_{ij}\} - \min\{s_{ij}\}} \times 0.9 + 0.1 \tag{7-19}$$

其中，s_{ij} 是第 i 个企业在第 j 个方法下的得分；u_{ij} 是第 i 个企业在第 j 个方法下的属于优的隶属度，取值位于 [0，1] 之间，越接近 1 表示越好。

然后，计算模糊频率。令 f_{hi} 为第 i 个企业在第 h 位的模糊频数：

$$f_{hi} = \sum_{j=1}^{3} \delta_{hi}^{j} u_{ij} \tag{7-20}$$

其中，如果第 i 个企业在第 j 种方法下的排名为第 h 位，则 δ_{hi}^{j} 的取值为 1，否则为 0。

所以，反映得分差异模糊频率为

$$w_{hi} = \frac{f_{hi}}{\sum_{i=1}^{10} f_{hi}} \tag{7-21}$$

再次，把排名转化为位次得分，为拉开得分差距，定义得分为

$$Q_{hi}^{j} = \frac{1}{2}(a - h)(a - h + 1) \tag{7-22}$$

最后，根据模糊 Borda 法排序，FB_i 的大小即为各个企业的最终排名。其中第 i 个企业的模糊 Borda 定义为

$$FB_i = \sum_{j=1}^{3} W_{hi} Q_{hi}^{j} \tag{7-23}$$

7.6 协同客户选择的算例分析

珠三角地区的城市具有比较完备的制造集群供应链生产体系，因此在该地区会形成典型的集群网络。本节选取该地区 10 家制造业供应链企业进行算例分析，以验证上述指标体系的有效性。本研究邀请了对应企业的高管专家对评价指标体系中的各个指标进行合理性打分。由于是一对一的方式，本研究保证了 100% 的问卷回收率，提高了专家填写问卷的积极性和有效性。秉着科学性、客观性、完整性和目标性的原则，本次调查问卷采用了通用的李克特量表形式。问卷要求每位专家对每个指标的合理性进行 7 级评分，分数从 1 到 7 依次增加。最后将发放的问卷进行回收，并对数据进行分析，得到相应结果。

7.6.1 因子分析法

本小节主要通过 SPSS26.0 软件对 10 个企业的指标数据进行分析，利用降维思想用少量因子代表较多的变量，对计算出的因子得分进行加权汇总以评价企业绩效的优劣。首先分别对信息协同、业务协同、内部流程协同、协同客户财务绩效、客户服务协同、数字化协同能力这六个二级指标进行因子分析，并在此基础上利用各二级指标得分值对企业绩效优劣再次进行综合因子分析，在计算出总分后进行综合绩效排名。

本章因子分析先使用主成分分析法提取主因子，再通过最大方差法对因子载荷矩阵进行旋转以更好地解释新生成的公因子，最后使用回归法计算因子得分并保存为变量。

1. 信息协同

本部分对信息交互能力、信息共享度、信息准确率、信息传递及时率、信息平台建设五个三级指标进行因子分析。选择默认特征值>1 抽取因子时，发现只能提取一个主因子，其累积方差贡献率为 57.821%，方差解释率相对较低。因此，选取因子固定数为 3 后再对主因子进行提取，此时，各指标公因子方差提取率较高（见表 7-2），同时累积方差贡献率为 88.957%（见表 7-3），因其方差解释率更好，包含了原来五个三级指标的大部分信息，故可对其做进一步分析。

表 7-2 公因子方差

信息协同	初始值	提取值
信息交互能力	1.000	0.816
信息共享度	1.000	0.929
信息准确率	1.000	0.881
信息传递及时率	1.000	0.874
信息平台建设	1.000	0.948

表 7-3 信息协同指标的总方差解释

成分	初始特征值			提取载荷平方和			旋转载荷平方和		
	总计	方差/%	累积/%	总计	方差/%	累积/%	总计	方差/%	累积/%
1	2.891	57.821	57.821	2.891	57.821	57.821	1.736	34.726	34.726
2	0.964	19.288	77.109	0.964	19.288	77.109	1.458	29.161	63.887
3	0.592	11.848	88.957	0.592	11.848	88.957	1.253	25.070	88.957
4	0.369	7.383	96.340						
5	0.183	3.660	100						

注：表中数据均进行了四舍五入处理，全部成分的累积方差贡献率保留至个位，后同。

从旋转成分矩阵（见表 7-4）可以发现，第一主因子中有较大载荷的指标是信息传递及时率、信息准确率，将该主因子记为 FAC_{1-1}；第二主因子中有较大载荷的指标是信息平台建设、信息交互能力，将该因子记为 FAC_{1-2}；第三主因子中有较大载荷的指标是信息共享度，将该因子记为 FAC_{1-3}。

表7-4 信息协同指标旋转后的成分矩阵

信息协同	成分		
	1	2	3
信息交互能力	0.454	0.651	0.431
信息共享度	0.052	0.136	0.953
信息准确率	0.823	0.251	0.375
信息传递及时率	0.891	0.262	-0.112
信息平台建设	0.238	0.941	0.082

利用各因子方差贡献率作为权重进行加权，构造10个企业信息协同指标

的评价模型：$F_1 = \dfrac{0.578 \times FAC_{1\text{-}1} + 0.193 \times FAC_{1\text{-}2} + 0.118 \times FAC_{1\text{-}3}}{0.890}$，可计算

出各企业信息协同指标得分，并按照分数进行排序（见表7-5）。

表7-5 10个企业信息协同指标评价结果

企业	$FAC_{1\text{-}1}$	$FAC_{1\text{-}2}$	$FAC_{1\text{-}3}$	F_1	排名
东莞A公司	0.54549	0.00960	-1.52128	0.15	6
深圳A公司	1.33101	0.25723	-0.18581	0.90	1
中山A公司	-0.02666	0.94266	0.39932	0.24	5
中山B公司	1.15127	0.02375	1.11108	0.90	1
中山C公司	0.28306	0.45926	0.79926	0.39	3
东莞B公司	-0.81714	-2.39513	-0.20716	-1.08	10
广东某公司	-1.63848	1.17150	-1.11743	-0.96	9
惠州A公司	-0.95001	0.50251	0.49129	-0.44	8
深圳B公司	0.85521	-0.47380	-1.12134	0.30	4
深圳C公司	-0.73375	-0.49757	1.35207	-0.41	7

表7-5中各企业F_1值有正有负，正值表示该企业的信息协同能力高于全部企业的平均水平，负值表示该企业的信息协同能力低于全部企业的平均水平。由表7-5可知，在10个企业中，深圳A公司和中山B公司的信息协同能力最高，东莞B公司的信息协同能力最差。

2. 业务协同

本部分对产品质量、产品柔性、产品合格率、产品售后率、退货处理达标率、供应链集中程度进行因子分析，得出业务协同指标因子分析的特征值、方差贡献率、累积方差贡献率。由表 7-6 可知本部分提取了三个因子，其累积方差贡献率为 87.724%，表示它们反映了总体 87.724% 的信息。

表 7-6　业务协同指标的总方差解释

成分	初始特征值			提取载荷平方和			旋转载荷平方和		
	总计	方差/%	累积/%	总计	方差/%	累积/%	总计	方差/%	累积/%
1	2.928	48.802	48.802	2.928	48.802	48.802	2.166	36.093	36.093
2	1.645	27.416	76.218	1.645	27.416	76.218	1.732	28.868	64.961
3	0.690	11.506	87.724	0.690	11.506	87.724	1.366	22.763	87.724
4	0.418	6.972	94.696						
5	0.261	4.350	99.046						
6	0.057	0.954	100						

从旋转成分矩阵（见表 7-7）可以看出，第一主因子中有较大载荷的指标是产品质量、产品合格率、产品柔性，将该主因子记为 FAC_{2-1}；第二主因子中有较大载荷的指标是供应链集中程度、产品售后率，将该因子记为 FAC_{2-2}；第三主因子中有较大载荷的指标是退货处理达标率，将该因子记为 FAC_{2-3}。

表 7-7　业务协同指标的旋转后的成分矩阵

业务协同	成分		
	1	2	3
产品质量	0.963	−0.122	0.041
产品柔性	0.687	0.188	0.562
产品合格率	0.839	−0.118	0.403
产品售后率	−0.080	0.887	−0.044
退货处理达标率	0.234	−0.198	0.934
供应链集中程度	−0.024	0.917	−0.106

利用主因子方差贡献率作为权重进行加权，构成 10 个企业业务协同指标评价模型：$F_2 = \dfrac{0.488 \times FAC_{2-1} + 0.274 \times FAC_{2-2} + 0.115 \times FAC_{2-3}}{0.877}$，可计算出各企业业务协同指标得分，进而得出各企业的排名（见表 7-8）。

表 7-8 10 个企业业务协同指标评价结果

企业	FAC_{2-1}	FAC_{2-2}	FAC_{2-3}	F_2	排名
东莞 A 公司	0.17844	−0.11059	0.51906	0.14	5
深圳 A 公司	−1.02559	0.64709	−2.42930	−0.75	10
中山 A 公司	0.21313	0.27182	0.51379	0.25	3
中山 B 公司	1.32666	0.93941	0.14899	0.96	1
中山 C 公司	1.29196	0.55700	0.15426	0.86	2
东莞 B 公司	−0.17398	−2.26219	−0.01872	−0.60	8
广东某公司	−1.97395	0.90650	1.20318	−0.74	9
惠州 A 公司	0.63060	−0.08892	−0.81745	0.22	4
深圳 B 公司	−0.29740	0.27184	0.62696	−0.02	6
深圳 C 公司	−0.16986	−1.13197	0.09922	−0.33	7

由表 7-8 可知，中山 B 公司的业务协同能力最强，而深圳 A 公司的业务协同能力最弱。

3. 内部流程协同

本部分对企业的运营成本控制、内部战略决策协同、技术创新程度、绿色可持续发展程度、系统协作度、风险控制六个三级指标进行因子分析，首先选择默认特征值>1 抽取因子，发现只能提取一个主因子，累积方差贡献率为 74.086%，方差解释率相对较低。因此，选取因子固定数为 2 后再提取主因子，此时，各指标公因子方差提取率较高，且累积方差贡献达到了 85% 以上，得出企业内部流程协同指标的特征值、累积方差贡献率等，见表 7-9。由表 7-9 可知，提取了两个主因子，其累积方差贡献率为 87.342%，表示它们反映了总体 87.342% 的信息。

表 7-9　内部流程协同指标的总方差解释

成分	初始特征值			提取载荷平方和			旋转载荷平方和		
	总计	方差/%	累积/%	总计	方差/%	累积/%	总计	方差/%	累积/%
1	4.445	74.086	74.086	4.445	74.086	74.086	2.995	49.911	49.911
2	0.795	13.256	87.342	0.795	13.256	87.342	2.246	37.431	87.342
3	0.339	5.653	92.995						
4	0.282	4.699	97.694						
5	0.103	1.710	99.404						
6	0.036	0.597	100						

从表 7-10 可以看出，第一主因子中有较大载荷的是运营成本控制、内部战略决策协同、系统协作度、风险控制，记为 FAC_{3-1}；第二主因子中有较大载荷的是绿色可持续发展程度、技术创新程度，记为 FAC_{3-2}。

表 7-10　内部流程协同指标旋转后的成分矩阵

内部流程协同	成分	
	1	2
运营成本控制	0.930	0.278
内部战略决策协同	0.854	0.238
技术创新程度	0.306	0.910
绿色可持续发展程度	0.349	0.913
系统协作度	0.776	0.434
风险控制	0.763	0.511

利用主因子方差贡献率作为权重进行加权，构成 10 个企业内部流程协同指标评价模型：$F_3 = \dfrac{0.741 \times FAC_{3-1} + 0.133 \times FAC_{3-2}}{0.873}$，可计算出各企业内部流程协同指标得分，进而得出各企业的排名（见表 7-11）。

表 7-11　10 个企业内部流程协同指标评价结果

企业	FAC_{3-1}	FAC_{3-2}	F_3	排名
东莞 A 公司	0.49791	0.17396	0.45	5
深圳 A 公司	0.49791	0.17396	0.45	5
中山 A 公司	0.05554	1.23925	0.23	7
中山 B 公司	0.97990	−0.08809	0.82	1
中山 C 公司	0.49511	0.35731	0.47	3
东莞 B 公司	−0.43457	−2.48351	−0.74	8
广东某公司	0.89795	−0.56282	0.68	2
惠州 A 公司	−1.96341	−0.01789	−1.67	10
深圳 B 公司	0.46635	0.43963	0.46	4
深圳 C 公司	−1.49269	0.76819	−1.15	9

由表 7-11 可知，中山 B 公司内部流程协同能力最强，惠州 A 公司内部流程协同能力最弱。

4. 协同客户财务绩效

本部分对企业的资金运营效益、经济收益率、资金周转率三个三级指标进行因子分析，得出协同客户财务绩效总方差解释表。由表 7-12 可知，一共提取了两个主因子，累计方差贡献率高达 85.777%，能解释总体信息的 85.777%。

表 7-12　协同客户财务绩效指标的总方差解释

成分	初始特征值			提取载荷平方和			旋转载荷平方和		
	总计	方差/%	累积/%	总计	方差/%	累积/%	总计	方差/%	累积/%
1	1.920	64.001	64.001	1.920	64.001	64.001	1.334	44.454	44.454
2	0.653	21.776	85.777	0.653	21.776	85.777	1.240	41.323	85.777
3	0.427	14.223	100						

由表 7-13 可知，第一主因子存在较大载荷的是经济收益率、资金周转率，记为 FAC_{4-1}；第二主因子中存在较大载荷的是资金运营效益，记为 FAC_{4-2}。

表 7-13　协同客户财务绩效指标旋转后的成分矩阵

协同客户财务绩效	成分	
	1	2
资金运营效益	0.157	0.952
经济收益率	0.943	0.124
资金周转率	0.647	0.564

利用主因子方差贡献率作为权重进行加权，构成协同客户财务绩效指标评价模型：$F_4 = \dfrac{0.640 \times FAC_{4-1} + 0.218 \times FAC_{4-2}}{0.858}$，可计算出各企业协同客户财务绩效指标得分，进而得出各企业的排名（见表 7-14）。

表 7-14　10 个企业协同客户财务绩效指标评价结果

企业	FAC_{4-1}	FAC_{4-2}	F_4	排名
东莞 A 公司	−0.84376	0.81999	−0.37	5
深圳 A 公司	−0.84376	0.81999	−0.37	5
中山 A 公司	0.52616	0.64449	0.60	3
中山 B 公司	1.58270	0.22776	1.26	1
中山 C 公司	1.58270	0.22776	1.26	1
东莞 B 公司	−0.41396	−0.07919	−0.33	7
广东某公司	−1.15713	0.57877	−0.68	9
惠州 A 公司	0.54649	−0.55681	0.23	4
深圳 B 公司	−0.51005	−0.14008	−0.43	8
深圳 C 公司	−0.46938	−2.54268	−1.17	10

由表 7-14 可知，中山 B 公司和中山 C 公司的协同客户财务绩效能力最强，而深圳 C 公司的协同客户财务绩效能力最弱。

5. 客户服务协同

本部分对企业的用户满意度、订单完成率、客户忠诚度、服务及时响应时间、协同合作能力、客户渠道管理能力六个三级指标进行因子分析，得出客户服务协同总方差解释表。由表 7-15 可知，一共提取了三个主因子，累积方差贡献率高达 93.071%，能解释总体信息的 93.071%。

表 7-15　客户服务协同指标的总方差解释

成分	初始特征值			提取载荷平方和			旋转载荷平方和		
	总计	方差/%	累积/%	总计	方差/%	累积/%	总计	方差/%	累积/%
1	3.486	58.104	58.104	3.486	58.104	58.104	2.454	40.905	40.905
2	1.453	24.210	82.314	1.453	24.210	82.314	1.618	26.966	67.871
3	0.645	10.757	93.071	0.645	10.757	93.071	1.512	25.199	93.071
4	0.359	5.984	99.055						
5	0.047	0.786	99.841						
6	0.010	0.160	100						

由表 7-16 可知，第一主因子中存在较大载荷的是协同合作能力、服务及时响应时间、客户忠诚度，记为 FAC_{5-1}；第二主因子中存在较大载荷的是订单完成率、客户渠道管理能力，记为 FAC_{5-2}；第三主因子中存在较大载荷的是用户满意度，记为 FAC_{5-3}。

表 7-16　客户服务协同指标旋转后的成分矩阵

客户服务协同	成分		
	1	2	3
用户满意度	0.351	0.124	0.914
订单完成率	−0.224	0.908	0.266
客户忠诚度	0.711	0.212	0.661
服务及时响应时间	0.834	0.163	0.289
协同合作能力	0.932	−0.111	0.288
客户渠道管理能力	0.460	0.833	−0.047

利用主因子方差贡献率作为权重进行加权，构成客户服务协同指标评价

模型：$F_5 = \dfrac{0.581 \times FAC_{5-1} + 0.242 \times FAC_{5-2} + 0.108 \times FAC_{5-3}}{0.931}$，可计算出各企业客户服务协同指标得分，进而得出各企业的排名（见表 7-17）。

表 7-17　10 个企业客户服务协同指标评价结果

企业	FAC_{5-1}	FAC_{5-2}	FAC_{5-3}	F_5	排名
东莞 A 公司	0.58192	0.33272	-1.74059	0.25	5
深圳 A 公司	-1.34112	-0.06663	-0.50862	-0.91	9
中山 A 公司	0.41467	0.16987	1.29929	0.45	3
中山 B 公司	0.41467	0.16987	1.29929	0.45	3
中山 C 公司	0.64934	0.57767	0.96070	0.67	2
东莞 B 公司	-2.21554	0.16122	0.20026	-1.32	10
广东某公司	0.04309	0.82720	-0.76638	0.15	6
惠州 A 公司	0.00745	-0.25062	0.32524	-0.02	7
深圳 B 公司	0.98914	0.75321	-0.76655	0.73	1
深圳 C 公司	0.45637	-2.67452	-0.30263	-0.45	8

由表 7-17 可知，深圳 B 公司的客户服务协同能力最强，东莞 B 公司的客户服务协同能力最弱。

6. 数字化协同能力

本部分对企业的数字化素质、数字化设施建设、研发平台数字化、管理过程数字化、生产过程数字化、数字化投入力度六个三级指标进行因子分析，得出数字化协同能力总方差解释表。由表 7-18 可知，累积方差贡献率高达 91.686%，能解释总体信息的 91.686%。

表 7-18　数字化协同能力指标的总方差解释

成分	初始特征值			提取载荷平方和			旋转载荷平方和		
	总计	方差/%	累积/%	总计	方差/%	累积/%	总计	方差/%	累积/%
1	5.067	84.450	84.450	5.067	84.450	84.450	2.866	47.769	47.769
2	0.434	7.236	91.686	0.434	7.236	91.686	2.635	43.917	91.686
3	0.278	4.636	96.322						
4	0.132	2.200	98.522						
5	0.063	1.045	99.567						
6	0.026	0.433	100						

由表 7-19 可知，第一主因子中存在较大载荷的是生产过程数字化、数字

化素质、管理过程数字化、数字化投入力度，记为 FAC_{6-1}；第二主因子中存在较大载荷的是研发平台数字化、数字化设施建设，记为 FAC_{6-2}。

表 7-19　数字化协同能力指标旋转后的成分矩阵

数字化协同能力	成分	
	1	2
数字化素质	0.865	0.376
数字化设施建设	0.458	0.847
研发平台数字化	0.369	0.879
管理过程数字化	0.712	0.619
生产过程数字化	0.875	0.412
数字化投入力度	0.706	0.671

利用主因子方差贡献率作为权重进行加权，构成数字化协同能力指标评价模型：$F_6 = \dfrac{0.845 \times FAC_{6-1} + 0.072 \times FAC_{6-2}}{0.917}$，可计算出各企业的数字化协同能力指标得分，进而得出各企业的排名（见表 7-20）。

表 7-20　10 个企业数字化协同能力指标评价结果

企业	FAC_{6-1}	FAC_{6-2}	F_6	排名
东莞 A 公司	0.54549	0.00960	0.15	6
深圳 A 公司	1.33101	0.25723	0.90	1
中山 A 公司	-0.02666	0.94266	0.24	5
中山 B 公司	1.15127	0.02375	0.90	1
中山 C 公司	0.28306	0.45926	0.39	3
东莞 B 公司	-0.81714	-2.39513	-1.08	10
广东某公司	-1.63848	1.17150	-0.96	9
惠州 A 公司	-0.95001	0.50251	-0.44	8
深圳 B 公司	0.85521	-0.47380	0.30	4
深圳 C 公司	-0.73375	-0.49757	-0.41	7

由表 7-20 可知，深圳 A 公司和中山 B 公司的数字化协同能力最强，东莞 B 公司的数字化协同能力最弱。

7. 企业集群网络协同绩效综合评价

在计算出六个二级指标得分的前提下，利用二级指标得分进行因子分析，来评价企业集群网络协同绩效。

与上述分析过程相同，本研究通过因子分析得出集群网络协同绩效总方差解释表（见表7-21）。共提取三个因子，累积方差解释率为91.463%，表示它们反映了总体91.463%的信息。

表7-21　集群网络协同绩效综合评价的总方差解释

成分	初始特征值			提取载荷平方和			旋转载荷平方和		
	总计	方差/%	累积/%	总计	方差/%	累积/%	总计	方差/%	累积/%
1	3.683	61.382	61.382	3.683	61.382	61.382	2.002	33.364	33.364
2	1.078	17.966	79.348	79.348	17.966	79.348	1.855	30.912	64.276
3	0.727	12.115	91.463	0.727	12.115	91.463	1.631	27.187	91.463
4	0.396	6.592	98.055						
5	0.063	1.053	99.108						
6	0.054	0.892	100						

从表7-22中看出，第一主因子中存在较大载荷的是协同客户财务绩效、业务协同，记为FAC_{7-1}；第二主因子中存在较大载荷的是客户服务协同、数字化协同能力，记为FAC_{7-2}；第三主因子中存在较大载荷的是内部流程协同、信息协同，记为FAC_{7-3}。

表7-22　集群网络协同绩效综合评价指标旋转后的成分矩阵

集群网络协同绩效	成分		
	1	2	3
信息协同	0.471	0.106	0.780
业务协同	0.884	0.425	0.062
内部流程协同	-0.013	0.361	0.848
协同客户财务绩效	0.917	0.138	0.223
客户服务协同	0.355	0.908	0.159
数字化协同能力	0.179	0.830	0.474

用主因子的方差贡献率作为权重进行加权，构造综合评价模型：$F_7 = \dfrac{0.614 \times FAC_{7-1} + 0.180 \times FAC_{7-2} + 0.121 \times FAC_{7-3}}{0.915}$，可得出各企业的集群网络协同绩效指标得分，并进行排序（见表7-23）。

表7-23 10个企业集群网络协同绩效综合评价指标评价结果

企业	FAC_{7-1}	FAC_{7-2}	FAC_{7-3}	F_7	排名
东莞A公司	−0.43976	0.77896	0.36658	−0.09	5
深圳A公司	−0.58813	−1.54638	1.75623	−0.47	7
中山A公司	0.44726	0.51662	0.16776	0.42	3
中山B公司	1.51404	0.02940	0.91182	1.14	1
中山C公司	1.35938	0.52729	0.16375	1.04	2
东莞B公司	−0.20343	−1.94363	−0.90616	−0.64	8
广东某公司	−1.60130	0.91536	−0.10923	−0.91	10
惠州A公司	0.80480	−0.10077	−1.74059	0.29	4
深圳B公司	−0.52106	0.90735	0.34533	−0.13	6
深圳C公司	−0.77180	−0.08420	−0.95548	−0.66	9

由表7-23可知，利用因子分析法的最终排名依次为中山B公司、中山C公司、中山A公司、惠州A公司、东莞A公司、深圳B公司、深圳A公司、东莞B公司、深圳C公司、广东某公司。

7.6.2 灰色关联法

根据灰色关联法的原理可知，要先构建出一个被称为母序列的理想企业模型，才能对各企业进行比较评价。因数据以专家评价打分的形式获得，故不需要标准化处理，且各项指标均为正向化指标，所以把理想企业的各项指标值均设置为7。然后通过理想企业与各个企业指标值的数学比较，计算出各个企业与理想企业的关联系数，关联系数越大，表明越接近理想企业，企业就更具优势，最终得出各企业的排名。

利用MATLAB 2021B进行灰色关联分析，计算各企业与理想企业的邓氏关联系数，分辨系数一般取0.5。关联度结果见表7-24。

表 7-24　关联度结果

评价项	关联度	排名
东莞 A 公司	0.759	5
深圳 A 公司	0.771	4
中山 A 公司	0.884	3
中山 B 公司	0.920	1
中山 C 公司	0.911	2
东莞 B 公司	0.553	10
广东某公司	0.711	7
惠州 A 公司	0.655	9
深圳 B 公司	0.757	6
深圳 C 公司	0.668	8

由表 7-24 可知，中山 B 公司与理想企业最接近，东莞 B 公司与理想企业关联度最差。

7.6.3　熵权 TOPSIS 法

根据熵权 TOPSIS 法的原理可知，要想知道企业的综合得分，就要知道企业各指标的最优、最劣解之间的距离，并且要知道各指标的权重。运用 Stata16 进行熵权 TOPSIS 分析，计算结果见表 7-25。

表 7-25　TOPSIS 法的计算结果

索引值	正理想解距离（D^+）	负理想解距离（D^-）	综合得分指数	排名
东莞 A 公司	0.54850365	0.69704706	0.55962961	5
深圳 A 公司	0.60102533	0.71803046	0.54435185	6
中山 A 公司	0.26379924	0.86797767	0.76691586	3
中山 B 公司	0.10710091	0.96331982	0.89994503	1
中山 C 公司	0.16794133	0.93971931	0.84838197	2
东莞 B 公司	0.85381137	0.34816784	0.28966212	10
广东某公司	0.65905376	0.59597829	0.47487097	7
惠州 A 公司	0.60530775	0.53954581	0.47127932	8

续表

索引值	正理想解距离（D^+）	负理想解距离（D^-）	综合得分指数	排名
深圳 B 公司	0.54336514	0.70646874	0.56525011	4
深圳 C 公司	0.69888006	0.54075405	0.43622069	9

利用熵权 TOPSIS 法对各个指标进行权重分析，见表 7-26。

表 7-26 各指标权重

指标项	信息熵值 e	信息效用值 d	权重/%
经济收益率	0.673	0.327	10.354
信息传递及时率	0.778	0.222	7.024
信息共享度	0.809	0.191	6.063
内部战略决策协同	0.823	0.177	5.624
系统协作度	0.828	0.172	5.439
用户满意度	0.850	0.150	4.763
客户忠诚度	0.861	0.139	4.421
信息准确率	0.880	0.120	3.814
研发平台数字化	0.880	0.120	3.803
资金周转率	0.883	0.117	3.710
风险控制	0.888	0.112	3.545
协同合作能力	0.895	0.105	3.314
客户渠道管理能力	0.928	0.072	2.274
供应链集中程度	0.928	0.072	2.274
产品合格率	0.929	0.071	2.250
数字化设施建设	0.930	0.070	2.232
产品售后率	0.931	0.069	2.183
产品柔性	0.935	0.065	2.051
信息交互能力	0.936	0.064	2.034
产品质量	0.938	0.062	1.966
管理过程数字化	0.940	0.060	1.896
生产过程数字化	0.941	0.059	1.881
运营成本控制	0.941	0.059	1.878

续表

指标项	信息熵值 e	信息效用值 d	权重/%
技术创新程度	0.942	0.058	1.849
服务及时响应时间	0.945	0.055	1.732
信息平台建设	0.946	0.054	1.720
数字化投入力度	0.946	0.054	1.697
数字化素质	0.947	0.053	1.676
退货处理达标率	0.947	0.053	1.675
绿色可持续发展程度	0.949	0.051	1.623
订单完成率	0.949	0.051	1.616
资金运营效益	0.949	0.051	1.616

D^+ 和 D^- 分别代表研究对象与最优解或最劣解（A^+ 或 A^-）的距离（欧氏距离），这两个值的实际意义是，研究对象与最优解或最劣解的距离值越大，说明距离越远。研究对象的 D^+ 值越大，说明与最优解距离越远；D^- 值越大，说明与最劣解距离越远。最理想的研究对象是 D^+ 值越小同时 D^- 值越大。

综合度得分指数 $C = \dfrac{D^-}{D^+ + D^-}$，$D^-$ 值相对越大，说明该研究对象距离最劣解越远，则研究对象越好；C 值越大说明研究对象越好。因此，由表 7-25 可以了解到，东莞 B 公司的综合得分指数最低、绩效最差，而中山 B 公司的综合得分指数最高、绩效最优。

7.6.4　三种方法的最终排名对比

三种方法的最终排名结果见表 7-27。

表 7-27　排名结果对比

企业	因子分析法		灰色关联法		熵权 TOPSIS 法	
	得分	排名	得分	排名	得分	排名
东莞 A 公司	-0.09	5	0.759	5	0.55962961	5
深圳 A 公司	-0.47	7	0.771	4	0.54435185	6
中山 A 公司	0.42	3	0.884	3	0.76691586	3

续表

企业	因子分析法		灰色关联法		熵权 TOPSIS 法	
	得分	排名	得分	排名	得分	排名
中山 B 公司	1.14	1	0.920	1	0.89994503	1
中山 C 公司	1.04	2	0.911	2	0.84838197	2
东莞 B 公司	−0.64	8	0.553	10	0.28966212	10
广东某公司	−0.91	10	0.711	7	0.47487097	7
惠州 A 公司	0.29	4	0.655	9	0.47127932	8
深圳 B 公司	−0.13	6	0.757	6	0.56525011	4
深圳 C 公司	−0.66	9	0.668	8	0.43622069	9

7.6.5 模糊 Borda 法组合三种模型

10 个企业 Kendall 一致性检验见表 7-28。

表 7-28 Kendall 一致性检验

企业	Kendall's W 分析结果				
	秩平均值	中位数	Kendall's W 系数	χ^2	P
东莞 A 公司	5	5			
中山 A 公司	3	3			
深圳 B 公司	5.333	6			
深圳 A 公司	5.667	6			
深圳 C 公司	8.667	9	0.876	23.655	0.005***
惠州 A 公司	7	8			
广东某公司	8	7			
东莞 B 公司	9.333	10			
中山 B 公司	1	1			
中山 C 公司	2	2			

注：＊＊＊代表 1% 的显著性水平。

对三种评价方法进行 Kendall 一致性检验，得到一致性系数 $\chi^2 = 23.655$，P 值为 0.005。Kendall 一致性检验的结果显示，总体数据的显著性 P 值为 0.005，水平上呈现显著性，拒绝原假设，因此数据呈现一致性；同时模型的

Kendall 协调系数 W 值为 0.876，因此相关性的程度为几乎完全一致性。

根据模糊 Borda 法组合原理算出三种集群网络协同绩效的组合评价值，得出最终的企业集群网络协同绩效排名。

用 R 软件进行模糊 Borda 法组合评价分析，将三种单一方法的初始得分转化为属优的隶属度，计算各个企业的模糊频率和模糊频数，将位次转化为分数，并得出最后的 FB_i 得分，由于结果差异明显，故保留到个位数即可清晰分辨企业的优劣（见表 7-29）。

表 7-29　组合评价法各企业最终集群网络协同绩效排名

企业	FB_i 值	排名
东莞 A 公司	15	4
深圳 A 公司	13	6
中山 A 公司	21	3
中山 B 公司	27	1
中山 C 公司	24	2
东莞 B 公司	2	10
广东某公司	6	8
惠州 A 公司	9	7
深圳 B 公司	14	5
深圳 C 公司	4	9

7.6.6　分析结论

综上所述，根据本研究的评价体系，10 家企业集群网络协同绩效强弱顺序依次为：中山 B 公司>中山 C 公司>中山 A 公司>东莞 A 公司>深圳 B 公司>深圳 A 公司>惠州 A 公司>广东某公司>深圳 C 公司>东莞 B 公司。同时，该排名与问卷中专家对自身企业评分的排序基本吻合，因此本研究的集群网络协同绩效评价体系具有较高的合理性和实用性。在因子分析法中，根据不同的二级指标对企业进行评价时企业的绩效排名会出现一定的波动，这说明在集群网络存在多个备选成员企业时，可以根据实际情况，参考某个二级指标，选择更适合自身的客户作为协作伙伴，进而执行企业子任务并促进集群网络实现总体目标。

7.7 本章小结

    本章主要针对多层次列表模型中资源消耗列表模型进行了讨论。针对网络协作过程中资源与任务的协作机理，本章定义了集群网络资源的概念模型，并主要以制造资源为例，讨论了集群制造资源的层次结构和分类。在网络协作过程分析的基础上，定义了超工作中心资源，描述了其具备的各种性质。最后针对协作过程中集群网络资源的动态分配与协商过程进行了讨论，并以协作关系节点企业间的协同绩效为目标，进行了协同客户比较、优选和算例研究。

多核集群网络协作机制研究 ▷▷▷▷

在市场竞争日益激烈的情况下，制造企业必须以最短的周期（T）、最好的质量（Q）、最低的成本（C）和最佳的服务（S）提供最好的产品或劳务。产业集群将各类相关企业聚集在一起，形成了集群关系网络，增强了合作与竞争的深度和广度（Lai et al.，2014）。企业之间的良性互动，形成了具有知识优势共享和信息交流的网络，推动着产业集群升级（Bell et al.，2009）。如何快速响应市场机遇，通过集群网络成员企业的良好协作，实现成员企业核心资源的分布式共享以满足市场需求，进而在竞争格局中谋求生存和发展的空间，成为制造集群网络中所有成员企业共同追求的目标。集群研究表明，企业集聚带来的收益在时间上呈现出高度差异化（Knorringa et al.，2016）。随着新的参与者、新的竞争挑战和新形式的技术创新的出现，在某个时间点具有国际竞争力的集群可能会发现其地位受到侵蚀（Felezensztein et al.，2018）。因此，集群网络不是静态的，而是会为了响应技术和竞争而演化，竞争优势的基础是企业间的联系和网络（Mudambi et al.，2017）。上述研究反映了产业集群的网络性质。

在产业集群网络中，企业是实现价值创造和增值的直接主体。因此，企业之间的联系和互动构成了集群网络的核心（Aarikka-Stenroos et al.，2014）。企业之间的相互作用表现为两种形式：垂直关系和水平关系（Ahuja，2000；Arikan et al.，2011）。垂直关系是指供应商、制造商、渠道商等供应链上的互动关系。通过企业间的协作实现产品流通，满足消费者需求。水平关系是指商品、知识和信息在水平方向上的传递和扩散，表现为企业之间的竞争与合作关系（Sheffi et al.，2019）。目前，我国产业集群发展以横向的地理聚集为主要特点，强调的是资源横向聚集效应，缺乏集群网络纵向的分工与协作，资源在成员企业间的流动范围狭窄，集群网络成员企业的协作度较低。这就导致集群网络整体响应市场机遇的能力较差，集群的运作效率比较低下。由此，需要针对制造集群网络协作机制进行深入分析，为我国产业集群破除协作困境，实现高质量发展提供治理思路。

本章针对前文构建的集群网络资源协作体系框架，具体分析在该框架下集群网络成员企业协作的动因、协作关系形成、协作过程阶段等机理。

8.1 集群网络成员企业间协作的动因分析

网络组织治理的研究表明，对协同正效应（高于独立运作绩效的共同治理绩效）的追求是合作各方进行跨边界网络化合作的初衷。对于传统的企业协调形式，Richardson（1972）曾指出"层级和市场之间直接协调和自动协调的两分法，使人们误解为性质截然不同的协调方法，它忽视了企业间合作的事实"。然而，当集群成员之间只处于静态、缺乏合作的状态时，集群只实现了地理上集中而产业关联上离散（雷如桥等，2004）。但随着进入集群的企业数量的增加，拥堵成本和技术同质性导致的企业间的竞争超越了集聚的优势，严重遏制了集群的创新活力。因此，克服这些障碍需要协调产业集群企业之间的合作，以确保正常的经营秩序。治理为每个参与者提供了充分发挥其作用的制度安排，建立了有利于集群成员之间合作和信息交流的体制环境（Arikan et al.，2011；Mueller et al.，2016）。产业集群作为一种旨在促进区域经济发展的组织形式，其成员企业通过地理集聚，可以获得共同的供应商、培养专业劳动力、相互竞争，从而提高本地产业竞争优势（Casanueva et al.，2013；Lai et al.，2014）。威廉姆森通过组织协调内容和协调模式的匹配分析发现除了层级和市场形式，还存在介于两者之间的网络协调形式。这种协调形式就是典型的受协作驱动的网络组织形态。并且，根据网络组织形成动因的不同，可将网络组织分为三类：基于资源互补形成的网络组织（Richardson，1972；周沛，2016）；外生资源依赖形成的网络组织（贾根良，1998）；内生嵌入型资源形成的网络组织（李新春，2000；陈玉娇等，2017）。本研究考虑到网络协作关系所依赖的超工作中心资源和超工作中心任务在 SOA 系统中被封装为服务，而集群网络协作关系也主要体现为各类网络服务间的匹配与协调，因此，可按集群网络协作的动因不同，将集群网络成员企业间的协作关系分为三种类型：一是基于服务互补形成的网络协作；二是外生服务依赖形成的网络协作；三是内生服务嵌入形成的网络协作。下文在有关集群网络协作关系的论述中所提到的服务均包含集群网络中超工作中心资源服务和超工作中心任务服务两种形态，是经封装之后的超工作中心资源与任务。

8.1.1　服务互补型网络协作

传统的观点认为企业存在的根本原因在于社会分工，由此产生了"企业所从事的活动只是社会分工活动中某个阶段所需要执行的任务"的观点，并且该任务隶属于某个产业。而集群网络又是由其所从事的诸多子任务分解的活动构成的，相应地，其成员企业只是从该子任务集合中截取某些过程从事相应的分工活动，如某类市场需求的部分订单，或某类订单的部分过程等。执行这些任务需要企业具备相应的资源和资源映射的能力，这里将企业参与任务执行过程时所提供的资源或提供的外部资源消耗的机会统称为服务；并且，根据企业在执行任务过程中所提供服务的替代性和互补性的不同，将成员企业所执行的活动分为替代型活动和互补型活动。替代型活动就是单个企业边界内部可以完成的任务，互补型活动则是需要跨越企业边界，与外部企业合作才能完成的任务。本研究将所有需要与外部企业合作才能完成任务进而形成协作关系所构成的网络形态称为服务互补型协作网络，而这种网络形态下的成员企业间的协作称为服务互补型网络协作。在该网络形态下，由于协作企业的服务互补，有效避免了扩张层级组织边界和规模导致的高管理成本和经营管理风险。

8.1.2　外生服务依赖型网络协作

Thompson 等（1958）从理论上确立了组织之间合作关系的联盟、协商和共同抉择三种类型，并创建了一个综合性的企业"权力—依赖"模式。基于权力依赖视角，资源依赖的不均衡形成了网络组织中的权力，这种权力将对资源的依赖转化为对组织的依赖。同时，由于强大的组织对其余组织的吸收

过程，往往会通过"共同抉择"策略转化为脆弱组织对其他组织的依赖过程，
这将使得具有权力的企业由"共同抉择"转向对依赖其的组织的控制与限制
（张首魁等，2011）。但不管是基于什么考虑，集群网络中成员企业对其他成
员企业的依赖主要源自以下几个方面：协作资源对于企业执行网络任务的重
要性；集群成员企业内部或外部获得协作资源或处理资源的能力；协作资源
被替代的可能性大小。因此，如果某成员企业对某类协作服务的需要程度很
高，而企业的该类服务非常稀缺，特别是在替代服务非常有限的时候，企业
将会高度依赖集群网络中可提供该服务的其他企业，共同协作实现相应的集
群网络目标，进而改善传统的独立企业形态，形成介于市场与层级之间的协
作网络。这种因外生服务依赖所形成的协作网络称为外生服务依赖型协作网
络，该网络形态下的企业协作过程称为外生服务依赖型网络协作。由于企业
在特定集群环境下的协作会存在特定的约束，如地理集聚的约束、供应关系
的约束、知识共享的约束等，因此，外生服务依赖型网络协作过程多属于共
生型而非竞争型依赖关系。在外生服务依赖型协作网络中，协作可以有效地
降低交易成本和任务执行成本，加大各企业退出集群网络的壁垒。同时，在
外生服务依赖型组织中，协作关系的逐渐固化将会给企业间的依赖带来"惯
性"，强依赖关系将会带动企业在更深层次进行协作，继而使得依赖增强的趋
势高于减弱的趋势（石乘齐，2019），进一步加强网络中的组织关系，比层级
组织和市场协调的形式更为有效。

8.1.3 内生服务嵌入型网络协作

"嵌入"一词由卡尔·波拉尼创立，他在《作为制度过程的经济》中指
出"人类经济嵌入并纠结于经济与非经济的制度之中"。直到 Granovetter
（1985）重提"嵌入性"问题，"嵌入"才得到更为广泛的重视。对于嵌入的
理解最初是植于经济制度框架中考虑的，但当社会网络引起学术界的关注之
后，人们开始着重关注各类经济活动发生的起源，认为经济活动更多的是嵌
入社会关系网络之中，而尽可能避免完全陌生的市场成员之间的交易形态。
这种由于社会关系而嵌入其中进行协作活动的集群网络是内生服务嵌入型协
作网络，该网络中所执行的协作活动称为内生服务嵌入型网络协作。在嵌入
型网络形态中，成员企业之间的社会关系网络成为它们避免市场不确定性和

机会主义的条件，也成为彼此之间协调的关键手段，更是产业集群构建、形成和成长的动因。

嵌入型协作网络具有动态变化的特征，从协作的行为、协作双方成员企业的角度来看，嵌入型网络协作过程是资源利用效率不断提高的过程。因为在嵌入型协作结构的互动过程中会产生新的服务需求和资源融合方式（Anderson et al.，1995；Wilson et al.，1994），而这些资源与资源融合方式的增加会促使成员企业间获得关系租金并形成企业间竞争优势和超额绩效（Dyer et al.，1998）。这为成员企业间协作关系的加强提供了坚实的基础，也是集群网络进一步演化的动力。随着产业集群理论与实践的发展，集群组织之间依托特有的邻近性和"需求—成本"上下游的关联性形成了相对稳定和互相信任的合作关系，不再是纯粹的市场交易关系和隶属的层级关系（范苏军，2020）。

8.2　集群网络成员企业间协作关系的形成

Granovetter（1973）首先提出关系力量的概念，并将关系分为强和弱，强弱关系在个体之间、组织之间以及个体与社会系统之间发挥着根本不同的作用。社会联结关系是协调经济行为者的关键工具。经济行为者同时拥有多重联系，在相互依赖关系和异质性关系之间运作（Shipilov，2012）。集群网络协作关系是指集群网络成员企业在执行外部机遇所映射网络任务的过程中，共享专用性程度较高的资源而形成的一种企业合作关系。这种合作关系既包含传统的供应链中上下游供应资源形成的紧密伙伴关系，又包括不同供应链间由于价值创造活动而存在资源依赖的松散伙伴关系。在集群网络中，协作关系的形成需要分属不同企业的超工作中心之间合作，并共同执行网络任务。一方面（强关系），社会关系影响特定知识的传播；另一方面（弱关系），它们决定了异质、合作或竞争的行为者之间知识的多样性（Gnyawali et al.，2016）。网络中的强关系促进精细信息的传输和联合解决问题（Uzzi，1997）。

8.2.1　集群网络协作关系的形成条件

Granovetter（1979）最早提出了弱连带关系理论。弱连带关系主要是指一种低度感情涉入，没有未来承诺，缺乏相互信任的关系；强连带关系则是指一种经常互动，并且有高度情感涉入的关系。两者的最大区别在于联系通道的可用性和多样性不同。强连带关系的形成必须要有长时间的合作和相关资源的投入。有效连带关系是由强连带发展而来形成满足网络协作目标的一种关系（耿先锋等，2007），这种连带关系是网络协作关系的雏形。集群网络协作关系演变过程如图 8-1 所示。

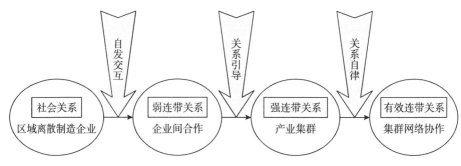

图 8-1　集群网络协作关系演变过程

连带关系从本质上描述了集群网络成员企业协作的形式。但企业之间协作的产生条件，基本可以概括为如下几点。

（1）企业制造能力的互补性。在制造集群中，企业存在的根源是运作并创造价值，而各个企业间能力的差异和互补性是形成企业连带关系的主要动力。特别是处于成长期的企业，各自的优势和专长已经显现，而彼此之间迫于外部市场竞争的压力，会相互连接形成既竞争又合作的关系，以增强集群内企业间的交叉运作能力，进而实现集群网络的整体创新。特别是因企业长期经营形成的专用性资产可能成为其他企业执行任务的重要资源，当某类超工作中心资源专用性程度较高时，企业间的互补性协作体现得更为充分。而集群网络的发展也会进一步加强成员企业依靠规模效应和节点型分工优势取代传统的离散型制造形态的单一成本优势。

（2）集群网络信息的高度共享。信息是企业连带关系的基础，也是集群网络企业合作的前提。离散型制造企业构成的集群网络，具有特定的信息网络结构，既有正式的依赖制度传递的信息，也有非正式的依赖连带关系传递的信息。这两种信息传递途径的融合不但可以降低网络信息的搜寻和识别成本，而且可以扩大信息共享的范围，在很大程度上为成员企业间合作奠定了基础。

（3）成员企业运作的动态性和柔性。离散的制造企业首先是独立的行为主体，具有独立的决策权和控制权，集群网络形态则是由于企业间超工作中心合作产生连接关系而外在表现出来的一种经营环境，因此，成员企业可以通过不同的方式参与网络协作。成员企业运作的动态性和柔性是确保其可以融入集群网络协同运作过程的条件，因为只有动态变化和可重构的特性才能根据协作企业的需要提供相应的共享服务，更加充分地体现企业对协作网络环境不确定性的适应能力。由于强关系通常来源于知识、价值观和行为同质的成员企业。这种有凝聚力的网络关系往往只能提供冗余的资源，无法适应不断变化的任务环境（Gulati，1999），同时强关系嵌入下的企业往往会受相同属性企业伙伴的影响，更加排斥网络外部的异质性信息，使与外部企业产生联系的可能性显著降低，陷入"协作窘境"（王金凤等，2023）。然而，弱关系更多的是在不同社会经济特征的群体之间发生，因而形成的社会网络规模更大，收集和传递的信息来源更丰富和广泛，且信息多为新颖和非冗余的（Levin et al.，2004）。

这种动态的分工协作方式彻底打破了传统市场交易或层级结构中的条块分割，取而代之的是呈网状交叉的集群网络的动态组织结构。在这样的动态网络结构中形成了知识、技能和超工作中心资源专用性的交叉，即集群网络的专用性资产网络化，或称为专用性资产联网。

（4）成员企业间的协作互动提升超工作中心资源的利用率。集群网络中的协作互动对各参与企业有较明显的影响，尤其是对物理专用性资产和人力资源专用性资产形态的超工作中心的利用效率会有较大促进作用。如某些固定资产的投资只能为一定范围的企业提供加工能力，或者某些人力资源专用性资产需要较大的投资进行积累，其参与市场交易的成本很高，会限制资源在集群网络内的自由流动，只能依靠企业间的互动改进协作效果。对于物理专用性资产，可以通过网络成员之间的连接关系降低物理专用性资产市场定价的困难，充分利用其剩余生产能力，提高运作效果。而对于人力资源专用性资产，则可以通过企业技术人员和管理人员经常性的互动交流，推动个人学习和问题解决，并最终推动企业学习和企业间协作。

由此可知，集群网络协作的条件既是协作活动的前提，也是协作关系产生和发展的根本原因。网络组织是一个拥有"剩余分配权"的"集体签约人"，即全体网络成员和网络组织能够创造网络租金（卢福财等，2005），外在表现为集群网络协作剩余的形成。有关集群网络协作剩余的内容，将在8.2.2 小节进行讨论。

8.2.2　集群网络协作剩余

在集群网络中，由于网络成员企业超工作中心间的协作所产生的协作剩余不仅来源于成员企业间基于网络形态取得交易成本的节约，还应该包括网络治理结构对成员企业资产专用性投资的激励带来的可计量的直接收益和共享信息优势带来的不可计量的隐性收益。

1. 集群网络协作剩余的产生

集群网络按照网络成员合作关系的稳定程度分为静态网络和动态网络两种类型（Raymond et al.，1992）。静态网络是指一种以长期合作关系为基础的网络类型，超工作中心资源与任务相对比较稳定，其执行的协作活动较为频繁，网络成员之间关系的维系时间比较长久；而动态网络是成员企业围绕核心企业超工作中心或关键性超工作中心资源连接形成的集群网络，它能够保证成员企业在网络协作过程中面对不断变化的市场需求，优化超工作中心资源配置并做出快速的反应，能够很好地对付集群外部环境的不确定性和创新风险。同时，"动态网络"的柔性结构也赋予成员企业自发调整关系强弱的能力，进而更为合理地分配网络的生产资源与技术资源，提高对强需求资源的获取能力（哈金华等，2022）。因此，成员企业在"动态网络"中可以获得非常有价值的集群网络资源（Roy et al.，2000），并创造多于不参加网络协作过程的价值。本研究参考集群剩余（陈雪梅，2003）的概念，提出集群网络协作剩余的定义：集群网络协作剩余是指集群网络成员企业参与网络协作时获得的利润减去不参与网络协作时获得的利润所得差额的总和，即集

群网络成员因参与网络协作所获得的额外剩余的总和，它是集群网络组织
形式比企业和市场两种组织形式更具协同效应的体现。当然，在集群网络
成员企业的协作过程中，既有正面的集群网络资源分布式共享的协调机制
在发挥作用、创造效益，也存在负面的集群网络的锁定性效应，可能会把
企业锁定于非生产性的关系，或者是阻止企业寻求更为有效的合作伙伴
（Burt，1992；Uzzi，1997），带来集群网络协作风险（Tichy，1997；蔡宁
等，2003）。基于该考虑，本研究认为集群网络成员企业参与协作而产生协
作剩余的原理如下。

假设集群网络成员企业 Ent_i 执行某项集群网络超工作中心任务，若其不
参与集群网络协作的运作总收益为 R_i、运作成本为 C_i；参与集群网络协作执
行该任务的总收益为 R_i'（包含参与该集群网络协作的隐性收益 IR）、总成本
为 C_i'（包含参与该集群网络协作因锁定效应产生的机会成本 OC_i）；参与集群
网络协作前后的利润分别为 P_i、P_i'；该企业参与该集群网络的协作剩余为
$CORE_i$：

$$P_i = R_i - C_i \tag{8-1}$$

$$P_i' = R_i' - C_i' \tag{8-2}$$

$$\begin{aligned} CORE_i &= P_i' - P_i \\ &= (R_i' - C_i') - (R_i - C_i) \\ &= (R_i' - R_i) - (C_i' - C_i) \end{aligned} \tag{8-3}$$

由此可知，当 $CORE_i < 0$ 时，企业 Ent_i 在执行某项超工作中心任务时就不
会参与网络协作，只有当 $CORE_i \geq 0$ 时，企业 Ent_i 才会参与网络协作，与其
他成员共同执行网络任务。

推理一：在集群网络中，至少存在两个或两个以上企业的协作剩余大于
零时才有可能维持集群网络协作活动。

推理二：集群网络的整体协作剩余为

$$CORE_{CN} = \sum_{i=2}^{n} CORE_i \tag{8-4}$$

其中，n 为集群网络中参与协作的成员企业的个数。

2. **集群网络协作效果分析**

当多个企业共同参与集群网络协作过程时，协作效果描述的情况比较复杂。由于集群网络是一个开放的复杂系统，各个成员企业之间的协作不是简单的线性关系，而是超工作中心之间线性关系与非线性关系混合呈非线性叠加的系统，所以，集群网络协作剩余的创造过程描述也复杂很多。

假设集群网络在某个时刻网络目标映射的网络任务由 n 个成员企业协作执行，创造的总价值为 V，则 n 个成员企业协作共同创造的价值利用沃尔泰拉（Volterra）级数展开式离散为 Kolmogorov Garbor 多项式（Ivankheneko，1971）：

$$V = \alpha_0 + \sum_{i=1}^{n} \alpha_i e_i + \beta \prod_{j=1}^{n} e_j + \gamma O \qquad (8-5)$$

其中，α_0 表示集群网络系统环境的影响因素，$\alpha_0 \in [-1, 1]$，$\alpha_i \in [-1, 1]$，$\beta \in [-1, 1]$，$\gamma \in [-1, 1]$，各系数取值的大小直接反映集群网络协作效果的好坏。一次项 $\sum_{i=1}^{n} \alpha_i e_i$ 为集群网络各成员企业超工作中心之间协作的线性集成，高次项 $\beta \prod_{j=1}^{n} e_j$ 为集群网络成员企业超工作中心之间协作的非线性集成，γO 表示集群网络更高层次上协作的集成。而高次项的物理意义是成员企业超工作中心间的协作效果，系数 β 的物理意义是协作系数：当 $\beta > 0$ 时，表示非线性系统协作效果明显，由此带来协作剩余；当 $\beta < 0$ 时，表示非线性系统由于协作导致锁定效应，由此产生锁定损失。

如图 8-2 所示，当 $\beta > 0$ 时，集群网络非线性系统协作效果明显，产生协作剩余，此时集群网络的协作收益大于企业间线性系统的协作收益；当 $\beta < 0$ 时，集群网络非线性系统协作导致锁定效应，此时集群网络的协作收益小于企业间线性系统的协作收益，并因此产生锁定损失。

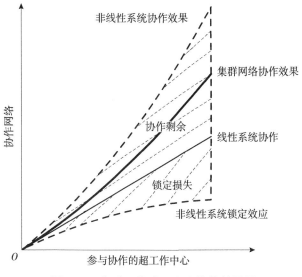

图 8-2 集群网络成员企业协作效果图

3. 集群网络协作剩余的特点

集群网络协作剩余是集群网络成员企业协作产生的高于各协作成员企业超工作中心线性系统运作的收益部分。它具有明显的特点。

第一，集群网络协作剩余具有滞后性。这是因为企业响应市场机遇面临诸多不确定性，为了把握市场机遇，更好地执行集群网络任务中企业所能承担的部分，就需要与其他企业进行协作，共同提高应对市场风险的能力。集群网络中某些企业与其他企业协作所进行的各类超工作中心资源中专用性资产的投资不可能在一次协作过程中或与某些企业的低频率协作活动中因共享专用性资产而收到成效，而是在后续协作关系的执行过程中逐步呈现，该专用性资产共享所产生的集群网络协作剩余会形成协作成员企业未来的收益来源。所以集群网络协作剩余具有一定的滞后性，这也就意味着集群网络剩余与每个阶段的协作过程并非形成紧密的映射关系。用 $CORE_i$ 表示集群网络某协作关系第 i 个周期的协作剩余，T_i 表示某企业参与的第 i 个协作周期，$f(\ )$ 表示网络协作关系到协作剩余的映射关系，协作剩余滞后性与其有如下关系：

$$CORE_{Ti} = f(T_i, T_{i+1}, T_{i+2}, \cdots, T_{i+j})（其中 j \in N，且 j \geqslant 1）\quad (8-6)$$

式（8-6）说明集群网络协作关系在某一协作周期的协作剩余是该周期以及其后若干周期的函数。

第二，集群网络协作剩余具有多维特征。在集群网络协作过程中，社会关系嵌入型互动与网络协作活动所形成的协作剩余具有两个维度：第一个维度是可以货币化的外显协作收益，即所谓的经济性剩余，这部分协作收益由参与协作的成员企业在本次协作结束时实现，并可以在参与协作的成员企业间进行分配，不必累积到以后的协作过程中；第二个维度是以非货币化形态进行累积的隐性协作收益，即所谓的社会性剩余，如成员企业参与协作子网所形成的资产专用性、声誉、品牌、进一步的社会关系网络等，进一步演变为集群网络的社会资本。社会资本是个体依赖关系网络或更大的社会结构中的成员资格来调配稀缺资源的能力，该能力不是个体固有的，而是其与网络成员的协作关系中包含的一种资本，是社会关系嵌入的结果（Portes，1995）。这部分协作剩余不能如同经济性剩余进行分配，只能在多次协作过程中逐步积累，达到一定程度时，才可以在未来的协作过程中分期体现。因此，甄别、计量和有效利用集群网络协作剩余中社会性剩余部分，是集群网络形态与市场、层级制度相比的优势所在。

用 $CORE$ 表示集群网络协作剩余，$CORE_e$ 表示集群网络经济性协作剩余，$CORE_s$ 表示集群网络社会性协作剩余，则集群网络中某个协作活动产生协作剩余的关系如下：

$$CORE = CORE_e + CORE_s \qquad (8\text{-}7)$$

由协作剩余滞后性特点可知，集群网络某协作关系第 i 个周期的协作剩余可记为

$$
\begin{aligned}
CORE_{Ti} &= CORE_{ie} + CORE_{is} \\
&= CORE_{ie} + f(CORE_{(i+1)e}, CORE_{(i+2)e}, \cdots, CORE_{(i+j)e})
\end{aligned}
\qquad (8\text{-}8)
$$

即在某协作关系在第 i 个协作周期产生的协作剩余中，经济性协作剩余是当期的经济性协作剩余，但社会性协作剩余部分都会在未来的协作过程中以经济性协作剩余的形式逐步体现出来，是未来若干个协作周期经济性协作剩

余的函数。也可以理解为，社会性协作剩余会在后期网络协作过程中逐步外显为经济性协作剩余，这也是集群网络协作剩余滞后性表现的主要原因。在关于某个协作过程所产生协作剩余的讨论中，一般仅分析经济性协作剩余，这是因为网络协作剩余是动态的，其社会性协作剩余部分难以在当期计量；另外，社会性协作剩余会在后期的协作过程中以经济性协作剩余的形式体现。集群网络协作剩余构成关系如图 8-3 所示。

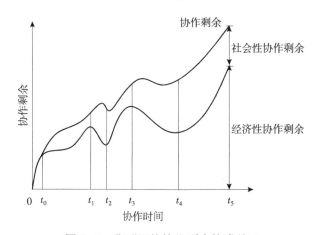

图 8-3　集群网络协作剩余构成关系

图 8-3 所示为某个协作子网在不同协作周期中协作剩余的构成情况：在第一个协作周期 $[0, t_0]$ 阶段，由于社会性协作剩余没有凸显出来，所以经济性协作剩余与协作剩余相等；在第二个协作周期 $[t_0, t_1]$ 阶段，网络协作剩余不仅包含由当期创造的经济性协作剩余，还包含由上期社会性协作剩余在本期实现的协作剩余部分；依此，第三个协作周期的协作剩余除当期所创造的经济性协作剩余之外，还存在前面两期社会性协作剩余在本期实现的协作剩余部分；第四、第五、第六个协作周期的协作剩余的构成情况以此类推。

第三，集群网络协作剩余具有外溢性。在网络协作过程中，由于协作的社会关系嵌入性特征及协作成员企业互动的影响，协作剩余不仅会在协作成员之间分配，还会由于关系联结导致协作剩余溢出协作子网，存在于协作过程所处的各种社会关系之中，也即协作剩余的外部性效应。这种外部性效应与经济外部性概念不一样，是由于社会关系嵌入而在整个网络协作过程中产生的。

用 *CORE* 表示集群网络协作剩余，集群网络协作对协作子网外部的影响

为 EFF_o ，两者之间的相关系数记为 ρ ，则有：$0 < |\rho| \leq 1$ 。

第四，集群网络协作剩余具有不均衡性。在网络协作过程中，处于协作关系节点的企业，参与网络协作会形成协作剩余，无论是经济性协作剩余还是社会性协作剩余，在协作节点企业间的分配都是不均衡的。这与嵌入协作关系中的社会关系的广度与深度、节点企业前期社会性协作剩余积累的程度有关。如果某节点企业在某次协作中所处的社会关系的广度和深度越明显，前期协作剩余积累得越多，则其在该次协作过程中所获得的经济性协作剩余与社会性协作剩余都会越多。集群网络在某协作过程中创造的协作剩余可以定义为一个四元组：

$$CORE_{Ti} = CORE(Ent, COR, COF, CORE_{Tj}) \quad (1 \leq j < i)$$

其中，$Ent = \{Ent_k\}$（ $k = 1, 2, \cdots, n$ ），表示参与第 i 个周期协作过程的企业构成的集合。

$COR = \{COR_{xy}\}$（ $x = 1, 2, \cdots, n$; $y = 1, 2, \cdots, n$ ），表示参与第 i 个周期协作过程的不同企业之间形成的协作关系，该协作关系与嵌入协作过程中的社会关系的广度和深度都有关，该社会关系越广泛、越深入，协作关系就越紧密，协作效果就越明显，创造协作剩余的可能性也就越大。

$COF = \{COF_{xy}\}$（ $x = 1, 2, \cdots, n$; $y = 1, 2, \cdots, n$ ），表示参与第 i 个周期协作过程的不同企业之间协作频率构成的向量，该协作频率越高，协作关系越紧密，协作效果越明显，创造协作剩余的可能性越大。

$$CORE_{Tj} = \left\{ \sum_{j=1}^{i-1} CORE_{Tj} \right\} \quad (1 \leq j < i)$$，表示参与第 i 个周期协作过程之前协作过程创造的协作剩余的矢量和，前期协作剩余积累得越多，越对后期的协作剩余创造有积极的促进作用，否则，对后期的协作剩余创造有阻碍作用。

4. **集群网络协作社会性协作剩余的层次影响分析**

前文已经论述了集群网络协作过程中协作剩余的构成维度，由图 8-3 可知，集群网络协作剩余中的经济性协作剩余和社会性协作剩余都是影响协作剩余和网络协作效率的重要指标。网络协作剩余来源于成员企业超工作中心间的协作规范和集群网络的综合治理效果。协作规范包含各超工作中心协作的基础，如分属不同成员企业的超工作中心特点、超工作中心资源与任务之间的耦合性、技术状态、成员企业之间资产专用性的共享效率等。集群网络综合治理效果则取决于集群网络形成的基础、集群网络运营的过程控制以及区域性地方政府的管制效率等。集群网络协作的社会性协作剩余对参与协作的节点企业以及集群网络整体都有着重要的影响，主要体现在以下四个层面。

（1）战略层面。集群网络协作过程不但体现为协作子网节点企业超工作中心的联系，还伴有嵌入性社会关系。而这种社会性关系的互动对企业接近网络外部影响协作剩余的关键性群体有着至关重要的作用，如集群所处的地方政府、集群产业市场的监管机构、各类投融资金融机构、科研院所与行业贸易协会等外部机构。比较典型的，如医药和食品加工为主的质量导向型行业，受政府和工商行政管理部门的影响较大；生化、IT 加工为主的技术导向型行业，受产业市场监管机构的影响较大；而建材、房地产等资源导向型行业，受地方政府扶持力度的影响较大。因此，集群成员企业参与网络协作，通过协作伙伴进一步嵌入于各类社会关系中，并通过社会关系的正确介入与引导，利用协同客户与这些关键性群体的交往经历和经验获得关键性群体的帮助（Håkansson et al.，1982）。这也是企业外部环境的重要构成部分，对各成员企业未来的潜在成长起着关键的作用。

（2）战术层面。在战术层面，集群网络成员企业的协作一方面表现为单个节点企业追求参与某次协作过程获得的收益，即企业在参与网络任务执行过程中所获得的现金流，另一方面还需要通过参与协作提升资产专用性或增强参与集群网络协作的竞争性优势。集群网络协作的社会性协作剩余在战略层面可以实现节点企业和集群网络的共同成长与演进。集群网络协作过程是集群协作子网中节点企业间进行各类服务融合与协作的过程，而每一次协作所产生的社会性协作剩余会表现为协作子网络成员企业知识资源的积累，进而通过后期协作甚至是非协作的内部运作过程转化为企业的知识、质量与成本优势。由此可见，参与协作的成员企业在实现经营目标的过程中不必拥有全部的知识（Lundvall，1988），在协作过程中，企业间知识转移才是影响企业参与协作获得协作剩余大小的关键过程（Wilson，1995）。借由集群企业非线性协作的知识转移，能够通过促进企业的创新能力与生产技术水平提升，增加企业的价值创造路径，获取协作剩余与绩效（董睿等，2022）。

（3）运作层面。在运作层面，集群网络协作的社会性协作剩余主要体现在参与协作的成员企业获得的潜在盈利能力。如图 8-3 所示，前期参与协作的社会性协作剩余会积累为后期的经济性协作剩余，而经济性协作剩余是反映企业盈利能力的直观指标。如通过协作，可以扩张协作节点企业的业务规模和形成规模经济性。虽然在短暂的时间间隔内难以体现，但长期的社会性协作剩余的积累最终会以利润的实现得以呈现。

（4）综合层面。综合层面贯穿集群网络协作的各个层面，主要是以规避协作风险为宗旨的社会性协作剩余体现形式。风险是企业经营的产物，也是集群协作网络形成的必然结果。成员企业通过参与集群网络协作，经由集群网络中"高集聚，短路径"的特性，能够不断强化并稳定成员企业间的信任关系，提高获得协作伙伴帮助的可能性（王慧等，2022）。充分利用协作伙伴的专用性资产等与协作企业保持稳定的关系则被视为一种对危机和困难的预防机制（Schaetgen et al.，1992）。对风险的控制并不必然意味着利润的增加，但它可以促使集群网络协作过程中的稳定经营。这虽然不同于传统市场和层级组织结构中市场分散化风险控制模式，但嵌入社会关系中的协作网络对不确定性具有更强的抵御能力。因此，可以通过成员企业间的相互协作提升网络柔性，进而提升网络成员企业共同应对风险的能力，实现风险规避。

8.3 集群网络协作过程分解

集群网络成员企业间的网络结构是一种介于市场交易和层级制之间的组织形式（Thorelli，1986）。集群积累了广泛的市场、技术和竞争信息，成员之间基于市场交易和社会连带的关系，使得信息更容易在集群成员之间进行传递（Iammarino et al.，2006；侯光文等，2017）。集群内的信息和知识交流可以提高企业的能力，并促进知识的创造（Lai et al.，2014）。集群网络是嵌入社会关系网络中的一种企业网络形态，影响网络结构的基本变量有行为主体、协作活动和资源，网络构成关系则有企业、关系和网络。该集群网络形成一个自组织过程，演进带有路径依赖性（Haksnasson，1992），这种路径依赖性会通过强化网络嵌入显著提高协作强度，放大协作剩余，但也会锁定集群的制度安排，缩小网络的协作范围（贺灿飞，2018）。同时，过度网络嵌入也将成为集群发展的阻碍。嵌入本地网络中的企业失去探索和利用网络外部资源的机会，无法接收新信息，使社会网络失去灵活性（Burt，1992）。集群网络既包括体现嵌入性结构的实体要素，如协作业务、研发合作项目、集群外部机遇、品牌以及专用性资产等，也包括内含于嵌入性结构的经济性要素，如成员企业之间的信任、资产专用程度、品牌和声誉，以及产业的进入、退出壁垒等。网络中组织关系僵化，导致企业间建设性的互动停滞，不利于集群变革性创新的发展（Hervas-Oliver et al.，2014）。这些实体要素与经济性要素在嵌入性结构中的互动协作过程就产生了协作收益。在集群网络中占据中心地位为规划目前的网络活动和未来的网络战略提供了基础（Low et al.，2009）。但是，网络中心性也存在其负面性。合作伙伴之间不对称的关系，使得获利不平衡，增加它们之间的竞争，从而加剧伙伴关系的不稳定。这可能导致一个稳固的集群产生变化，造成协作关系重构。

8.3.1 集群网络协作过程生命周期的划分

集群网络协作过程是协作活动的状态描述，既体现集群网络执行任务的特点，也体现集群网络创造协作剩余的过程。协作过程既可以根据协作要素构成情况描述为一个如图 6-3 所示的多元组，也可以根据协作过程所处各个阶段的不同特点描述为一个具有连续性的动态变化图，如图 8-4 所示。本节主要围绕集群网络协作过程生命周期各阶段的不同特点进行讨论。

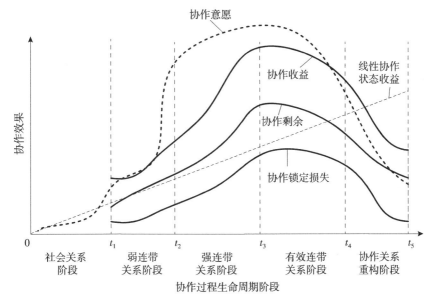

图 8-4　集群网络成员企业协作过程生命周期阶段

所谓集群网络成员企业协作过程生命周期阶段，是指集群网络中参与某个协作过程的企业，从与其他协作节点企业关联开始，到执行完协作过程，并解除协作关系或变换协作子网结构参与其他协作过程为止的整个阶段。本研究将一个完整的网络协作过程生命周期阶段按照协作关系演进的特点划分为五个阶段，分别为：社会关系阶段、弱连带关系阶段、强连带关系阶段、有效连带关系阶段和协作关系重构阶段。其中，弱连带关系阶段和协作关系重构阶段经历的时间相对较短，其他三个阶段经历的时间会比较长。

8.3.2 集群网络协作过程生命周期各阶段的特点

1. 社会关系阶段

社会关系阶段，即图 8-4 中时刻 0 到 t_1 的阶段，是集群网络成员企业独立运作的阶段，各个企业之间的关联性体现在嵌入社会关系中的非协作性联系。因此，该阶段企业间的协作意愿开始为零，随着社会关系嵌入程度的加深，协作关系紧密程度不断加深，当企业之间基于社会关系对协作认知达到某个程度时，相互之间协作的意愿会在某个时刻有较大的进展。而当该协作意愿进展继续时，企业群不满足于初始的嵌入社会关系阶段的市场交易，会产生相互间相对较弱的连带关系。在该阶段，协作意愿由零开始增加，并呈递增趋势，特别是该阶段后期企业间的协作意愿增加速度非常快。该阶段因为没有实现真正的协作，所以协作收益、协作剩余都为零，也不存在协作锁定效应导致的锁定损失。

2. 弱连带关系阶段

弱连带关系阶段，即图 8-4 中时刻 t_1 到 t_2 的阶段，是社会关系阶段的延续。在该阶段，企业之间的关系已经由嵌入社会关系中的非协作性联系发展为弱连带关系，企业之间的协作意愿继续加强，并间或有些协作活动，但企业间的协作沟通和运作协调效果并不明显。由于缺乏协作经验，该阶段开始的时候企业间弱连带关系产生锁定效应且较明显，协作过程获得的协作收益不高，导致企业间协作活动获得的协作剩余也不高。随着弱连带关系的不断发展，反映企业间协作关系的各个指标都呈上升趋势。增长最为明显的是协作意愿，但由于企业间协作关系形成的时间不长，因此，协作所产生的锁定效果变化相对平缓。

3. 强连带关系阶段

强连带关系阶段，即图 8-4 中时刻 t_2 到 t_3 的阶段，是企业间协作关系进一步深入的阶段，它反映企业间协作关系的各个指标仍然保持较快的增长趋势。由于弱连带关系阶段形成了企业间较强的协作意愿，所以在强连带关系阶段，协作意愿的增加相对较为平缓，并趋于整个生命周期阶段中的最大值。但由于协作范围扩张、协作熟练度和协作频率的加强，该阶段的协作收益和协作剩余都呈增加趋势。同时，由于企业间协作的加强，企业投资于专用性资产的成本不断增加，导致该阶段锁定性效应也呈增加趋势，但协作过程中锁定损失的增加趋势低于协作收益和协作剩余的增加。当企业间协作关系逐渐紧密时，协作网络中成员企业投资于专用性资产的比重增加，企业间协作关系相对稳定，协作效果越来越明显。

4. 有效连带关系阶段

有效连带关系阶段，即图 8-4 中时刻 t_3 到 t_4 的阶段，是企业间协作效果最为明显的阶段。在该阶段，协作关系保持了上一阶段末的稳定增长趋势，反映集群网络协作过程的各个指标均达到整个生命周期阶段中的最大值。随着有效连带关系的进一步发展，企业间的协作关系趋于稳定状态，协作收益和协作剩余较大，企业间追加投资于专用性资产的动力逐渐消减。因此，协作收益和协作剩余呈下降趋势，企业间协作锁定效应导致的协作锁定损失也逐渐下降，而且随着外部集群网络环境的变化，新的协作关系和协作过程不断产生，原来所形成的有效连带关系会逐渐被淘汰，协作过程即将进入其生命周期的重构阶段。

5. 协作关系重构阶段

协作关系重构阶段，即图 8-4 中时刻 t_4 到 t_5 的阶段，是协作过程生命周期的最后一个阶段，一般而言，是某种协作关系和协作子网无法再继续保持原有协作状态，而需要进行协作过程重构的阶段。在该阶段，受有效连带关系阶段专用性资产投资减少和外界集群环境变化的影响，反映集群网络协作过程的各个指标均持续下降，企业间协作关系也因部分企业参与到其他协作关系而减弱维持原有协作关系的意愿。尽管这个阶段是协作关系的重构阶段，反映集群网络协作过程的各个指标也呈持续下降趋势，但由于各自对专用性资产投资产生了一定锁定效应，因此，各个指标不可能回复到协作过程开始的原始状态，都会保留一定的协作效果，如因为专用性资产的投资仍然会存在一定的锁定效应、彼此间协作关系的发展仍然存在协作意愿和创造少量协作收益、协作剩余以及导致锁定损失的可能。

8.4　本章小结

本章主要针对多核集群网络多层次列表模型中的协作关系进行了讨论。首先分析了成员企业间的协作动因，再对协作关系的形成条件、协作剩余的产生与特点、协作效果界定与分类等问题进行了讨论，并对集群网络协作过程进行分解，构建了集群网络协作过程生命周期模型，对其生命周期各阶段的特点进行了分析。

多核集群网络协作关系治理模式研究

通过构建集群网络的协作关系,成员企业得以产生流程协同与互补性资源的获取能力,显著放大集群内部的规模经济效应、范围效应与知识溢出效应,获取协作剩余,继而转化为经济绩效与社会关系资本。外部环境的复杂变化与冲击,为集群网络协作带来了恶性竞争、机会主义行为等诸多不确定因素,给成员企业的协作带来了风险。同时,数字经济时代下,数字化转型的发展态势又为企业协作注入了新的活力。这些风险与机遇使制造集群网络的协作关系更为复杂,如何规范网络协作关系、提高协作绩效,成为集群网络发展的重要课题。有协作就会有治理,制造集群网络的协作关系与治理模式是相辅相成的(王莉等,2017)。网络治理在很大程度上决定了网络的协作优势,构建适合的治理模式与机制有利于优化网络的资源配置,强化信息共享,支持制造集群不断升级与发展(李金保,2017)。

基于此,本章主要针对制造集群网络协作效果进行探讨,深入分析集群网络治理模式,最后面向协作分析集群网络治理的实践路径,为制造集群网络的协作关系搭建治理框架。

9.1 集群网络协作效果研究

9.1.1 集群网络协作过程收益变化机制

集群网络协作过程是超工作中心由于资源或任务之间的协作形成的一种依赖关系和执行过程。协作过程由于资源共享和经验的积累具有学习效应,同时又由于专用性资产的投资产生较大的投资成本而具有锁定效应。协作关系的形成需要参与协作的各个节点企业共享更多的资源，提供专用性资产并促使企业间进一步融合。协作可以创造价值，产生收益，但由于存在锁定效应，也可能导致锁定损失，协作收益和锁定损失在整个协作过程中都会存在，并呈现不同的变化趋势，如图9-1所示。

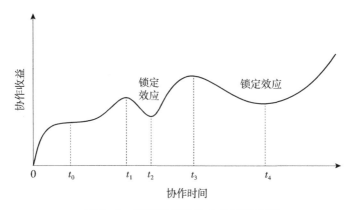

图9-1　集群网络协作收益变化趋势

图9-1中横坐标表示集群网络协作时间，其中坐标原点表示协作过程开始，此时协作收益为0，随着各个子任务协作子过程的不断变化，协作收益也随之发生变化。$t_{n+1}-t_n$表示某两次协作子活动之间的时间间隔，曲线所描述的是该任务在执行过程中协作收益的变化趋势，在集群网络某个任务被协作执行开始到t_0时刻，协作过程整体呈现的是协作剩余。当进入第二个时间阶段t_0到t_1时，集群网络中该协作活动整体仍然保持协作剩余状态，说明集群网络协作过程的协同效应呈正向变化。而在t_1到t_2、t_3到t_4阶段，集群网络协作过程存在锁定效应，且大于协作剩余，此阶段的集群收益是负向变化的，但整体的协作收益还是正值。在整个协作过程中，当锁定效应特别严重，协作活动的协同效应不够明显时，协作收益也有可能为负值。

9.1.2　集群网络协作效益分析

随着制造集群网络的不断扩大与发展，网络节点间的协作关系不再是简单加和的线性协作模式，各成员企业间不断构建起更为复杂的联系，使网络向着相互叠加的非线性系统协作模式转变。当制造集群网络的非线性系统协作的收益显著高于原本线性协作模式时，制造集群网络即产生了协作效益。这种协作效益，既包括扩大网络整体与成员经营利润的经济性效益，也包括基于信息共享和社会关系巩固，可正向促进制造集群网络与各成员企业进一步发展的间接效益，即非经济性效益。

1. 经济性效益

经济性效益是指在制造集群网络的运行过程中，各网络子成员通过构建协作关系获得协同效应，从而在更深入的生产联系中降低生产成本、提高产品的市场价值，最终显著扩大企业经营的利润空间。制造集群网络协作的经济性效益主要包括资源配置优化、交易成本降低与创新能力提高。

（1）资源配置优化。制造集群网络以制造资源作为最基本的组织框架（陈晓明，2015），资源的分布决定了网络的结构与形态，是网络中成员企业生存和发展的根基。网络中的各企业均是基于一定的优势性资源进行生产经营活动的，同时随着企业规模和经营范围日益扩大，企业所需要的资源种类和数量都在不断变化，这就需要制造集群网络对其中的资源配置进行优化。从纵向的供应链整合视角来看，网络中的节点企业通过在供应链中与上游端及下游端企业对接，构建起基于生产流程协同的协作关系。这种关系可以实现跨企业的供应链生产过程的紧密衔接，在生产环节的联系中加快网络资源的流动与周转（曹兴等，2013），大大加强网络中生产资源的交换。从横向的企业合作关系来看，制造集群网络协作更强调基于互补性资源的企业协同，通过建立战略联盟、企业集团等方式形成合作伙伴关系，并基于此开辟了新的资源交换渠道，实现异质性资源的交换，为合作伙伴提供物力及财力等的支持，继而实现资源的优势互补。最终，制造集群网络的资源交换的频次与渠道数量显著提升，制造资源得以在网络中更加充分地流动，各类异质性资源也得以较为精准地配置到具有资源需求的各个节点上，网络节点企业资源的可获取性大大提升。一方面，企业获取生产经营所需的耗费显著降低，减轻企业的运行压力与生产成本；另一方面，资源充分流动促进各类异质性资源的聚合，为企业提供发现并获取新资源，将其运用于生产方案改良的机会，从而优化产品性能，提高企业的经营绩效。

（2）交易成本降低。早期企业的存在形态往往是基于独立经营模式的。

由于独立经营带来的封闭性，这种模式下企业内外部的经济活动尚未建立起组织间层次的联系。因此，企业的日常经营活动，包括原料购买、产品销售以及设备引进等，均需要依靠市场，以寻求适宜的供应商和客户。这种依托市场进行交易的模式往往会耗费较大的时间与资金成本。同时，企业需要与不同的供应商和客户进行谈判，签订合同并执行交易。这些过程可能会产生较高的成本，包括谈判成本、合同履行成本等，同时也大大增加了交易的不确定性。

随着企业间的交易关系的日益频繁与深入，传统模式下较高的交易成本也会随之减少。此时，企业间由于多次交易对彼此的认知与了解将逐渐加深，这使得企业间的关系逐渐从基于市场的供应商与客户关系转变为长期稳定的合作伙伴关系。这种网络协作关系不同于具有签订合同所带来的强法定约束力的合作方关系，而是经过长期合作所形成的基于承诺和信任的情感性联系。此时，企业间所进行的交易与协作，将逐渐演化为一种稳定的、自发的行为，形成深度协同的交易模式，同时交易执行所需的环节也会逐渐简化。最终，基于网络协作的交易模式形成，一方面，企业寻找交易对象、进行协调谈判与签订合同并执行交易等方面的成本将大大降低，拓展了企业的盈利空间；另一方面，形成的信任关系也可有效防范交易双方的机会主义行为，从而为企业降低交易风险与防范成本，同时促进企业对交易业务的资金投入，有益于企业扩大生产规模（刘诗园，2022）。此外，交易的进行也会更加便捷，成员企业可以将更多的时间、人才与资源投入研发、生产等过程，进一步扩大产品的利润。

（3）创新能力提高。企业产品的市场价值与竞争力来自核心技术，随着技术环境的日益复杂，越来越多的企业的创新活动开始突破组织的边界，在集群网络中寻求合作创新。制造集群网络协作对企业创新能力提高的正向作用主要包括两个方面，即协同创新、知识的溢出与共享。

在制造集群网络不断演化的过程中，主动寻求创新伙伴，对于企业自身拓宽创新资源、提高技术水平至关重要，节点企业逐渐从单一主体的创新模式演化为多主体协同互动、非线性的协同创新模式。协同创新将为网络协作成员带来创新协同效应，即各类创新要素，如知识、行为、资本与资源等的聚合（倪渊，2019），并发挥出超过原有各要素及成员企业线性加总的超额创新绩效水平。基于协同创新，企业在与具备互补性技术资源的合作伙伴协作中，能够加速异质性技术的交换和流动，提高创新能力。同时，创新资源的优化配置也激励成员企业共同开发新产品与技术流程，从而提高产品的核心竞争力，继而以技术优势扩大市场份额。

协同创新模式所带来的知识溢出与共享，是创新维度下网络协作经济性效益的另一重要因素。在网络中具备显著技术优势的核心企业的先进知识资源，包括标准的、规范化的显性知识和非规范化的、无法衡量的隐性知识（如技能、经验等），将在协同创新过程中伴随专利购买、科研人员的组织间流动等过程，自发地扩散到地理位置邻近及协作关系密切的中小企业中（王纪武等，2018），通过学习和效仿转化为其技术能力。知识溢出效应所具备的正外部性，大大降低了企业获取先进技术的成本（杨立成等，2022），成为企业培育创新能力，突破创新壁垒，从而提高产品价值的"助推器"。

2. 非经济性效益

非经济性效益是指在制造集群网络协作中，虽然无法直接转化为集群网络成员的经济利润，但可作为企业未来经营活动实现盈利的重要因素所带来的收益，如信息、社会关系等。这些非经济性要素是企业未来发展的重要基础，随着时间的推移将逐步发挥转化作用，显著提高企业的经济绩效水平。

（1）信息高度共享。信息作为制造集群网络协作的关键要素，帮助网络成员企业掌握资源、市场、技术知识等情况，从而实现盈利与发展。供应链上的各个成员企业往往面对信息不对称性的困境，这种信息不对称大大限制了全链生产效率与弱势企业的对外部环境与各类要素资源的掌握与利用程度，成为约束企业经济绩效增长的关键因素（戴建平等，2017）。制造集群网络协作通过更加充分的流程协同，构建起成员企业信息共享平台，使成员企业在经济资源的获取与交换中实现地位平等，从而促进信息高度共享，有效解决信息不对称性问题。

一方面，信息的高度共享将为企业提供更大的经营柔性。在外部市场环境不断变化的情况下，通过网络协作构建的信息共享机制，能够为企业及时提供相关市场信息，迅速适应环境变化，调整生产计划，以灵活的经营方式响应市场需求，同时实现对市场风险的有效规避。

另一方面，信息资源对网络成员企业战略制定具有重要作用。企业战略作为企业根本性、长期性、整体性的计谋，将直接关系到企业在未来的经营活动中能否形成竞争优势，实现可持续发展。通过信息共享，网络成员企业可以获得更多的市场、资源等信息和竞争情报，这将有助于企业更好地了解外部环境形势和竞争对手的情况，为企业在资源利用、经营模式等方面做出决策提供重要依据，从而制定正确的战略与发展规划。

（2）社会关系巩固。制造集群网络关系本质上是一种嵌入到制造集群经济行为中的社会网络关系，其中每个节点企业作为独立的法人个体，既形成了市场交易、合作研发等正式关系，也形成了以特定地域文化环境为基础的非正式人际关系。随着企业协作关系的深入演进，网络节点企业间将逐步形成以人际关系、传统习惯等为联系纽带，长期稳定、充满活力的社会网络关系。这种社会关系将通过企业成长与网络演化逐渐巩固，形成节点企业活动的"未来资产"。一方面，社会关系为企业未来经营提供各类所需资源的获取可能性，不仅包括生产所需的物质资源、生产设备、资金等实体资源，也包括知识技术、销售渠道等无法衡量但对经营活动至关重要的资源。另一方面，社会关系为企业塑造良好的品牌形象与口碑，获得其他成员企业的信任与支持，提高企业的信誉，从而吸引更多的客户与合作伙伴，以无形资产为持续经营与发展注入潜力。

综合以上分析，得出集群网络协作效益对网络协作绩效提升的具体机制，如图 9-2 所示。

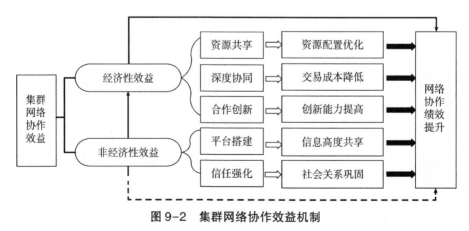

图 9-2　集群网络协作效益机制

9.1.3 集群网络协作过程锁定机理与破解机制分析

1. 协作过程的锁定效应分析

由于外部环境动荡可能使产业集群僵化，失去弹性的源泉，集群网络形态对外界动荡的反应能力变得迟缓，而网络的自闭性结构与关系演化的"路径依赖"，会导致群体的"锁定"现象（蔡宁等，2003）。Grabher（1993）将集群网络的路径依赖性导致的产业集群的锁定效应分为三类：功能性锁定、认知性锁定和政治性锁定。由上文分析可知，集群网络成员企业参与协作的主要途径是各成员共同投资专用性资产，并形成动态的互补性资源的分布式共享以执行任务。在该协作过程中，由于信息共享、任务匹配、协作频率和专用性投资的增加，会导致协作关系成员间的约束效应增加，甚至会将该协作关系锁定在不同的网络协作等级上。因此，锁定效应可以表示为一个三元组：

$$LOE = (SOR, ASS, COF)$$

其中，LOE 表示集群网络中某个协作关系具有的锁定效应；SOR 表示该协作关系所嵌入的社会关系的紧密程度，嵌入社会关系的程度越深，锁定效应越强；ASS 表示该协作关系用以执行协作过程的资产专用性程度，资产专用性程度越高，则该资产用于其他任务执行的转换成本越高，也就说明其锁定于某些协作关系的效应越明显；COF 表示该类协作关系执行频率，如果该协作过程执行的频率越高，学习曲线效应越明显，协作关系锁定于某个特定协作等级的可能性越大，锁定效应越显著。

由于协作关系是嵌入社会关系中的一种网络协作关系，因此，本研究认为对于集群网络协作过程的锁定效应而言，最基础的锁定效应应该体现于社会关系的紧密程度。社会关系的交互会促使企业间产生连带关系，这时连带关系会引导企业进行专用性资产的投资，所以资产专用性程度是协作过程产生锁定效应的第二个层次。当企业间由于社会关系的交互产生了连带关系，并加强专用性资产投资之后，专用性资产用于协作的结果会影响节点企业间的协作频率，因此，协作频率是协作过程产生锁定效应的第三个层次。

这三个层次的锁定效应并不是完全独立的，特别是在协作关系较为紧密、协作过程处于生命周期的中后期阶段，三者之间是相互促进和影响的，构成了集群网络协作过程锁定效应的复杂性影响因素。

2. 协作过程锁定效应破解机制

集群网络协作过程由于社会关系基础的导向作用、资产专用性导致的协作成本增加，以及交易频率的增加会降低企业改变协作对象的可能等，都会将节点企业间的协作关系锁定于某个特定的层次，这在一定程度上固化了协作的过程，降低了企业间协作的柔性和可重构性。要改变协作过程的柔性，提升集群网络协作的重构性，就需要破解制约集群网络协作关系的机制。

第一，根据协作关系的特点改善所嵌入的社会关系的基础。社会关系是形成集群网络协作的基础，要提升协作关系协作的弹性，改善协作过程的柔性和减少协作过程的锁定效应，可以改善传统的社会关系的基础。如在协作之前，可以对协作过程的例外情况做好约定，当协作过程中发生例外情况时，按照约定处理，以免受制于社会关系基础。

第二，针对协作关系所处的阶段以及专用性资产的价值决定专用性资产投资方案。专用性资产的投资会面临机会主义的威胁（Williamson，1985），特别是多个节点企业对专用性资产投资不均匀时，投资越多的企业形成的锁定效应会越来越明显，这种情况下也容易滋生其他节点企业搭便车的行为。当专用性资产投资成本较高时，需要预先评估专用性资产投资收益的状况，尽可能降低协作关系导致专用性资产投资的沉没成本。

第三，控制和调节好特定协作关系的协作频率。协作频率可以看作对协作模式和协作过程的强化，它决定了企业间知识和技术交流的效果，以及资源分享的层次和程度，并可以改进节点企业间制度安排的稳定性。当协作频率增加时，正强化效应增强，协作节点企业间非正式控制的嵌入性也会增加，因此，要根据协作产生收益的变化来决定是否需要正强化，以免网络协作关系被锁定于低效率的协作状态。

第四，改变集群网络协作过程学习效应固化于内部的影响，将学习效应尽可能多地应用于其他协作过程，提升协作范围扩张的弹性。协作关系是节点企业间协作过程执行和协作技能学习的外在表现，因此，一定存在学习效应。如果协作过程所产生的学习效应只固化于协作子网内部，那么该协作关系的锁定效应可能增加，如果将其应用于协作子网外部，可以改善协作子网柔性，并进行协作过程的动态性重构。

9.2　集群网络成员企业间协作关系治理模式选择

随着制造集群网络协作关系的演进，为提高协作效益，需要对网络成员间的协作关系进行治理。针对各时期协作关系的不同特征，所选择的治理模式具有明显差异，具有动态演变的特点（王倩，2019）。目前制造集群网络主要的治理模式有契约治理模式、关系治理模式、混合治理模式与技术治理模式，本节针对其形成背景、主要特征、优势与缺陷进行深入分析与探讨。四种网络协作治理模式及其协作特征如图 9-3 所示。

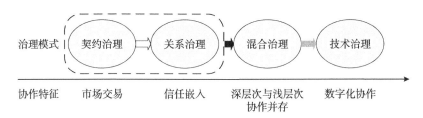

图 9-3　集群网络协作治理模式及其协作特征

9.2.1　契约治理模式

作为制造网络集群发展早期的主要治理模式，契约治理强调运用一系列正式的制度安排，包括各类书面的合同、条款协议等，以维系集群网络企业的协作关系，在驱动协作与规范行为等方面发挥重要作用。通常来说，集群网络发展早期，由于成员企业对所选择的合作伙伴的认知与了解尚且不深入，更倾向于在协作行为发生前运用合同等具有法定约束力的契约工具，商议并确定合作的事项、目标、具体路径等行动内容以及合作双方的权利义务、违约处罚等规则（陈守忠等，2021）。一方面，契约阐明了双方最终的合作期望，从而从战略层面上为成员企业确立了协作导向（Shantala et al.，2023）；另一方面，正式的、强制的程序与政策规范企业的协作行为，显著降低后续双方合作行动的不确定性，继而提高协作成功率与效益。契约治理模式通常包含监督、激励与制衡三个治理要素。监督，即通过委员会、执纪组织等职能机构的确立与问责条约的修订等途径，对合作伙伴的投机行为进行及时识别与反制（吴炯等，2023）；激励，即通过为双方期望达成的协作目标设立资金、资源等物质性报酬与权力等非物质性报酬，从而提高双方进行协作行为的积极性；制衡，即通过权利与义务的明确界定，对合作企业的参与程度、工作任务以及话语权等进行协调与平衡，从而规避协作行为中一方处于长期支配地位的情况。

契约治理模式是一种正式治理模式，在集群网络关系治理中具有显著特点。从导向层面上看，契约治理规定了明确的协作目标，作为集群网络协作关系形成的关键内驱力，能够直接推动网络经济绩效的提升；从行为层面上看，契约中清晰具体的条款内容为企业协作行为提供明确指引，同时由于契约是事前各方共同商定的，因此能充分协调好各企业的利益，保障合作顺利进行；从治理结果层面上看，明确的、有强约束力的规则能最大限度地保证合作过程的公平性与有效性，契约所确立的监督机构与评估机制能显著遏制参与者的各种违约行为。

尽管契约治理明确了合作企业的权利义务，增强了合作过程的公平性与正式性，其在实施过程中仍存在诸多缺陷。第一，在签订契约的过程中，信息不对称、沟通不畅等原因可能导致签约风险，增加协作过程的治理成本；第二，虽然契约明确规定了违约的处罚措施，不确定性的内外部因素可能导致参与者无法履行契约规定的义务，违约风险仍不可避免；第三，合作企业往往只履行契约明文规定的义务，导致协作的层次较浅（吴晓波等，2022），资源与信息的共享不够充分，难以真正构建起有效稳定的协作关系；第四，契约的稳定性和长期性可能导致网络缺乏灵活性，难以适应市场的快速变化。

9.2.2 关系治理模式

随着集群企业的协作活动日趋频繁，基于协作的企业关系强度逐渐增强，形成稳定的社会关系，社会网络嵌入的制造集群网络也逐渐成形。为了在一定程度上克服原有的契约治理的缺陷，提高协作的效率与收益，网络成员企业开始寻求新的治理模式，即关系治理。相较于正式的契约治理模式，关系治理模式是一种强调信任的、非正式的治理模式，强调运用社会关系强化信任机制，从而形成企业间的认同与承诺（石海瑞等，2015），不断深化协作关系。

基于社会网络关系的稳定性、紧密性与情感认同性，关系治理模式具有区别于契约治理模式的新特征。其一是更倾向于长期的协作关系，契约治理面向的协作关系往往只存在于合同所规定的较短期限内，而由于关系治理中的协作企业通过多次契约合作，已对彼此有了深入的了解与认同，并产生了长期合作、彼此依赖的情感倾向，因此关系治理的对象是更加长远稳定的协作伙伴。其二是互惠互利性，契约治理中的企业是通过履行契约义务来获取收益的，带有较强的利己性，关系治理中合作企业基于彼此的认同，更加强调双方自发的互帮互助，其带有一定的"主观利他"色彩，通过双方的相互支持获取共同收益，以达到"共赢"的目的。其三是注重协调沟通，契约治理通常是以订约前的共同商议和契约中明文规定的方式达成协调目的，关系治理模式注重企业之间的沟通，通过实时协商的方式，以协调合作过程中的矛盾冲突，更为及时、灵活。其四是文化协同，作为战略导向在精神层面上的体现，关系治理面向的合作企业，更注重将合作关系与彼此间的情感联系融入自身的企业文化中，同时通过文化融合和价值观共享增强企业之间的相互认同和信任（冯华等，2019），从而使企业文化体现出较强的统一性。

由于长期稳定且更加深入的协作关系已经形成，关系治理模式能够发挥出显著的优势。一方面，情感认同与深层次协作驱动企业间实现信息、资源的高度共享，合作效率显著提高，为企业的相互学习与共同研发等行为提供了关系基础；另一方面，社会性质的关系治理规避了契约治理中的签约成本与风险，同时高强度的信任关系强调自我约束（胡国栋等，2017），抑制了机会主义行为的发生。此外，关系治理在市场交易层面，由于不具有约束限制，能够更加灵活地适应外部环境变化。因此，关系治理模式对集群网络经济绩效与竞争力提升的促进作用更强。但由于缺乏契约治理的约束性与规范性作用，关系治理将面临较大的不可控风险。首先，基于信任和承诺的关系治理，由于容易陷入过度信任，对违约风险的防范较弱，加之缺乏相应惩罚措施，一旦出现企业违约，将会为合作伙伴带来更大的损失（江旭等，2022）；其次，在社会网络关系中企业的权力是不均衡的，某些企业可能会承担更多的风险和成本，而其他有较高权威的企业则可能获得更多的收益；最后，关系治理需要企业之间进行频繁的协调和沟通，如果协调难度过大或沟通不畅，可能导致合作关系破裂。因此，关系治理对构建强力的信任机制与有效的沟通渠道具有更高的要求。

集群网络中契约治理模式与关系治理模式在各个维度上都具有显著的区别，其对比如表9-1所示。

表9-1 契约治理模式和关系治理模式特征对比

特征	契约治理模式	关系治理模式
治理类型	正式	非正式
核心	合同等书面契约	信任与情感认同
约束性	强	弱
协作层次	浅	深
合作积极性	低	高
协调方式	事前商议协调	即时沟通
主观违约风险	高	低
风险控制力	强	弱
灵活性	明文规定，较为僵化	即时性强，较为灵活

9.2.3 混合治理模式

在市场竞争日益激烈的背景下，企业对于灵活性和创新性的需求不断提高，单纯的契约治理模式或关系治理模式已经无法满足制造集群网络的发展需求。在这种情况下，企业开始探索将契约治理模式和关系治理模式相结合，形成一种混合治理模式，以实现制造集群网络的全面优化和协调发展。混合治理机制强调企业合作伙伴基于信任产生关系接触，在资源共享、生产活动等多方面实现双向选择与协同，在深层次的协作联系基础上，运用书面合同等契约工具规范协作行为，辅以合作双方的情感认同进行治理（张宝建等，2015）。目前，这种治理模式在制造集群网络中占据较为重要的地位。

相较于上述两种单一治理模式，混合治理模式体现出双元性的特征。混合治理模式综合了契约治理模式与关系治理模式的优点，补全了二者的短板。

其既有源于市场契约的强约束性优势，能够通过合同条例的法定效力，在显著降低违约风险的同时，规避过度信任的影响，最大限度地降低风险损失（李宇等，2022）；又有基于信任与情感认同所带来的协作优势，能够通过深层次关系的构建放大协作效益，运用自我约束抑制机会主义行为，降低主观违约的概率（李敏等，2018）。双元性使得混合治理模式更加灵活可行，能够根据不同的合作需求和具体行动情况进行调整，进而适应不同的市场环境和合作需求。

　　基于双元性特征，混合治理机制能够将两种模式有机结合起来，一方面，通过建立稳定的契约关系和有效的沟通协调机制，降低交易成本和协调成本，提高合作效率；另一方面，违约处罚措施的修订与强有力的信任机制的建立，能最大限度地减少合作中的不确定性风险。通过这种"双管齐下"的有效治理方式，制造集群能够在成员彼此认同、共同守约与互利共赢的协作过程中实现网络关系的可持续发展。但混合治理模式尚存在一定缺点：由于涉及多种治理模式的组合和管理，因此管理难度相对较大；此外，多种层次的协作关系并存，导致信息不对称问题相对较为突出，可能会影响制造集群网络的稳定性和效益。因此，需要加强不同类型企业的协调管理与信息共享。

9.2.4　技术治理模式

　　新一轮技术革命背景下，数字化转型成为当前制造企业与制造集群发展的新趋势。在数字化技术加速研发与转移的驱动作用下，集群企业开始寻求更为先进的生产模式与商业模式，通过开发数字化技术及其产能，逐渐形成以数据要素和人工智能、云计算、互联网等数字化技术为核心的发展态势（陈劲等，2019），即数字化转型。数字化转型的需求与趋势驱动集群管理者与成员企业对制造集群网络治理模式进行创新，开始运用先进的数字化技术对成员企业及其关系进行治理，不断优化制造集群网络的资源配置、生产流程和协调机制，形成了基于数字化治理的技术治理模式。作为未来集群网络治理模式的主流方向，技术治理模式的先进性与创新性从多个维度凸显：从战略目标维度上看，技术治理模式是服务于集群的数字化转型的，因此在政策导向上，集群治理者通常更关注对集群企业数字化平台的建设与技术支持，引入多种创新资源与专项资金，以加速集群网络整体的数字化进程（李荣，

2023）；从治理对象维度上看，由于数字化集群网络具有显著的开放性特征，能够进一步驱动协作企业信息、资源的高度共享，因此技术治理主要是面向集群网络协作成员企业在生产经营活动中的各种数据信息与资源；从治理工具维度上看，信息系统与数据库技术、大数据分析、电子监控技术等新兴数字化技术是技术治理模式的主要手段与工具。

在治理内容上，技术治理模式包含以下四个要素特征：其一是数字化技术的开发与应用，技术治理模式通过开发与引进先进的数字化技术和治理工具，实现制造集群网络的数据采集、传输、处理和分析的自动化和智能化，创设良好的集群数字化生态，提高协作的数字化水平；其二是信息资源共享，技术治理模式注重信息资源共享，通过建立统一的信息平台和数据接口，实现网络成员企业之间的信息共享和数据交流，在此基础上强化企业的生产协同与信任关系，同时建立数据规范，对信息内容进行甄别与筛选，提高信息传递效率和准确性，确保信息共享的质量（齐宇等，2022）；其三是实时监控与调整，技术治理模式一方面能够监测成员企业的资源利用与生产过程，对集群生产进行及时调整，继而优化集群的生产流程与资源配置，另一方面能够实时监控协作行为，有效遏制与防范成员企业的机会主义等破坏网络生态的行为（彭勃，2020）；其四是创新支持，技术治理模式通过创新政策的实行与创新资源平台的构建，鼓励企业进行技术的研发改良，促进企业之间的技术交流和合作创新，从而促进开放创新网络的加速成形，推动制造集群网络的升级和发展。

技术治理模式通过运用数字化技术，所形成的精准化、智能化的治理机制可以规避传统治理模式的风险，对提升治理效能，维护网络生态具有重要意义，但技术治理也为集群网络的管理者与成员企业带来了新的挑战：首先，技术治理存在一定的技术门槛，这要求成员企业与管理者具有相关的数字化技术和知识储备，否则难以充分发挥技术治理模式的作用效果；其次，需要较大的投资成本，包括数字化设备和系统的购置、维护和升级等，集群治理者与企业需要具备较强的经济实力和投资能力（于若尘，2023）；再次，技术治理有一定的信息技术风险，如数据安全问题、系统稳定性问题等，需要加强技术风险管理和防范；最后，技术治理模式中管理者容易进入盲目强化的误区，单纯追求技术导致其脱离集群网络的实际水平，使集群陷入技术操控的困境，成为技术的附庸（马营，2023）。因此，治理者和集群企业需要加强技术素养与治理素养，提高企业和治理者的数字化技术水平和应用能力，完善集群投资成本规划，为治理技术的升级吸纳充足的资金，同时建立完善的技术风险管理和防范机制。

9.3 集群网络协作关系的维护与治理

虽然集群网络形态对集群的协同运作而言具有独特的优势，成员企业间的协作绩效有赖于集群网络形态，但网络与集群内部成员企业协作绩效之间并非正相关关系，网络形态也并不必然导致高的企业协作绩效。因此，如何维护集群网络协作关系，如何治理集群企业间的网络关系，是真正提升网络协作绩效的关键。治理的范围广泛，包括全球、社会、城市、行业和企业治理等多个层面。Williamson（2005）聚焦市场交易治理，认为治理是指在一个系统内提供良好的秩序与合理的制度设计和安排，以协调或规范主体之间行为或交易的手段和方法。治理既包括支持市场机制有效运行的正式制度和规则，也包括促使人们优先考虑共同利益的非正式制度安排（Zhang et al.，2017）。

9.3.1 优化网络信息共享机制

集群网络形成的基础是社会关系的嵌入，而网络运作过程的动力来自协作成员企业各自的资源信息，这也是网络组织整体连通性的价值所在。如知识、技能、市场、声誉、品牌等信息的共享，可以改变传统的依靠低成本自有资源的重复应用局面，并发挥网络资源中异质知识、技术、信息和管理经验互补的效应。相应地，企业对于其组织边界，也不会过分关注内部层级结构的选择和内外均衡的匹配，主要在于通过自身信息优势参与协作的过程，诱发和获取各种交互作用的网络关系及协作绩效。

另外，节点企业参与协作是网络互动的基础，而信息共享诱导的互动过程又会强化嵌入社会关系中的企业连带关系，增强协作网络的吸引力和凝聚力。因此，成员企业间的信息共享机制不仅可以增强企业投资专用性资产的信心，还可以提升成员企业巩固该协作关系的积极性，进而促使成员企业协同运作，提升协作效率。

9.3.2 构建集群网络协作关系治理框架

1. 网络协作关系治理与传统企业治理的差异

地方政府、行业协会、研究机构、金融机构等集群网络成员，在实现知识、信息、资源传递的过程中扮演着不同的角色（Aarikka-Stenroos et al.，2014）。而协作关系是集群网络产生的基础，也是产业集群演进的动力，治理则是一系列活动领域里的管理机制，它们虽然未得到正式授权，却可有效发挥作用（Rosenau，1995），协作关系治理效果的好坏决定集群成员企业间的互动程度以及协作网络持久性等特征。地方政府制定市场行为者之间互动的规范和规则，了解企业的具体需求以提供集体资源，促成集群网络成员企业之间的信息传递和合作，组织并协调集群的整体发展（Wei et al.，2016）。行业协会在企业之间建立横纵向或交叉联系，传播市场信息并促进它们之间的学习，通过广泛的成员企业网络在行业问题上施加影响力，强化集群社会关系网络（McDermott et al.，2009）。协作关系治理与传统二分法的治理模式不一样，完全依靠层级结构和完全依靠外部市场都不合适，需要通过学习吸收协作对象的隐性知识并加以改进，共同提升协作网络的柔性和可重构性。协作关系治理属于集群网络的共同治理行为，与传统的企业治理行为有着本质的区别。

一是治理对象发生了变化，传统的企业治理是以单个企业为对象，而协作关系治理的对象是参与协作关系的各个节点企业，是一个由点到面的跃迁。二是传统企业治理过程是所有企业利益相关者对单个企业的治理，目标很明确，属单向治理范畴，而协作关系治理由于协作网络的联结关系较为复杂，因此，是所有与该协作子网有关的节点企业主体之间的多向（含双向）互动治理。三是治理行为的出发点不同，传统企业治理的目标是基于自身目标实现基础上的合约履行，而集群网络协作关系治理的目标是协作子网整体的效用最大，并在此基础上实现节点企业的多赢，因此，网络协作所追求的目标是整体利益与节点企业利益的同步最优。四是治理行为涉及的治理边界不一样。传统企业治理的范围以组织边界为限，很明确，但集群网络协作关系治理的边界要依据协作关系所嵌入的社会关系的广度来确定，治理的范围广泛，包括全球、社会、城市、行业和企业治理等多个层面。

2. 网络协作关系治理机制分析

如同集群网络结构的演化过程，网络协作关系治理也是一个复杂的系统，构成协作关系节点企业间的互动是系统产生涨落的根源。在协作关系演进改良的过程中，协作网络治理的关键是要保证参与协作的各个节点企业不会利用彼此之间信息不对称和不完全契约而谋取私利，并实现协作企业同步互动且有序高效运作。治理机制还需要抑制协作子网内部的机会主义行为，否则协作节点企业不同利益所引起的激励问题将会扭曲协作过程并会促使协作关系重构、退化或解散。当合作伙伴故意破坏现有的合同以追求其私人利益时，为了更新合作关系，企业需要将合作伙伴的竞争动机转化为合作动机（Bello et al.，2010）。关系治理作为非正式治理机制，通过改变具有机会主义倾向的合作伙伴的动机，来形成合作规范，其目的是将企业的短期利益最大化地嵌入社会义务中的交易，因此促使企业优先考虑共同利益（Zhang et al.，2017）。

网络协作关系具有需求不确定、任务复杂、环境动态等特点，其治理则是依赖资产转移性自治节点企业间的相互协作去解决匹配、适应和资源共享问题。网络关系中这些问题的解决主要依靠非正式机制，而不同于传统层级结构中的硬约束。协作关系治理机制是保证协作过程有效执行，对节点企业参与协作的行为起到制约与调节作用的非正式的宏观行为规范与微观协作规则的综合，并反映网络协作关系演化的内部机理。在相关文献中，涉及网络组织的具体机制有 20 多个，其出现频率由高到低依次是：信任、学习、声誉、分配、创新、决策、协调、制裁、文化、激励、约束等（郝臣，2005）。而属于网络形态宏观层面的机制主要包括：信任、声誉、联合制裁、宏观文化；微观层面的机制包括学习、创新、决策、协调、激励、约束和利益分配（孙国强，2003a）。本研究根据网络治理理论和现有学者研究的网络组织治理机制内容，将集群网络协作关系的治理机制分为三个维度，分别阐述如下。

（1）基于资源基础理论的协作关系治理机制。

①专用性。资产专用性是形成协作关系的基础，协作成员企业之间之所

以可以相互协同运作，是资产专用性在共享协作过程中发挥作用。如资产地理专用性，可以节省协作过程的库存费用、运输费用和时间成本；人力资源专用性则可以解决协作过程中的某些技术或经验匮乏引发的运作瓶颈问题。因此，资产专用性是基于资源基础理论的协作关系治理的主要机制。协作网络节点企业可以通过强化其资产专用性，参与网络协作过程，并依附资产专用性改善协作关系，进而提升协作绩效。专用性的资产协作组织间交易就是关系治理的本质（Zaheer et al.，1995）。

②决策。集群网络资源共享需要遵循一定的规则，如同第 7 章资源与任务代理之间的协商机制一样，该规则为协作关系中涉及专用性资产的投资、共享等问题的决策提供了指导性方法，也为对专用性资产依赖性较强的协作节点企业提供了参考依据。每个节点企业参与协作需要充分了解其他节点企业共享资源的策略，并需要共同构建和维护离散协作的有效决策规则，以促进节点企业间的动态协作。

③学习。协作关系中节点企业的不同资源具备不同的资产专用性，资产专用性的共享又会改变协作过程的状态，并为各成员企业提供分享网络资源和有价值信息的沟通渠道，集群企业可以通过与彼此之间正式或者非正式的交流而实现信息传递与知识学习，这将促进企业的创新绩效（张新杰，2009；蒋天颖，2014）。因此，学习是集群网络协作关系治理的机制之一，通过学习可以平衡资源基础差异、增强信息共享的能力并促进协作过程绩效的改善。

④创新。集群网络是理解集群创新以及绩效的关键（Maghssudipour et al.，2020），节点企业间协作关系的形成依赖于社会关系中嵌入的各种联结关系。自组织理论认为，系统的涨落需要动力机制来改变，而基于资源的创新既可以提供源源不断的学习动力，又可以改变协作网络系统中的平衡阈值，使企业间的协作联结关系呈现上升的螺旋式渐进形式。集群网络使成员企业之间的联系更加紧密，集群内更多的信息与知识交流可以提高企业的竞争力，并且带动知识的创造（Lai et al.，2014）。然而过度的网络嵌入也可能会阻碍集群的创新与发展。当嵌入本地集群的企业过度利用该集群的资源而放弃探索与利用外部资源时，会使社会网络失去灵活性（Burt，1992）。这进而会导致网络中组织关系的恶化，不利于集群变革型创新的发展（Hervas-Oliver et al.，2014）。

（2）基于社会网络理论的协作关系治理机制。

①联合制裁。集群网络协作关系是一种多节点（两个或两个以上节点）的竞争合作互动关系。节点企业的行为本身嵌入复杂社会网络关系之中，并由此引导参与目标更为明确的网络协作关系。但协作关系互动和资产追逐利润的本性会导致群体行为的偏差，这就需要集群协作网络的联合制裁机制进行纠正，即协作过程控制环节，确保协作关系的正常运行，维护其稳定。在协作网络中，协作关系的紧密性可以改善社会关系网络的信息传递方式，同时也使传统的制度性制裁向节点企业联合制裁转变成为可能，联合制裁机制与声誉机制共同作用效果更佳。

②声誉。声誉是一种软约束，不具备联合制裁手段的权威性，但它只有在协作关系的范畴内才体现出价值。它对已有协作关系具有强化效应，好的声誉对协作关系起到正强化的作用，而坏的声誉对协作关系起到负强化的作用。当机会主义行为在一个企业发生的时候，会在该企业所处的集群网络中被传播，该企业将很难在该集群中找到合适的合作伙伴。声誉在其中起到了威慑作用，这意味着企业的声誉是区域协调的关键之一（Romaneli et al.，2005；Arikan et al.，2011）。而集群当中的企业主动或者被动参与集群活动时，能够很好地反映它们在行业内的影响力和声誉（Giuliani et al.，2019）。虽然声誉属于社会网络理论中的网络治理机制，但由于其标准可高可低，因此，声誉治理机制与集群网络构建的基础以及网络的文化底蕴也不无关系。

③集群网络文化。文化是集群网络特性的体现，它在一定程度上反映集群网络的价值导向，因此，集群网络文化维度的治理机制主要是结合集群网络自身特点进行网络治理。普遍的观点认为，共同价值与地方性的文化和企业之间的关系规范都是非正式的治理机制，它们都是成功集群的固有治理机制（Mesquita，2007；McDermott et al.，2009；Ingstrup et al.，2013）。不同的集群网络基础会形成不同的文化，不同的文化需要不同的协作关系加以引导，并成为规范集群网络协作关系行为的标准。Sun 等（2019）认为集群网络中的合作文化作为一种非正式的治理机制，可以在网络中创造良好的沟通和互动氛围，提高集群网络的稳定性，促进其可持续发展。节点企业参与协作的行为需要符合协作网络文化导向，以利于改善协作过程、提升协作绩效。

④信任。网络嵌入可以帮助企业管理合作伙伴间的关系，以获得社会交

流、相互适应和信任等好处（杨张博等，2017）。信任必须嵌入协作关系网络之中，协作关系是建立和增强信任的基础，而信任是建立协作关系的条件。协作关系节点企业间的信任是组织成员共同评估的主观信念，组织成员将根据他们自信的期望执行潜在的交易，不考虑他们的监控能力（Paul et al.，2002）。因此，协作关系意味着构成协作关系节点企业间的相互义务，这种义务让节点企业表现出值得信任的行为。并在信任对方的同时得到相应的回报，从而实现信任基础上协作关系均衡。紧密互联的网络内生的信任、关系规范等关系治理机制促使企业优先考虑共同利益（Zhang et al.，2017）。不仅如此，协作关系均衡也可从一些已经得到信任的第三方向其他节点企业转移，信任的这种可传递特性为协作关系的蔓延和巩固提供了动力。而网络协作关系也有利于相互之间确认和了解彼此的能力，有利于获取有关其他节点企业资源与能力的知识，有利于在相互评估中获得信任。所以，网络协作关系可降低信息的不对称性，降低交易费用（Gulati，1999；孙国强，2003b）。

（3）基于交易成本理论的协作关系治理机制。

①协调。交易成本理论认为，交易成本的发生，是人性因素与交易环境因素交互影响下所产生的市场失灵现象造成交易困难所致（Williamson，1975）。集群当中各个企业不同的利益追求可能会影响整个集群行动的结果（Gereffi et al.，2016）。在传统的市场或层级制度下，正式的契约、谈判和监督等都会产生高昂的交易成本。在集群网络协作关系中，集群网络所嵌入的社会网络关系以及集群本身所形成的文化特点都会对协作关系和协作过程产生一定的影响，因此，通过集群文化和其所嵌入的社会网络关系进行节点企业间协调，以改善协作节点企业间的行为关系，引导协作节点企业参与网络资源共享，加大对专用性资产的投资，控制节点企业产生机会主义的动机以及由此导致的寻租行为，这些都是集群网络形态下协调治理机制发挥的作用。

②利益分配。剩余机制本质上体现了各种制度安排的效果，因此，无论采取什么组织形态进行的组织活动都会产生剩余。而剩余的存在和分配决定着组织内部和组织之间的各种关系。在集群网络协作关系中，协作节点企业要么进行专用性资产投资，要么付出代价获取其他成员企业专用性资产的使用权，彼此由于社会网络关系和资源共享的驱动进行协作，并按照彼此在协作过程中的付出比例进行剩余的分配。与市场和层级制剩余分配不同的是，

协作网络形态下的利益分配不是依靠正式的契约进行的约定，而主要是通过彼此基于协作过程的信任以及对未来声誉渴望自行协调，所以对协作关系的改善更具效率。

③激励约束。在动态性的网络协作关系中，成员企业具有有限理性。这就意味着成员企业间的协作契约是不完全的，而机会主义倾向会导致有些节点企业会利用不完全契约损害其他节点企业的利益以牟取更多的收益。因此，协作网络中的激励约束机制具有很重要的作用。协作网络既要能够激励节点企业参与网络协作关系，又要对节点企业寻租行为加以约束。Dixit（2009）认为产业集群治理的主要目的一方面是要通过约束行动者的活动来维持和协调现有关系，另一方面则是要鼓励和帮助行动者之间建立交互关系。例如，地方政府以及行业协会等利益相关机构，被认为在成功的集群当中在协调成员合作和促进集体增长中发挥着重要作用（Porter，1998；McDermott et al.，2009）。尽管声誉对节点企业的激励约束具有较明显的效果，但也无法完全消除机会主义，因此，还要从协作关系本身的特点出发，确定更为贴切和有效的激励约束机制。

3. 网络协作关系治理框架

目前，关于网络治理的理论研究主要有：资源基础理论、社会网络理论和交易成本理论（董淑芳，2006）。资源基础理论主要强调企业寻求获取和控制个性化、难以复制的资源（Penrose，1959），网络治理使得每个企业能够集中于自己的核心业务领域，同时通过网络使用其他企业的资源，弥补自身的资源缺陷，实现规模经济和学习效应（Barney，1991；邓渝等，2016）。社会网络理论认为企业将其社会资本嵌入强弱关系的社会网络结构中，经济行为和产出受行为人之间的关系和所在的网络结构影响（Granovetter，1992）。交易成本理论则认为网络治理是在网络形态下协作关系的一种交易机制。因此，基于协作关系的网络治理是协作节点企业间关系的常态，节点企业通过协作型网络关系获取集群网络内的互补性资源，共享知识和信息，并可以获取超过正常水平的关系租金（Dyer et al.，1998）。

结合网络协作关系治理机制分析的结果，本研究构建如图9-4所示的集群网络协作关系治理框架。

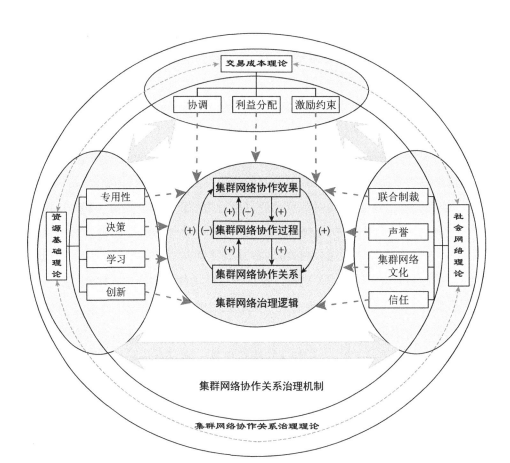

图9-4 集群网络协作关系治理框架

注：（+）表示正向作用，（-）表示负向作用。

由图9-4可知，集群网络协作关系治理框架分为三个层次：集群网络协作关系治理理论层、集群网络协作关系治理机制层和集群网络治理逻辑层。

9.4 本章小结

本章在协作过程收益变化机制的基础上，分析了协作过程中的经济性效益与非经济性效益，同时深入分析了协作锁定机理及其破解机制；基于不同时期的网络协作特点，探讨了网络治理的四种治理模式；最后以集群网络组织形态的特点为基础，构建了集群网络协作关系的维护与治理框架。

基于 SOA 和多层次列表的
网络资源计划体系 ▶▶▶▶

市场机制的不断完善导致以客户需求为导向所形成的市场竞争日益激烈。制造企业为了更好地参与市场竞争并充分把握市场机遇，就需要不断调整自己的生产经营中心，尤其是传统的以产品制造为中心的企业独立生产经营模式已逐步转变为"与外部企业结盟，合理利用外部资源并协同运作，实现双赢甚至多赢"局面的经营模式。不仅如此，随着制造企业的不断发展和中小企业集群趋势的演进，以生产企业工作中心为作业单元的经营活动对网络技术的需求也逐步提升。在众多计算机技术和网络工具的协助下，集群网络制造资源分布式共享模式也渐露头角，如基于应用服务提供商（Application Service Provider，ASP）模式、网格（Grid）、SOA 等技术的运用都可用以加快企业信息化进程，快速响应市场需求。

为了实现集群网络资源的集成化配置和分布式共享，需要将具有企业特性的分布式资源抽象为具有共性和可随时调用的无异构的网络资源，本研究拟构建基于 SOA 和多层次列表的网络资源配置系统架构。在该体系中，所有集群协作过程都体现为服务的请求和调用，因此，该系统架构需要将存在于集群网络中的分布式资源和任务都封装为服务（后文如无特殊说明，所指的服务均包含资源服务与任务服务），并协调好服务的各请求方与响应方之间的关系。从集群网络协作的整体性来看，该系统架构需要构建资源服务封装、任务服务分解与封装、服务代理、服务检索与服务协作过程安全控制五个模块。

(1) 集群网络资源服务封装模块。资源是集群网络资源分布式共享机制的核心元素，也是执行集群网络任务、完成集群网络目标进而把握集群外部市场机遇的关键。在资源服务封装模块中，要将集群网络中分属不同企业的异构资源集合按不同标准分类，形成抽象后的资源列表，并通过封装模块形成各类资源服务。资源服务封装过程要改变资源列表中各类分布式资源的异构性，通过 XML 语言描述提供一个标准化的、与平台无关的、可扩展的、与应用无关的资源服务数据描述和交换框架，以便资源服务代理发布和任务服务代理检索及调用。

(2) 集群网络任务服务分解与封装模块。任务执行是集群网络存在和协作的动力，也是集群网络资源分布式共享的目的。任务执行要以实现集群网络成员企业及集群整体目标为目的。在任务服务分解模块中，要依据任务本身的特点，将不同企业承担的任务进行分类，形成各类网络工作中心所承担的子任务集合，遵从任务执行的特点，形成任务列表。具体地说，通过任务分解与组合过程，改变原始任务集合中各类子任务粒度的大小，封装形成具有可重构性的任务服务列表。因此，任务服务列表既要充分体现子任务服务所执行的过程，又要体现各类子任务服务执行所需调用的资源服务。

(3) 集群网络决策单元代理模块。决策单元代理是集群网络中实现成员企业之间资源服务与任务服务协商机制的基础。代理本身不具备消耗网络资源和执行网络任务的功能，它主要通过具体的代理通信语言完成其所代理的资源服务与任务服务协商过程中的通信和信息交换。当资源服务列表与任务服务列表包含不同服务列表源时，各个代理之间还需进行协商，共同形成多层代理关系，各个层次代理共同协调集群网络资源服务与任务服务，形成多代理列表。因此，多代理列表不仅要实现代理资源服务与代理任务服务之间的协调，还需要实现集群网络代理列表中各代理之间分别代理的资源服务与任务服务的跨代理协商，共同执行集群网络任务。

(4) 集群网络服务检索模块。服务检索是实现服务功能、利用网络资源执行网络任务的前提，因此，网络资源和网络任务封装为服务后，要能够被任务代理和资源代理根据具体条件很快地检索出来。服务检索模块既要能够体现资源服务与任务服务的特性，又要能够体现资源服务列表和任务服务列表的层次性，并将其正确运用于子任务服务与资源服务单元匹配的协商机制中。如何准确检索到网络协作过程所需的服务，如何尽快检索到网络协作过程所需的服务，都是集群网络服务检索模块所必须实现的功能。

（5）集群网络安全控制模块。集群网络资源多层次列表体系结构是一个开放的、发展的和可重构的集成化配置框架，因此，集群网络资源服务与任务服务之间存在着动态的协商机制。资源服务与任务服务协作时，彼此的数量、状态、可用性等特征都会随着市场机遇的变化而变化，特别是随着企业之间协作的加强，参与集群网络资源分布式共享的成员企业也会有所变化，这就要求集群网络成员企业在访问该层次列表体系结构的信息系统架构时，有足够的安全控制措施保障网络资源分布式共享过程安全、可靠和高效率进行。

10.1　集群网络资源服务封装模块

网络资源的描述在网络资源分布式共享和集成化配置过程中起着相当重要的作用，它是资源发现、资源共享、资源功能实现等环节的重要信息。由于集群网络资源的异构性增加了资源集合的复杂程度，使集群网络资源服务封装难度大大提高，所以必须以资源描述信息消除分布式资源的异构性（王书龙等，2017），进而把不同企业的资源应用、不同的资源类型联系起来。因此，资源描述具有两种作用：一是联系资源服务请求者和资源服务代理之间的作用，请求者用资源服务描述机制描述自己的资源服务需求，资源服务代理根据需求描述做出响应；二是联系资源服务提供者和资源服务代理之间的作用，资源服务提供者把描述自己的信息告诉资源服务代理，以便资源服务代理知道本资源服务的相关信息，通过云服务端依据需求信息寻找相应的实现单元，进而把资源服务匹配的请求导引到资源服务上（徐志伟等，2004；杜楠等，2022）。其作用也可以用图 10-1 进行形象的说明。

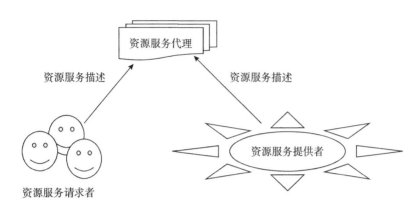

图 10-1 网络资源描述过程

在多核制造集群中，网络资源分布在不同的企业或组织，所有资源构成网络资源集合，按照资源的不同分类可以形成网络资源列表。因此，形成网络资源列表的资源由于分布在不同的企业，各个企业和组织有可能拥有自己的资源定义格式，对资源的功能和价值也有着不同的描述方式，甚至还可能存在同一种资源在不同的企业会存在不同的定义格式，或者同一种资源的功能可能存在不同的服务接口等。这必然会给网络资源分布式共享过程的实现带来麻烦。为了避免因集群网络成员企业资源定义的不一致带来的协作混乱，可采用 Express 语言通过定义实体类型（Entity Types）以及它们之间的联系来定义资源的数据类型（Data Type）。实体定义中则使用资源的属性模型来确定信息单元的性质，而每种属性都属于某种数据类型，它们既可以是基本类型，如整型、字符串型等，也可以是实体类型，或者是上述任何一种类型的集合。在资源的分布式共享过程中，不同模式之间可以相互引用，若干模式组合起来形成数据模型，并可以通过该模型生成实体的资源实例，所有资源实例构成资源的实例列表。

不过，由于 Express 在数据交换中缺乏足够的灵活性和可扩展性，并不能被 Web 环境很好地兼容，所以要很好地描述和封装集群网络的分布式资源，还要通过 XML 语言提供一个标准化的、与平台无关的、可扩展的、与应用无关的数据描述和交换框架。

在集群网络资源分布式共享过程中，SOA 下资源服务都需要以 WSDL 的规范来提供给用户一个统一的接口，而 WSDL 又是以 XML 语言的形式来描述，并起到屏蔽任何企业资源平台的作用，所以集群网络资源的封装主要是通过完成 STEP 到 WSDL 的转换来实现的。在该实现过程中，可以先判断注册到 SOA 架构的资源服务是否需要经过 STEP 到 XML 转换器的转换，如果需要，经过转换后生成 XML 文件；否则，直接用 XML 文件表示资源服务，然后通过 WSDL 转换器将包装的 XML 文件转换成 WSDL 文件，并通过部署器将生成的 WSDL 描述文件生成相应的部署文件（扩展名为 wsdl 和 xml），最后通过打包压缩器将该部署文件打包生成相应的 gar 包，放在相应的目录下并存入目录库中。至此便实现了集群网络成员企业的制造资源到该平台的封装。集群网络资源的封装过程如图 10-2 所示。

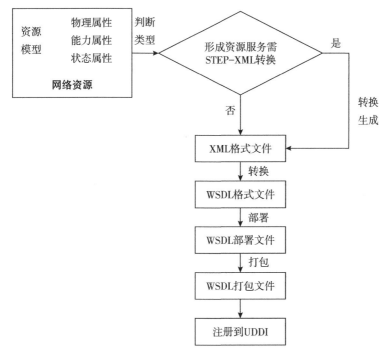

图 10-2　集群网络资源封装过程

此外，基于 WSRF 可对 Web 服务中的封装机制进行延伸。WSRF 的制造资源封装主要包含以云制造三层动态属性结构的属性资源封装，以便于用户查找与选取相关服务资源；也包含对服务描述、接口实现、服务部署、服务注册等文件进行封装的云服务资源封装（朱李楠等，2012）。

10.2　集群网络任务分解与任务服务封装模块

集群网络成员企业之间协作的根本目的是更好地响应外部市场机遇，并执行集群网络协作目标所映射的任务。但由于任务粒度的时空区间较大，细粒度的任务可以由少量工作中心消耗某类资源服务执行，但粗粒度的任务可能需要多个工作中心参与，消耗多类资源服务才能执行。特别是资源稀缺性、物理专用性或地理专用性较强的时候，依靠单个企业的资源服务很难完成粒度时空区间较大的任务。同样，如果粗粒度、长时空的任务不加以分解，也很难分配给工作中心进行高效作业。

为了提高网络资源服务与网络任务协作的效率，可以将网络任务进行分解，以实现任务的解耦和动态组合。任务分解有以下几种标准。

(1) 按照任务执行周期进行分解。为了把握市场机遇，有些目标所映射的任务是跨时段执行的，因此，可以按照任务所跨越时段将其分成不同的子任务。如第 6 章中任务建模部分图 6-12 所示，串联组合任务和间续式组合任务结构就是典型的跨时段任务，根据各个时段所消耗资源的不同，可以将其分成不同的子任务，并按照执行各子任务工作中心及其消耗资源的特点，从 SOA 架构中调用不同的资源服务类别。

(2) 按照任务跨越的空间区位进行分解。当集群网络面临的市场机遇难以被单个企业响应时，可能由几个成员企业联合响应，由于成员企业存在地理区位的差异，就导致该机遇所映射的网络任务需要在不同空间位置执行。这种情况下，既可以按照执行周期进行分解，也可以按照任务跨越的空间区位进行分解。分解后的各子任务归属不同的工作中心，消耗不同类型的网络资源，最终共同实现该协作目标。

(3) 按照任务的粒度进行分解。当集群网络响应外部市场机遇而形成的集群网络任务粒度较大时，还可以按照任务粒度大小进行分解。分解的原则是既不破坏任务的功能性，也不降低任务执行的效率。该分解既可以遵循任务执行的工艺流程、任务执行所涉及的业务环节进行，又可以遵循任务执行过程的难度大小进行。分解之后的子任务仍然需要通过代理机制与资源服务代理进行协商，确定合适的资源或资源组合服务以执行该任务。

在上述三种任务分解标准中，按照粒度分解的方式是弹性最大的任务分解方式，其灵活性较强，可以与按照任务执行周期和按照任务空间区位的分解方式结合，对具体任务进行分解。分解后形成的子任务集合构成集群网络的任务列表，而任务列表对应的具体集群网络目标形成任务实例列表。任务列表与任务实例列表之间也存在类似于工作中心的数学运算规则，并可以根据实际需要进行任务的解耦和耦合，以子任务间的相关性作为标准与权重，通过任务加权分组、任务组工作量的协调等方式实现任务分解方案的优化，提高子任务执行的效率（易树平等，2015；王艳等，2018），以满足集群网络资源计划多层次列表体系的柔性和实用性需求。

将任务封装为任务服务的过程则可以依据任务建模及其解析机制，参照资源服务封装的原理进行。

10.3　集群网络智能代理模块

集群网络成员企业之间的协作与单一企业内部运作的协调既有相似之处，又有不同之处。相似的是，两者都需要依靠内、外部资源配置效率提升任务执行的效率；不同的是，单一企业内部运作的协调主要强调自身任务的执行效率，集群网络成员企业之间的协作则强调在实现各成员企业资源分布式共享的基础上提升执行任务的效率。从目标规划的角度来看，单一企业内部运作的协调属于典型的单目标规划问题，而集群网络成员企业之间的协作属于典型的多目标规划问题，不过，由于协调和协作都是变化的，所以两者都属于典型的动态规划问题。

由此可知，集群网络成员企业的协作主要体现为集群网络资源的分布式共享，实现资源在多个协作企业或服务节点间的分配。在以集群网络形态存在的复杂系统中，要刻画出成员企业间的协作过程，传统的对象实例过于精细，而且有些简单，不足以描述复杂系统的真实特征，这时代理的概念应运而生。

10.3.1　智能代理及其属性

人们普遍认为代理是一个运行于动态环境的、具有高度自治能力的计算实体，它能够接受其他实体的委托而为之服务，并实现其目标。代理属于典型的人工智能，在一定程度上模拟了人类的行为和关系，具有一定的智能并能够自主运行和提供相应服务。因此，代理具有如下属性（高波等，2002；王随平，2001；孔晨华等，2021）。

（1）代理性（Action on Behalf Others）。代理具有代表他人的能力，即它们都代表用户工作，这是代理的第一特征。

（2）自主性（Autonomy），又称自治性。一个代理是一个独立的计算实体，具有不同程度的自治能力。它能在非事先规划、动态的环境中解决实际问题，在没有人或其他代理直接干预的情况下，进行目标引导的、主动的和自启动的行为，独立发现和索取符合用户需要的资源、服务等，进行充分独立的决策，同时对自己的行为和内部状态有控制能力。

（3）反应性（Reactivity）。代理能够理解并感知周围的环境，并对环境的变化实时地做出适当的响应，有选择地采取行动。

（4）合作性（Collaboration）。高级的代理可以与其他代理分工合作，共同完成单个代理无法完成的任务，通过协调工作实现共同的目标。

（5）推理能力。代理能够使用预先了解的一般目的知识，根据抽象的代理任务说明采取行动，并能选择方法以获得灵活性。

（6）事态连续性。在较长的时间区间内，身份与状态可长期保留，即可实现一系列时间的存储。

（7）能动性（Pre-activeness），又称主动性。代理能够遵循承诺采取主动，不仅简单地对其环境做出反应，也能够通过接收某些启动信息，根据经验学习和改进以适应环境，表现出有目标的行为。

（8）移动性（Mobility）。代理具有移动的能力，为完成任务，能够以一种自引导的方式从一个节点移动到另一个节点，从一个主机平台移到另一个主机平台，如访问远程资源服务、任务等。

（9）社会性（Socialability）。代理和其他代理以及代理代表的企业、资源服务、任务可以通过代理语言进行信息交流。

10.3.2　多代理系统及分布式决策过程

多代理是在代理的基础上发展起来的，是由多个以对等方式进行通信的代理所组成的系统。而集群网络资源多层次配置体系可视为由支持不同决策任务类型的代理族耦合而动态构成的代理联邦。具有相同决策任务类型的代理可以抽象为一组代理联邦，即下层代理由上层代理来管理并进行决策任务的分派工作。实际运行中，代理联邦也可以进行嵌套，一个处理代理联邦中间层的代理既是下层代理的管理者同时也被它的上层代理所管理。各个层次的代理联邦共同形成多代理列表，而系统中执行各代理决策基本活动的协商过程构成代理实例列表。代理实例列表通过分布式决策进行协作，继而扩大系统问题的求解范围，完成复杂系统的要求。需要说明的一点是，多代理系统与简单的多个代理的组合不一样，它具有全局性，是由分布在网络上的多个问题求解器松散耦合而成的大型复杂系统，这些问题求解器相互作用以解决由单一个体的能力和知识所不能处理的复杂问题（Jennings et al.，1998）。最终，智能多代理系统通过基于多代理列表的层级细分，将庞大的代理功能体系按照代理联邦等形式分割为独立管辖运行的各个子系统，进而将大型系统任务分解为小型任务，通过各子系统独立完成或代理实例列表协作等方式解决问题（王伊宁等，2019）。

在集群网络资源多层次列表体系中，用多代理之间的协作代替用户执行复杂的决策任务，因此，既要考虑如何设计代理与其他代理单元之间的关系，使其在能力范围内可以高效实现分布式决策目标，又要考虑如何对用户及集群网络环境的不确定性做出响应，使得多代理列表之间快速传递所需的决策信息与知识。根据多代理联邦的概念，可以拟定如下的集群网络资源多层次列表体系多代理决策过程。

第一步：确定代理联邦。根据集群网络协作过程中决策问题的分类，确定几个主要的代理联邦。

第二步：决策问题分析。根据确定的各代理联邦，分析所需解决的决策问题的详细决策过程，并将这些问题分解为若干子问题，然后按需将这些子问题进一步分解为具体执行的若干决策任务，形成代理联邦中的各个代理。

第三步：定义代理功能。根据具体代理所确定的功能来定义代理行为，通过定制 Java Bean 的属性、方法和事件规定代理的身份、行为及通信协议，并将行为指令封装在代理内，而代理的行为则通过事件机制来实现。

执行基本活动的代理通过接口调用分布式计算环境下的常规软构件来完成计算活动，分布式计算环境包括分布式问题处理系统、多库管理以及多代理控制、人机交互控制等控制系统，通过多代理系统的知识库和综合数据库在群组决策中对需求任务进行求解（李著，2021）。代理的能力封装可以将计算活动映射到由 CORBA 对象 IDL 接口的操作函数上，这样，使多代理系统结构能够无缝地建立在分布对象技术基础上，而多代理系统本身并不关注这些软构件的建立。

10.4　集群网络服务检索模块

在 SOA 架构中，集群网络服务检索是实现集群网络资源分布式共享的关键步骤，成员企业通过资源服务或任务服务检索，实现任务服务与资源服务的耦合与匹配，从而执行集群网络成员企业间的协作过程。由于集群网络资源服务和任务服务存在复杂、多样、功能差异、区位不同等特点，所以要实现网络资源分布式共享和成员企业间协作，就必须建立集群网络服务检索模块。

10.4.1　服务描述与服务单元格的建立

本研究基于集群网络协作活动的特点，将 SOA 架构中的服务分为两类，一类是资源服务，另一类是任务服务。在服务描述中，建立资源服务与任务服务的映射机制，使两者都可以转化为 SOA 架构中可直接查询和调用的服务。其中，资源服务既包含动态的又包含静态的描述指标，静态的描述指标如资源本身的名称、能力、成本、质量等，动态的描述指标如资源状态、能力内含的性能指标、区位特征、数量、价格区间等，这些都需要用比较规范的表达格式加以描述。相应地，任务服务则主要包含静态的描述指标，是指在哪些特定时间窗口可以什么状态，如以什么数量、价格及消耗何种类型资源的任务。描述后的资源服务和任务服务共同构成 SOA 框架下的服务列表，服务列表是资源列表和任务列表在 SOA 架构中的体现和运用，各类服务列表被调用执行具体协作过程的服务形成服务实例，服务实例是 SOA 在集群网络多层次列表体系中的组件，所有服务实例构成服务实例列表，对应于资源实例列表和任务实例列表。此外，由于集群网络服务的位置、可获取性以及外部环境等条件都在发生动态变化，因此在服务描述上需建立统一轻量级语义的服务描述模型，同时支持对服务上下文环境进行描述，例如建立 DPWS 及其动态发现机制，或将服务资源受限的组分功能封装为 RESTful Web 服务（魏强等，2013）。

集群网络系统中涉及的流程、作业活动和资源都很复杂，对应的 SOA 架构中包含的服务类别众多，若不加以分类，会给服务检索、请求及调用带来困难。因此，对服务按统一格式描述清楚之后，需要按照服务描述的不同外在形式进行分类。例如，运用本体集成技术，通过相似度计算和本体映射等方法将不同类型的服务数据进行集成（叶霞等，2022），将同一描述类型的资源服务归为一组，将同一描述类型的任务服务归为一组，将这些具有独立描述形式的资源服务组或任务服务组封装为单元格，为服务检索和请求提供方便。

10.4.2　网络服务分层搜索

在服务单元格中，服务的描述和分类形成了集群网络服务单元类型的完整集合，也是 SOA 架构中的集群网络服务列表，包括资源服务列表和任务服务列表。在资源服务列表和任务服务列表中，存在各种复杂的子服务层次关系，如资源服务列表中存在诸如树形的父子继承关系，而任务服务列表中存在诸如总体任务与子任务的组合关系，它们是形成集群网络服务列表的子服务集合。这些子服务层次关系会因服务类别不同而存在不同的描述要求，当然也会存在不同的服务功能。本研究根据服务单元在 SOA 框架中参与协调的需要，将 SOA 的服务分为四个层次：服务分形检索层、服务单元映射层、服务单元聚类子层和服务实例层。集群网络 SOA 架构的服务分层搜索模型如图 10-3 所示。

服务分形检索层主要是针对 SOA 框架中提供协作功能的服务大类进行检索，在集群网络协作过程中，主要有资源服务和任务服务两大类别。当有服务请求时，可以根据请求的特点，直接映射到 SOA 中服务分形检索层的具体服务类别上，避免混合检索，节约了检索时间。

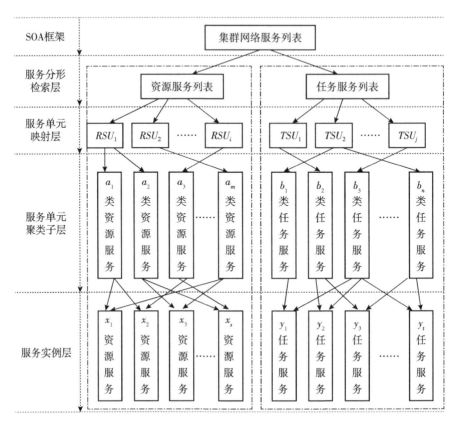

图 10-3 集群网络 SOA 架构的服务分层搜索模型

服务单元映射层是以服务类别的具体功能为依据对分形服务进行的细分，并组成资源服务单元格和任务服务单元格。当外部存在具体的服务请求时，可以准确判断该请求的目标单元格所属的集合，为服务的分布式调用奠定基础。

服务单元聚类子层是对映射层内服务单元格进行的进一步聚类。该聚类不仅可以参考服务描述和服务功能的特征，还可以参考产生服务需求的驱动机制进行聚类，如前文所讨论的产品驱动型服务聚类、目标驱动型服务聚类、项目驱动型服务聚类、运作驱动型服务聚类或混合驱动型服务聚类。当集群网络环境确定，SOA 框架形成之后，可以根据特定协作条件下服务动态组合机制的要求，对服务单元格进行相应的聚类组合，进一步提高服务检索与调用的效率，实现网络资源的分布式共享。

　　服务实例层是服务实体构成的集合，也就是在 SOA 框架下可供直接共享、检索和调用服务的最终层次，如一些较为具体的最小资源服务单元、最小任务服务单元以及它们各自的组合。服务实例层是由服务的最小原子单元组成的集合，也是集群网络协作过程执行的最小单元。

　　图 10-3 所示的服务分层搜索模型的四个服务单元层次是由粗到细逐步具体的，服务请求者可以根据自身需要进行选择，直到搜索到满足条件和最有效的服务，并通过代理协商机制实现网络协作过程。

10.4.3　集群网络服务聚类机制分析

　　集群网络服务搜索的目的是满足用户发现较为合适的服务并通过代理协商机制实现服务调用以协作执行网络任务，因此，如何发现不同搜索层次中较为合适的服务，对其聚类也非常重要。此处以某类抽象服务的搜索为例，对集群网络服务聚类机制进行研究。

　　假设集合 $S = \{s_1, s_2, \cdots, s_n\}$，是某集群网络成员企业的服务需求 D 通过 SOA 搜索到该层次体系中能够执行某些协作过程的集群网络服务的实体集合，将该服务实体元素统一描述如下：

$$\boldsymbol{s}_i = \{s_{i1}, s_{i2}, \cdots, s_{im}\}$$

其中，$i = 1, 2, \cdots, n$，代表服务实体集合中的服务数量，$\boldsymbol{s}_i$ 是向量，各分量分别表示服务实体描述形式的 m 个维度的度量值。

　　同理，将需求 D 的集合描述为

$$\boldsymbol{d}_j = \{d_{j1}, d_{j2}, \cdots, d_{jm}\}$$

其中，$j = 1, 2, \cdots, n$，代表成员企业服务需求集合中的服务需求数量，$\boldsymbol{d}_j$ 是向量，各分量分别表示服务需求描述形式的 m 个维度的度量值。

　　考虑到服务需求与集群网络服务描述中存在量纲的差异，先进行归一化处理。对于各向量指标而言，极大型指标需要满足 $d_{jm} \leqslant s_{im}$；对于极小型指标则正好相反，要满足 $d_{jm} \geqslant s_{im}$，归一化处理计算过程如下：

　　对于极大型指标，$s'_{im} = \dfrac{s_{im} - d_{jm}}{\max\{s_m\} - d_{jm}}$，$d'_{jm} = \dfrac{d_{jm} - d_{jm}}{\max\{d_m\} - d_{jm}}$；

　　对于极小型指标，$s'_{im} = \dfrac{d_{jm} - s_{im}}{d_{jm} - \min\{s_m\}}$，$d'_{jm} = \dfrac{d_{jm} - d_{jm}}{d_{jm} - \min\{d_m\}}$。

由计算结果可知，归一化之后 d_j 各分量为 0，是资源聚类中心的原点，而归一化之后的 $s_i' = \{s_{i1}', s_{i2}', \cdots, s_{im}'\}$。

为了确定集群网络服务与成员企业服务需求的协调性，可以采用灰色关联法来确定集群网络服务各实体与成员企业服务需求之间的关联度。关联度越高，说明调用该服务，服务与需求的匹配程度高，协调效果好；关联度越低，说明调用该服务，服务与需求的匹配程度低，协调效果差。具体方法可参见 7.5 节的计算过程，限于篇幅这里不再赘述。

10.5 多层次列表体系的集群网络资源计划安全控制模块

集群网络由集群内分散的企业个体组成，要实现集群网络资源的分布式共享，就需要从企业间协作的需求出发，研究用于成员企业间协作服务构件的新方法、新技术及实现平台。传统的基于业务流程管理的系统已经为企业协作完成了基础性工作，使企业的流程得以模块化并被存储在分布式数据库中，也在一定程度上满足了企业间分布式协作的需求。但由于各协作服务构件如模型定义、执行环境和应用接口等方面的异构特点，加上应用程序接口匮乏等原因，这种协作的应用还不能完全满足跨企业的流程互操作，因而很难实现网络资源的分布式共享。

面向服务架构和 Web 服务催生了面向服务的网络资源分布式共享的新框架，它采用 Web 服务作为网络资源分布式共享机制的执行平台，并将集群网络中离散的网络资源和网络任务作为 Web 服务进行注册、发布和使用。但面向服务架构和多层次列表的网络资源计划体系是一个开放的、分布式系统，大量的敏感信息会在系统中传输和交换。因此，如何保证不同子系统服务器及成员企业的数据安全，如何保证各类封装服务数据、信息交换与传输安全，如何提高资源共享过程中集群网络成员企业间交互网络的安全通信、安全电子商务、安全电子邮件和不可否认的数字签名等安全内容是实现集群网络资源分布式共享的关键，也是提升多核中小企业集群网络资源计划的关键。

本研究将面向服务架构和多层次列表的网络资源计划体系安全控制分为三个层次，分别是基础设施安全控制、Internet 环境安全控制与服务应用安全控制。

10.5.1　基础设施安全控制

面向服务架构的网络资源分布式共享体系的实现依赖于基础设施的安全稳定运行，因此，要确保该体系的正常运行，其数据中心服务器、计算机系统、通信链路以及其他的硬件设备的安全是关键，如机房环境要求、设备物理防范、介质安全和事故应急管理措施等。

10.5.2　Internet 环境安全控制

基于 Web 语义的分布式资源共享执行环境离不开 Internet 的应用，而集群网络各成员企业与面向服务架构的其他成员企业的交互过程也依赖网络实现，因此，Internet 环境安全控制尤为重要。可以通过防火墙技术增强集群网络成员企业构成的局域网的安全性，也可以通过虚拟专用网技术加强集群网络资源分布式共享的信息安全，具体可采用如分割内外网、使用包过滤技术、加密、安全隧道等手段，跟踪和隔离有不良企图者，确保信息在 Internet 间的安全传输。

10.5.3　服务应用安全控制

在面向服务架构和多层次列表的集群网络资源计划体系中，Web 应用程序是一种架构在 Web 服务器与各个客户端之间的应用程序，它会集成服务与服务器端口并及时读取客户端发送的服务请求，同时也根据多代理协调机制确定的指令向客户发送系统响应和数据，经过面向服务架构的异构性处理将该系统响应、应用程序响应及数据反馈给客户端。在该过程中，既需要调用服务器的服务，也需要调用面向服务架构中封装的服务，但面向服务架构是基于远程客户端口的应用，具有开放性，所以该架构中的 Web 应用会存在较大的安全隐患。面向服务架构的集群网络资源多层次体系应用安全控制可采取如下措施。

第一，确保面向服务架构中的哪些数据可以匿名访问，哪些数据非授权无法访问，对于部分特殊数据还需要加大安全控制措施。而身份验证是服务访问授权控制的主要形式，也是保证面向服务架构应用程序安全的重要过程。应用程序通过客户提交的各类信息获取客户的身份凭证，如用户注册的用户名、密码或其他身份验证的问题及答案等，并通过相应的后台操作验证用户提交凭证的合法性。如果凭证符合要求，提交这些凭证的客户则为合法用户而通过其身份验证。通过身份认证的合法客户还需要根据授权来确定对某给定应用程序或服务的访问权限类型。

第二，按照用户或用户角色设定访问级别以实施安全控制。根据面向服务架构的服务安全性要求，可将面向服务架构的服务安全控制设定如下。

（1）用户的单点多服务登录机制的实施。在面向服务架构的系统中，用户由于对服务的需求呈多样性，服务注册、访问与调用等需要在多个不同的应用系统中切换。由于网络资源共享体系具有分布式的松散结构，导致不同系统的信任关系彼此孤立（赵龙波等，2022），每个应用系统均有自身的安全级别和安全访问控制，如果每个应用系统均要求用户进行登录验证，才能建立用户与各个系统之间的信任关系，既会给用户带来服务浏览与请求的不便，造成访问效率低下，又可能因为登录时差导致服务动态信息的改变。尤其是随着登录次数的增加，用户出错和受到恶意攻击破坏的可能性也会增大，降低了面向服务架构系统的安全性。而采用用户在整个集成系统中的单点登录模式，将不同应用子系统的认证功能和账号管理功能集成起来，以跨应用协同安全认证为导向，依靠可信任的第三方建立不同应用系统的互相信任关系，对应用安全域进行统一的用户认证建模（赵龙波等，2022），提供一致的访问界面，就可以实现用户基于初次访问网络的一次身份验证，便完成对所有被授权服务进行访问的安全控制。

（2）对于访问具体服务的身份验证。在面向服务架构的框架下，集群网络资源与任务都被封装为单元格服务，但不同类别的服务自身的稀缺性、专有性等均不相同，对其进行访问需要设定不同的安全控制机制。尤其在 Internet 环境下，验证双方的交互过程通过 Internet 实现，该过程中非法用户可以通过截获合法用户的口令而登录系统进行服务访问与操作，因此，面向服务架构的系统需要设定不同级别的安全控制方式。根据面向服务架构用户不同等级的安全需求，分别采用单一口令认证、一次性口令认证和协议认证的方式进行用户身份验证（王路炯等，2007；徐立云等，2006；刘敏等，2006；王俊等，2022）。其中，对于普通的匿名用户，无需口令即可进入系统的门户网站，浏览各类企业与服务信息等。对于注册的契约协议用户，则根据契约协议内容将其分为金牌、银牌、铜牌用户。铜牌用户对安全性有一定要求，但要求相对较低，因此采用单一口令认证方式进行身份认证。为加强安全性，用户口令不以明文形式存储，而采用 Hash 散列存储。系统将每个用户的账号和散列值对存储在一个口令文件中，用户登录时，根据用户输入的口令进行计算，然后将计算值与口令文件中的相应散列值进行比较，若匹配则通过验证，并允许用户登录，否则拒绝登录。对于银牌用户，可以采用一次性口令技术，即该类用户每次登录系统时使用的口令是变化的，这样即使非法获得口令文件，也无法推断出用户口令，大大减小了口令被攻破的可能性。其产生密码的运算因子采用双运算因子，一为用户的私钥，是固定不变的，二为变动因子。双运算因子提升了安全程度。对金牌用户则采用 Kerberos 认证服务。Kerberos 是一种针对开放的分布式网络环境的高强度的密码认证协议。在 Kerberos 认证系统中，使用一个认证服务器（Authorization Server，AS）和一个发放凭证服务器（Ticket-Granting Server，TGS），认证过程分三个阶段进行（Steiner et al.，1998）。其中，在初始认证阶段，由于用户的认证请求信息以明文形式发送，容易遭到攻击者的捕获，因此需采用基于公钥基础设施（PKI）的 PKINIT 协议增强系统对恶意攻击与信息捕获的抵御能力（马利民，2019）。以上金牌、银牌和铜牌用户的三种身份认证过程均对用户透明，用户除被要求输入口令外均感觉不到认证的发生。

第三，对于授权的访问，还可以根据服务的动态性特点进行访问时间约束的安全控制，避免面向服务架构中服务容量冗余，并改进服务搜索和调用的效率。

用户通过系统设定的身份验证后便获得合法身份，可以访问 SOA 架构中的集成服务，但是不同的用户能进行何种操作、有什么样的权限需要由访问控制来决定。通常采用的访问控制策略有自主访问控制、强制访问控制和基于角色的访问控制（Role-Based Access Control，RBAC）（王路炯等，2007）。由于集群网络是动态网络，协作过程与服务调用随时会改变面向服务架构的远程服务所提供的内容。RBAC 模型作为存储控制模型的重要子类模型，建立了身份认证授权与用户角色的关联性，其四个基础要素为用户、角色、会话以及授权。RBAC 模型通过网络系统的访问实际需求设置角色，并依据角色特性与重要程度赋予各类角色不同的访问资源信息权限，采用"PDP-PEP"结构及时对网络资源访问权限进行管理（喻燕华，2023），从而简化因用户频繁的变化而带来的大量授权更改工作。当用户发生变化时，只需要取消授权或更改用户的角色即可更改用户的权限，而不必更新每个用户的权限设置（王路炯等，2007）。这在一定程度上为集群网络资源分布式动态共享的弹性机制提供了柔性保证。

传统的 RBAC 模型是一个静态的模型，它没有考虑因时间变化而带来的动态授权变化。而在面向服务架构的集群网络资源多层次配置体系中，授权是具有时效性的。资源服务和任务服务都是动态变化的，而且协作过程也是随着协作进程、资源专用性的变化而不断变化的。特别是当某用户对某项服务请求比较紧急时，它需要在规定的时间内调用满意的服务，而这个请求结果直接决定其对下一个服务请求的响应，因此，这个时间的设定是非常重要的。静态的 RBAC 不能体现授权的动态过程，为此，可引入具有时间约束的扩展 RBAC 模型以满足面向服务架构中的应用安全控制（董光宇等，2002），克服动态授权约束（DAC）中时段内角色冲突所带来的访问冲突和内容不一致的情况，从而在时间敏感性强的集群网络资源配置中消除某一时段对核心资源的独占（刘正红等，2012）。

针对服务访问的动态性特点，可将服务访问的时间约束分为特定时段约束、随机时段约束和特定时段内的随机时段约束。特定时段约束是指服务请求与集成服务列表中服务本身具有特定的时段效应，据此对授权的用户请求所做的访问进行时间控制；随机时段约束是指服务请求与集成服务列表中服务本身只具有时段效应，但时段并未限定，据此对授权的用户请求所做的访问进行时间控制；特定时段内的随机时段约束是服务访问具有特定的时段限制，在该时段内对用户访问所做的特定限制的一种安全控制方法。服务访问时段的选择既可以根据服务类别进行确定，也可以根据用户在面向服务架构中的访问时间的历史记录、访问服务的重要程度，以及用户的优先登记等指标进行确定，必要的时候可以采用定量的决策方法如 AHP、综合模糊评价法、灰色关联法或者动态规划模型进行确定。受篇幅所限，这里不再细述。

10.6 基于 SOA 和多层次列表的集群网络资源计划体系

SOA 最早是由 Gartner Group 于 1996 年首次提出的，它是一种企业级的 IT 系统架构模式，能通过布设多个与平台关联的可调用接口，实现面向企业业务的信息管理与共享，使企业业务以一种相对简单的方式映射到 IT 资源上，因此可以有效地填平企业业务与 IT 之间的鸿沟，从而达到降低企业 IT 成本、快速适应业务变更的目的（Gartner，2007；曹波，2021）。同时，通过数据接口的统一与业务流程的集成，SOA 能够有效消除企业的"信息孤岛"，在协作中提高业务信息交互与共享水平（王畅，2018；杨德龙，2015）。本研究利用 SOA 所提供服务的粗粒度、侧重于协作、通过简单对象访问协议和 HTTP 传输协议传递消息、多种实现方式（王文广等，2008）、松散耦合（曹波，2021；Liu，2010）、关注服务组分、强调服务具备重复利用的潜力（雷永林，2006；张金，2020）等特点，将集群网络中成员企业各自异构的资源服务和任务服务进行基于标准协议的、可复用的、自描述的、可被搜索和发现的、富含语义的、满足指定服务级别协议（Service Level Agreement，SLA）的、可被管控和随时调用的服务封装，屏蔽服务的异构性，以统一的调用结构为集群网络协作过程提供服务。

各个成员企业为了实现协作过程需要将这些封装服务注册到一个统一的服务仓库——集成服务列表中。而需要调用服务的成员企业则根据协作业务流程需要，到集成服务列表中查找合适的候选服务，并按照集群网络协作的要求，编辑业务规则（如服务调用的顺序、服务调用者的角色、多个服务的分支和汇总），生成协作的业务流程。SOA 技术具备统一的应用服务技术标准，应用服务的信息具有高度自由化的特点。由于服务是基于标准协议的，而且是"存储"在集成服务列表中可被动态查找和调用的（周航滨等，2003；张金，2020），因此，SOA 可以解决集群网络成员企业间 IT 异构条件下的服务集成应用，进而实现资源的分布式共享和网络协作过程。

SOA 的关键元素有三个：信息、服务和流程。信息位于最底层，通常指支撑企业 IT 系统运行的各类数据，它的载体可以是关系数据库、文件、可扩展标记语言、企业 Java Bean（Enterprise Java Bean，EJB）、Java 连接器架构

（Java Connector Architecture，JCA）适配器等。信息可以被操作，操作的执行过程通常伴着读、写或者修改一个或者多个持久性数据，并且强调整个过程的事务性。因此，操作代表了单个协作活动的协作过程逻辑。服务位于信息之上，是相关操作的逻辑分组，这就必然导致服务的粒度比操作大，而且服务是以用户的交互和体验为驱动的，所以，服务的对外接口会更加人性化。流程位于服务之上，它是为了实现集群网络成员企业特定的业务目标而执行的一组动作或活动，体现为超工作中心资源与超工作中心任务的协作，而动作或活动通常是企业发布的一些服务（既有资源服务，又有任务服务），所以流程又可看作为完成特定业务目标而组合、编排在一起的一系列服务组合。服务的组合和编排通常要求具有动态性，因此，流程的后台支撑技术通常是工作流建模、工作流引擎等工具。

本研究根据集群网络协作过程的特点，构建了基于 SOA 和多层次列表的集群网络资源计划体系架构，如图 10-4 所示。

由图 10-4 所示可知，基于 SOA 的集群网络资源计划多层次列表体系包括两个部分：集成系统内部架构层次和集成系统外部架构层次。

10.6.1 集成系统（网络服务集成层）内部架构层

集成系统内部架构层由上至下主要包括服务使用层、业务流程层、集成操作层、集成服务层、服务组件层、原子操作层、原子服务层和服务提供层八个层次。

（1）服务使用层。需要使用集群网络集成服务的各成员企业，它们有特定的 IT 功能使用偏好，会在集成体系的协助下根据自己所需要完成的业务流程向下搜索各种集成服务。在集群网络中，基础服务程序和 Internet 应用系统程序一般都处于服务端。而用户端的操作界面则构成了门户层。用户端与服务端之间一般采用"客户/服务器（C/S）"模式与"浏览器/服务器（B/S）"模式，前者一般在客户端本地存储数据并直接将数据请求传输至服务端，后者则将用户数据传输至作为中介的 Web 浏览器端，在服务需求提交时一般通过信息请求传输至 Web 服务器，在中介进行分析、校验等处理后通过

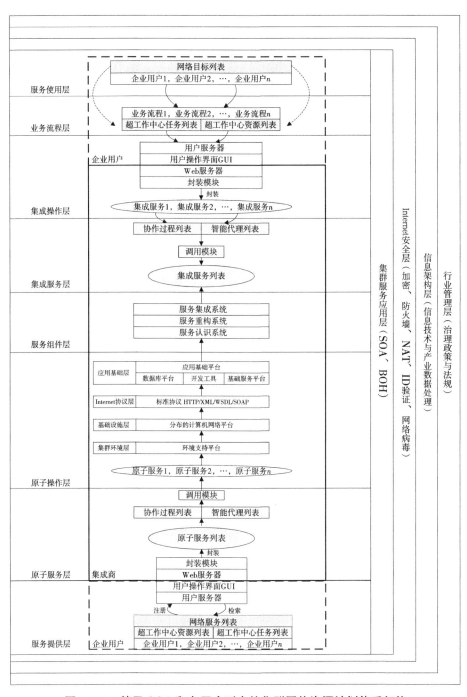

图 10-4　基于 SOA 和多层次列表的集群网络资源计划体系架构

数据请求传输至服务端（梁瑞辉等，2019）。集群网络资源计划体系服务平台的门户则为分布的各成员企业平台。成员企业用户通过各自分布的、异构的平台用户界面提交服务需求，经过代理的协调机制，实现服务供求的均衡，并根据均衡结果从其他各成员企业平台处获取结果，调用服务实现网络协作过程。该层直接面对 IT 系统提供的各类应用服务的使用者，也就是构成集群的各成员企业，目的是为用户提供一个友好的操作界面，图形化协作业务流程，并在一个视图上动态地集成尽可能多的复杂应用的前端，为不同目的的用户提供符合需求的业务处理流程。一般使用门户（Portal）、异步 JavaScript 和聚合内容等多种 Web2.0 核心技术实现（兰建忠等，2008）。

（2）业务流程层。业务流程层所包含的业务流程是集群网络成员企业在现实生产中根据集群网络整体任务分解形成的子任务执行需要而产生的协作过程和协作活动构成的集合。它们定义了在集成服务层中公开服务的各种组合和编排结果，该业务流程集合的元素可以通过调用封装后的各类异构资源服务和任务服务协作执行原始的网络子任务，实现集群网络目标。它承接了服务使用层的部分功能，并将服务使用层在操作界面图形化的业务流程进行了汇总，然后分列为用户对超工作中心资源列表和超工作中心任务列表中的服务需求。

（3）集成操作层。集成操作层是指以集群网络基础应用平台为基础，为满足集群网络中各成员企业协作需要，由系统集成商为各成员企业开发，或由成员企业自行开发的通用或专用系统。它主要是在集成服务层的基础上，基于各类企业信息化平台实现框架层所拟订的协作子任务特征，根据应用服务要求提取协作子任务完成所需要的集成服务。在该服务抽象过程中，可采用中央集中控制方式实现服务应用由点对点的 Web 服务之间相互调用的交互方式变成位置透明的、与协议无关的下层传输协议。因此，该层所起的作用主要是为集群网络成员企业在不同的操作系统和不同业务服务器间提供通信和服务的互操作，同时对不同的开发语言环境进行集成（程俊杨，2008），实现服务使用者和提供者之间不同信息格式及传输协议的转换，并使服务位置透明等。该层通常是企业实体 Bean、成员企业关系数据库、XML、文件，以及可用来整合遗留系统的 Java 连接架构下的适配器，可以由面向对象技术来实现。此外，将各类封装后的 Web 服务以通用描述、发现与集成服务

（UDDI）的规范在企业服务总线（ESB）中进行注册，通过传统中间件技术与 XML、Web 服务等相结合，实现系统的低耦合集成，继而实现中心控制系统的整合（赵琦等，2020；张华，2016）。

（4）集成服务层。集成服务层由集成服务列表以及调用模块组成。集成服务列表包括在 SOA 内部定义的、与业务保持一致的一组 IT 功能的抽象规范。Rational Unified Process for Service-Oriented Modeling and Architecture（RUP SOMA）提供了 RUP 过程和方法中所包含的 SOA 指导。在 RUP SOMA 中，面向服务的体系结构表现在服务模型工作产品中，并且使用统一建模语言（Unified Modeling Language，UML）在较高的抽象级别上描述面向服务的体系结构。这样的抽象规范严格定义了集成服务规范，其中包括通用接口、操作及其参数类型、组合服务规范、服务协作以及服务的逻辑和物理分区等；同时也使得调用模块实现起来比较简单，并且有很强的可扩展性。而调用模块是集成商提供的，由通用接口与具体集成服务分离的通用软件模块实现。由此可知，该层可以屏蔽服务数据格式的异构性，并使所用数据中介服务简化和统一各类异构数据的访问和处理。

（5）服务组件层。服务组件层包含了软件组件，这些组件可为某项服务提供认识、重构和集成的功能。一般的软件组件通常包括普通的 Java 对象、EJB、协作流程组件、封装成标准接口的 Web 服务、人工交互服务组件和业务状态等。在该层次中，既包括多层次列表体系中超工作中心和其他网络工作中心所抽象出来的服务需求，还包括对这些服务需求的描述与表达。通过服务需求表达方法体系、解析方法体系及服务需求解析系统，将集群网络各成员企业用户的原始需求解析为 SOA 框架下可识别的标准服务需求，并针对原子服务列表元素按照一定的策略进行封装，使服务交换信息与原始资源、任务进行分离，从而在不影响原有资源、任务运行情况的前提下完成集群网络超工作中心资源、任务之间的信息交换和集成，进而实现多层次列表体系结构下的信息交换和网络资源的优化配置，为集群网络协作提供可靠的功能组件。

（6）原子操作层。原子操作层是网络协作过程得以执行的原始系统形态，由原子服务、集群环境层、基础设施层、Internet 协议层和应用基础层五个部分组成。

1）原子服务。原子服务是集群网络成员企业所提供的原始服务，包括集群网络成员企业可以共享的资源，或可以消耗其他企业资源而协作执行的任务。它们是没有经过集成的服务类型，是只有服务提供者才能够识别的服务，也是被集成的对象，在软件层面上就是一种软件要素，通常是一个个组件。从集群网络协作过程来看，该服务的原始形态是执行网络协作过程的资源或任务。

2）集群环境层。集群环境层是指保证集群范围内的 Internet 安全、可靠、正常运行所必须采取的环境保障措施，主要包括机房和电源。

机房包括位于网管中心或信息中心等放置网络核心交换机、路由器、服务器等网络要害设备的场所，还有建筑物内的放置交换机和布线基础设施的设备间、配线间等。机房对温度、湿度、静电、电磁干扰、光线等要求较高，在网络布线施工前要先对机房进行设计、施工、装修。

电源为网络关键设备提供可靠的电力供应，理想的电源系统是 UPS，它有三项主要功能，即稳压、备用供电和智能电源管理。考虑到集群网络成员企业经营规模不一，可能有些单位供电电压长期不稳，对网络通信和服务器设备的安全和寿命造成严重威胁，并且会损坏宝贵的业务数据，因而必须配备稳压电源或带整流器和逆变器的 UPS。配备适用于网络通信设备和服务器接口的智能管理型 UPS，断电时 UPS 会调用一个值守进程，保存数据现场并使设备正常关机。一个良好的电源系统是网络可靠运行的保证。

3）基础设施层。现有的 Internet 基础设施是集群网络资源集成化配置平台运行的基础，它以 Internet 为基础，为集群网络资源和各成员企业信息化平台之间的互联提供基础的网络环境，分布、异构的集群网络资源必须在线于 Internet 才能被集中管理，供用户使用。Internet 基础设施层主要包括 Internet 传输基础设施、Internet 通信设备、Internet 服务器硬件和操作系统、Internet 协议和外部信息基础设施的互联互通。

4）Internet 协议层。网络中的节点之间要想正确地传送信息和数据，必须在数据传输的速率、顺序、数据格式及差错控制等方面有一个约定或规则，这些用来协调不同网络设备间信息交换的规则称作协议。Internet 协议层是 HTTP/XML/WSDL/SOAP 等标准和协议，通过这些 Web 服务协议实现服务封装及服务供求之间的互联互通。

5）应用基础层。应用基础层是实现集群网络资源集成化配置的关键，主要包括各成员企业信息化数据库平台、开发工具和 Internet 基础服务平台。

（7）原子服务层。原子服务层由原子服务列表以及服务调用模块组成。原子服务列表和集成服务列表一样，包括在 SOA 内部定义的、与业务保持一致的一组 IT 功能的抽象规范。RUP SOMA 也提供了 RUP 过程和方法中所包含的 SOA 指导。在 RUP SOMA 中，原子服务规范包括通用接口、操作及其参数类型，以及服务的逻辑和物理分区等，这些规范提高了调用模块的可实现性和可扩展性。通常包括普通的 Java 类、会话 EJB、封装成标准接口的 Web 服务、人工服务和业务状态等。

（8）服务提供层。服务提供层是可以提供原子服务的集群网络成员企业，它们有特定的参与集群网络协作的功能，会通过注册系统向原子服务列表注册自己所能提供的各种原子服务信息。整个注册系统还会和各服务提供企业有互动操作，它们会根据集成系统的历史记录智能地向各注册企业提供服务，并且通过 Internet 的手段与各企业进行协调和沟通，从而尽量丰富原子服务列表的内容。此外，注册系统还要负责各个原子服务的规范封装。

10.6.2　集成系统（网络服务集成层）外部架构层

集成系统（网络服务集成层）外部架构层主要包括 Internet 安全层、信息架构层和行业管理层三个层次。

（1）Internet 安全层。由图 10-4 可知，Internet 安全贯穿系统集成体系框架的所有层次。Internet 的互通性和信息资源的开放性都容易被不法分子钻空子，不断增长的 Internet 外联应用，使得 Internet 安全成为 SOA 中资源分布式共享的主要瓶颈。作为集群网络的系统集成商，在 Internet 方案中一定要给用户提供明确的、翔实的解决方案。主要措施包括：

在应用层，通过用户身份认证来授予其对资源的访问权，其手段是在 Internet 中开通证书服务器，或使用微软的证书服务。安全级别最低。

在 Internet 层，使用防火墙技术，分割内外网，使用包过滤技术，跟踪和隔离有不良企图者。安全级别中等。

在数据链路层，使用信道或数据加密传输技术来传送主要信息，但密钥可能被破译。安全级别较高。

在物理层，实施内外网物理隔离，但这种隔离会限制所有人登录 Internet，存在一定的缺陷。安全级别最高。

（2）信息架构层。信息架构层包括多元数据以及商业智能的运用。多元数据从统计学角度来讲是指导整个行业以及各个行业间的运作、协调运作的指导数据，是运用统计学来保持行业竞争力的科学手段。商业智能是利用现代信息技术收集、管理和分析结构化和非结构化的商务数据和信息，创造和积累商务知识及见解，改善商务决策水平，采取有效的商务行动，完善各种商务流程，提升各方面商务绩效，增强综合竞争力的智慧和能力，在整个集成系统之外为整个行业提供现代化的商务信息型决策。

（3）行业管理层。行业管理层主要是关于整个商业体系运作的各个行业的管理，制定出各行业在集成体系中运作所需要遵循的规则，并且监督整个集成体系运作的行业合理性和规范性。政府机构以及行业协会主要参与各种标准的制定，并且委派或指定专业技术人员对这些标准的实施予以监督。而且，其在整个商业运作模式上接受各用户的咨询以及投诉，并且从各方面执行行业的自律性规范。

10.7　本章小结

本章主要在多列表模型中业务驱动模式多元化和动态演化性研究的基础上，结合集成化信息系统的要求，构建了面向中小企业多核集群的多层次网络资源计划系统架构，主要为基于多层次列表和 SOA 的网络协同运作提供支持平台。并就该平台运行过程中所涉及的资源服务定义与封装、任务服务定义与封装、智能代理、服务检索和安全控制等五大模块的主要实现过程进行了分析。

第11章 | CHAPTER 11

结束语 ▷▷▷▷

11.1 研究结论

本研究从开放系统的角度揭示外部环境动态变化和集群网络组织业务模式演进的交互机理，分析了传统供应链协调模式向集群网络协作模式转变的自组织演进机理，构建了基于外部市场机遇响应、集群网络目标形成、集群网络任务导入、成员企业子任务分解和资源共享，以及超工作中心协作执行任务的层次列表之间的映射关系，形成了集群网络多层次列表体系的基本框架。本研究的基本结论如下。

（1）从复杂系统、自组织理论的视角，运用协同学和耗散结构的相关原理，分析集群条件下供应链向供应协作网络演进的机理和供应协作网络的自组织过程。分析结果表明：集群企业的同质性和企业集群的高度集聚对供应链向供应协作网络的演变起着重要作用，网络系统内部非线性的相互作用是供应链向供应协作网络演进的关键，而集群网络资源的分布式共享是形成集群网络系统涨落驱动力的根源，它使多核集群供应协作网络通过协同的自组织机制实现了有序性和稳定性。

（2）在以基本工作中心为企业过程执行单元的基础上定义了超工作中心概念，以此为网络协作过程执行单元，并就集群网络中各种工作中心的性质进行了分析，为集群网络协作过程的重构进化提供了理论支持。

（3）在企业结构模型的基础上，建立了集群网络结构模型，并对网络协作过程模型、资源消耗模型的基本构件、性质进行了研究，为构成集群网络协作关系的节点企业之间的互动与协作实现提供了理论支持。

（4）在分析集群网络协作关系形成机理的基础上，提出了协作剩余的概念，并就协作剩余的形成条件、构成、特点进行了研究。研究结果表明，协作剩余既是协作关系形成的动力，也是协作关系维护的主要手段，为集群网络协作关系的维护与治理提供了理论支持。

（5）针对协作关系形成的阶段不同，建立了集群网络协作关系生命周期模型，并以网络组织治理理论、治理机制为基础，结合协作关系的治理逻辑，构建了集群网络协作关系的多层次多维度治理框架，为集群网络组织的进一步发展提供了制度保障。

（6）结合多层次列表体系理论框架，构建了面向服务架构的多核集群网络资源计划体系的系统架构，为实现多核集群网络战略层次和运作层次资源的优化配置，进而构建能够实现管理模式与系统支持双重意义上的分解与整合、映射与驱动的集群网络层次列表体系提供技术支持，为原型系统的开发和应用提供理论指导和前期的技术基础支持，也为中小企业兼顾内外部资源配置效率、集群网络协作关系治理与成员企业协同运作提供了新的管理思路。

11.2 研究局限

尽管作者已尽力试图将研究工作做得翔实和细致，但由于能力所限，本研究仍存在缺陷和不足之处。

第一，对于供应链运作形式向集群环境下供应协作网络形式的演进机理，只是从规范分析角度进行了研究，未从实证角度研究影响该演进过程涉及的具体因素，以及不同区域集群的演进过程存在哪些差异。

第二，对于较复杂的集群网络资源的相关问题，未能穷尽所有各类资源的异同并针对各类资源个性进行建模，而只是从资源对工作中心完成任务的角度做了大致的分类，若要实施资源的分布式共享机制，还需对资源建模做更进一步的研究。

第三，在集群网络协作关系维护与治理研究中，只研究了协作关系产生协作剩余和协作锁定效应导致的锁定损失的机制，未对协作剩余分配机制做进一步研究。而协作剩余分配是影响协作关系节点企业参与或退出协作关系的主要因素，因此，在协作关系治理过程中，需要研究协作剩余分配的影响要素和最佳分配模式，以及各种分配机制对协作关系的影响程度。

第四，由于研究背景、研究条件和能力所限，本研究只是从管理的角度对基于 BOH 和 SOA 的多核中小企业集群网络资源集成化配置系统架构进行了设计，对该架构所涉及的五大模块进行了分析，而对原型系统的开发和各个模块的计算机实现未做深入研究，因此，要实施和推广该系统架构，还需要做很多有关原型系统开发的研究工作。

11.3　研究展望

未来可以从如下几个方面进行进一步研究。

(1) 可通过集群供应网络演进的实证研究，分析影响集群协作网络形成的关键要素，以及集群网络环境下，不同产业、不同区域、不同产业发展阶段与集群网络演进过程的关系。

(2) 可针对不同类型的集群网络资源，建立最为有效的协作资源模型，为超工作中心实现协作过程提供最合适的基本模型构件。

(3) 可在集群网络协作关系维护与治理过程中，研究协作剩余分配机制对协作关系的影响。如经济性协作剩余的不同分配机制如何影响协作关系节点企业参与协作过程；对于社会性协作剩余部分，如何通过引导协作节点企业加以充分利用从而挖掘出社会性协作剩余的效益。这些都是本研究未来较为重要的研究方向。

(4) 在本研究所构建的基于 BOH 和 SOA 的多核中小企业集群网络资源集成化配置系统架构的基础上，进行原型系统的开发和该系统实施模块的计算机实现，也是本研究未来较重要的研究方向。

11.4　本章小结

本章主要对研究结论、研究局限进行了归纳，并就研究展望进行了阐述。

参考文献 ▶▶▶▶

[1] 白世贞，郭秋霞. 基于粗糙集的猪肉绿色供应链绩效评价指标体系构建 [J]. 江苏农业科学，2016，44（8）：578-582.

[2] 波特. 国家竞争优势 [M]. 李明轩，邱如美，译. 北京：华夏出版社，2002.

[3] 蔡彬清，陈国宏. 链式产业集群网络关系、组织学习与创新绩效研究 [J]. 研究与发展管理，2013，25（4）：126-133.

[4] 蔡昉. 生产率、新动能与制造业：中国经济如何提高资源重新配置效率 [J]. 中国工业经济，2021（5）：5-18.

[5] 蔡宁，吴结兵. 企业集群的竞争优势：资源的结构性整合 [J]. 中国工业经济，2002（7）：45-50.

[6] 蔡宁，杨闩柱，吴结兵. 企业集群风险的研究：一个基于网络的视角 [J]. 中国工业经济，2003（4）：59-64.

[7] 蔡玮. 工业园区集群网络结构对企业绩效影响机制研究 [D]. 长沙：中南大学，2010.

[8] 曹波. 基于面向服务架构的工作流管理系统设计及应用研究 [J]. 中小企业管理与科技（上旬刊），2021（6）：168-170，173.

[9] 曹策俊，李从东，谢天，等. 基于语义 X 列表理论的应急响应集成决策优化框架研究 [J]. 系统科学学报，2018，26（4）：100-105，117.

[10] 曹兴，司岩. 协同视角下的网络组织治理：一个文献综述 [J]. 湖南工业大学学报（社会科学版），2013，18（5）：45-52.

[11] 曹永辉. 供应链合作关系对供应链绩效的影响：基于长三角企业的实证研究 [J]. 经济与管理，2013，27（2）：44-50.

［12］曹玉红，尤建新，唐述毅，等. 基于 BSC-FANP 供应链内部控制评价研究 ［J］. 运筹与管理，2014，23（6）：213-221.

［13］查晓宇，张旭梅，但斌，等. 全渠道模式下制造商与零售商的 O2O 合作策略研究 ［J］. 管理工程学报，2022，36（3）：215-224.

［14］查志强. 传统产业转型升级路径探讨：基于浙江省国际产业合作园的案例 ［J］. 国际经济合作，2018，391（7）：77-81.

［15］柴跃廷，李芳芸，任守榘，等. 敏捷供需链管理系统的体系结构 ［J］. 清华大学学报（自然科学版），2000，40（3）：79-82.

［16］柴跃廷，刘义. 应用软件系统开发 ［M］. 北京：清华大学出版社，1999.

［17］陈畴镛，许敬涵. 制造企业数字化转型能力评价体系及应用 ［J］. 科技管理研究，2020，40（11）：46-51.

［18］陈国良. 计算机网络拓扑（上）［J］. 计算机研究与发展，1985（10）：37-45，36.

［19］陈红，纳超洪，雨田木子，等. 内部控制与研发补贴绩效研究 ［J］. 管理世界，2018，34（12）：149-164.

［20］陈建波. 中小企业界定标准：国际比较与中国实践 ［J］. 多层次资本市场研究，2021（1）：49-62.

［21］陈剑，黄朔，刘运辉. 从赋能到使能：数字化环境下的企业运营管理 ［J］. 管理世界，2020，36（2）：117-128，222.

［22］陈健，詹胜. 基于网络结构视角的产业集群分类 ［J］. 科技广场，2006（10）：6-7.

［23］陈劲，杨文池，于飞. 数字化转型中的生态协同创新战略：基于华为企业业务集团（EBG）中国区的战略研讨 ［J］. 清华管理评论，2019（6）：22-26.

［24］陈鹏. 企业资源计划在企业融合发展中的作用 ［J］. 工矿自动化，2021，47（S2）：153-154.

［25］陈绮燕. 数字化背景下传统产业转型升级路径研究 ［J］. 中国商论，2022，868（21）：150-152.

［26］陈守忠，蒋兵，李天旭. 合作研发的治理机制、知识转化和能力获取实证研究 ［J］. 山东理工大学学报（社会科学版），2021，37（6）：27-37.

［27］陈伟华，吴坚，裘愉涛，等. 组合模糊综合评价法及其在输电网规划中的应用 ［J］. 浙江电力，2020，39（5）：100-106.

[28] 陈祥丽. 基于平衡计分卡的美的集团供应链绩效评价 [J]. 中国管理信息化, 2021, 24 (21)：8-9.

[29] 陈小勇. 产业集群的虚拟转型 [J]. 中国工业经济, 2017 (12)：78-94.

[30] 陈晓明. 产业集群创新资源配置研究综述 [J]. 管理观察, 2015, 594 (31)：69-70.

[31] 陈新明. 循证而非设定：数字政府时代干部政治素质测评发展研究 [J]. 中国行政管理, 2022 (11)：58-65.

[32] 陈雪梅, 赵珂. 中小企业群形成的方式分析 [J]. 暨南学报（哲学社会科学版）, 2001, 23 (2)：68-73.

[33] 陈雪梅. 中小企业集群的理论与实践 [M]. 北京：经济科学出版社, 2003.

[34] 陈怡安, 刘津利. 数字基础设施建设促进了能源效率提升吗：基于"宽带中国"示范城市建设的准自然实验 [J]. 西部论坛, 2023, 33 (4)：32-46.

[35] 陈玉娇, 覃巍. 企业网络化成长：理论回顾与展望 [J]. 首都经济贸易大学学报, 2017, 19 (4)：105-112.

[36] 陈志明. 企业外向型开放式创新对突破性创新绩效的影响：组织协作机制的调节效应 [J]. 科技管理研究, 2016, 36 (13)：16-22.

[37] 程贵孙, 郭朝晖. 集群中企业协作与竞争行为的演化博弈分析 [J]. 沈阳工业大学学报, 2006 (3)：335-338, 343.

[38] 程俊杨. 基于面向服务架构的企业资源规划架构研究 [J]. 成组技术与生产现代化, 2008, 25 (2)：40-43.

[39] 程学旗. 信息网络拓扑结构与内容相关性研究 [D]. 北京：中国科学院计算技术研究所, 2006.

[40] 仇立. 互联网顾客忠诚形成机理研究：基于便利营销理念 [J]. 技术经济与管理研究, 2017 (3)：48-52.

[41] 代宏砚, 檀雅静, 周伟华. 库存不准确环境下考虑实时信息的供应链协同机制设计研究 [J]. 管理工程学报, 2018, 32 (2)：228-239.

[42] 代宏砚, 周伟华, 陈志康. 多级供应链中库存不准确性对牛鞭效应的影响 [J]. 管理工程学报, 2013, 27 (2)：195-201.

[43] 戴建平, 骆温平. 流程协同下供应链价值创造研究：基于物流企业与供应链成员多边合作的视角 [J]. 技术经济与管理研究, 2017, 247 (2)：3-7.

[44] 戴万亮, 路文玲, 徐可, 等. 产业集群环境下企业网络权力、知识获取与技术创

新［J］. 科技进步与对策，2019，36（24）：109-117.

［45］道格森，罗斯韦尔. 创新聚集：产业创新手册［M］. 陈劲，等译. 北京：清华大学出版社，2000.

［46］邓明荣，蒋兴良. 制造外包业务中合作关系与信息共享对供应链绩效的影响［J］. 商业研究，2013（7）：28-32.

［47］邓渝，邵云飞. 联盟组合伙伴选择、双元组织学习与创新能力关系研究［J］. 研究与发展管理，2016，28（6）：1-9.

［48］董光宇，卿斯汉，刘克龙. 带时间特性的角色授权约束［J］. 软件学报，2002，13（8）：1521-1527.

［49］董海，高秀秀，魏铭琦. 基于深度信念网络的闭环供应链网络风险控制［J］. 工业工程与管理，2020，25（6）：24-32.

［50］董睿，张海涛. 复杂网络视角下创新生态系统知识转移建模及仿真研究［J］. 软科学，2022，36（6）：122-129.

［51］董淑芳. 企业网络治理的四维度结构修正［J］. 商业时代，2006（24）：55-56.

［52］董雪，胡永超，包特力根白乙. 大连市水产加工企业集群形成机制及其特征的研究［J］. 天津农业科学，2012，18（4）：73-76.

［53］杜建刚，孟朝月，李宇航，等. 产业集群根植性对集群品牌价值影响的研究：基于我国 73 个茶叶集群的面板数据分析［J］. 南开管理评论，2022，25（4）：15-29.

［54］杜军，杜勇. 应急网络组织的多层次列表体系［J］. 科技管理研究，2013，33（22）：228-232.

［55］杜楠，谭亚新，冯斌. 基于对象元模型的 LVC 实验资源服务化方法研究［J］. 系统仿真学报，2022，34（8）：1834-1846.

［56］杜群阳，周方兴，战明华. 信息不对称、资源配置效率与经济周期波动［J］. 中国工业经济，2022（4）：61-79.

［57］范太胜. 基于产业集群创新网络的协同创新机制研究［J］. 中国科技论坛，2008（7）：26-30.

［58］范玉顺，曹军威. 复杂系统的面向对象建模、分析与设计［M］. 北京：清华大学出版社，2000：25-26.

［59］范玉顺. 集成化企业建模方法与系统［M］. 北京：中国电力出版社，2007：220-245.

[60] 方红星，金玉娜. 高质量内部控制能抑制盈余管理吗：基于自愿性内部控制鉴证报告的经验研究 [J]. 会计研究，2011 (8)：53-60，96.

[61] 冯华，李君翊. 组织间依赖和关系治理机制对绩效的效果评估：基于机会主义行为的调节作用 [J]. 南开管理评论，2019，22 (3)：103-111.

[62] 冯圆. 企业集群变迁的环境成本管理理论框架研究 [J]. 会计之友，2019 (1)：42-47.

[63] 冯自钦，李虹亮. 供应链集成对汽车制造业上市公司绩效的影响 [J]. 财会月刊，2019 (9)：44-49.

[64] 符正平. 论企业集群的产生条件与形成机制 [J]. 中国工业经济，2002 (10)：20-26.

[65] 付韬，冷永杰，杨志慧. 我国焦点企业核型集群共性问题研究：基于该类三大典型产业集群的对比分析 [J]. 经济体制改革，2014 (4)：100-104.

[66] 付韬，张永安，李晨光. 焦点企业核型结构产业集群技术创新传播多网络连通性剖析 [J]. 科技进步与对策，2017，34 (22)：55-63.

[67] 付玮琼. 核心企业主导的供应链金融模式风险机理研究 [J]. 企业经济，2020，39 (1)：136-143.

[68] 高波，费奇，陈学广. 基于扩展 UML 的多 Agent 系统建模方法 [J]. 系统工程与电子技术，2002 (5)：70-74.

[69] 高长元，张树臣. 基于复杂网络的高技术虚拟产业集群网络演化模型与仿真研究 [J]. 科学学与科学技术管理，2012，33 (3)：48-56.

[70] 高虹，袁志刚. 产业集群的规模与效率影响 [J]. 财贸经济，2021，42 (2)：119-133.

[71] 葛昌跃，顾新建，韩永生. 企业集群中的供应链网研究 [J]. 制造业自动化，2003 (3)：1-5.

[72] 耿晶晶，刘莉. 商业生态系统中核心企业财务绩效评价 [J]. 管理现代化，2019，39 (3)：67-69.

[73] 耿先锋，何志哲. 基于社会网络的联盟协作关系治理 [J]. 现代管理科学，2007 (8)：37-38.

[74] 龚旺，郑国华. 基于客户退货时间价值的闭环供应链绩效研究 [J]. 铁道科学与工程学报，2017，14 (5)：1086-1093.

[75] 郭润萍，韩梦圆，邵婷婷，等. 生态视角下数字化转型企业的机会开发机理：基

于海尔和苏宁的双案例研究［J］. 外国经济与管理, 2021, 43（9）：43-67.

［76］郭晓玲, 李凯. 供应链集中度、市场地位与企业研发投入：横向与纵向的二维视角［J］. 产经评论, 2019, 10（2）：5-19.

［77］哈今华, 沈雨曦, 陈旭. 网络嵌入与集群企业绩效关系研究［J］. 商业经济, 2022（3）：135-137.

［78］哈肯. 协同学：自然成功的奥秘［M］. 戴鸣钟, 译. 上海：上海科学普及出版社, 1998.

［79］哈肯. 信息与自组织［M］. 本书翻译组, 译. 成都：四川教育出版社, 2010.

［80］韩海燕, 任保平. 黄河流域高质量发展中制造业发展及竞争力评价研究［J］. 经济问题, 2020（8）：1-9.

［81］韩炜, 杨婉毓. 创业网络治理机制、网络结构与新企业绩效的作用关系研究［J］. 管理评论, 2015, 27（12）：65-79.

［82］郝臣. 信任、契约与网络组织治理机制［J］. 天津社会科学, 2005（5）：64-67.

［83］郝岩. "适合中国国情的 ERP" 课题通过验收［J］. 信息技术与标准化, 2004（8）：10.

［84］何粉丽. 钢铁上市公司财务风险评价研究：基于因子分析法［J］. 财务管理研究, 2023（10）：110-116.

［85］何敏, 左小明. 关于制造集群网络协作创新机理的研究［J］. 企业改革与管理, 2016（5）：1-3.

［86］贺灿飞, 胡绪千. 1978 年改革开放以来中国工业地理格局演变［J］. 地理学报, 2019, 74（10）：1962-1979.

［87］贺灿飞. 区域产业发展演化：路径依赖还是路径创造？［J］. 地理研究, 2018, 37（7）：1253-1267.

［88］贺灵, 单汨源, 邱建华. 创新网络要素及其协同对科技创新绩效的影响研究［J］. 管理评论, 2012, 24（8）：58-68.

［89］赫连志巍, 邢建军. 产业集群创新网络的自组织演化机制研究［J］. 科技管理研究, 2017, 37（4）：180-186.

［90］洪荭, 陈陈淳子, 李利华. 资源冗余会加剧企业权益资本成本吗：基于成本粘性的视角［J］. 财会通讯, 2022（9）：72-77.

［91］洪宇翔, 李从东, 谢天. 基于 X 列表的社会情绪图式模型研究［J］. 系统科学

学报，2016，24（2）：96-100.

[92] 侯二秀，杨磊，长青，等．核心企业创新生态系统的构建机理研究：以蒙草为例 [J]．管理案例研究与评论，2022，15（5）：526-546.

[93] 侯彦全．先进制造业集群的再认识 [J]．中国外资，2023（1）：48-49.

[94] 胡国栋，罗章保．中国本土网络组织的关系治理机制：基于自组织的视角 [J]．中南财经政法大学学报，2017（4）：127-139.

[95] 胡海波，王林．幂律分布研究简史 [J]．物理，2005（12）：889-896.

[96] 胡军，盛军锋，郑海天．广东产业集群竞争力：组织演化与对策分析 [J]．特区经济，2003（10）：27-30.

[97] 胡俊峰．中小企业集群创新网络相关问题的研究与展望：基于文献的述评 [J]．工业技术经济，2011，30（2）：55-61.

[98] 胡伟．改革开放40年中国工业经济发展的区域特征 [J]．区域经济评论，2019（1）：69-83.

[99] 胡新华，刘东梅．本土中小企业如何突破外生型集群网络的嵌入壁垒：演化博弈视角下的过程治理 [J]．商业研究，2020，519（7）：54-62.

[100] 胡永利，孙艳丰，尹宝才．物联网信息感知与交互技术 [J]．计算机学报，2012，35（6）：1147-1163.

[101] 黄宝香，黄克正，张勇，等．面向供应链的可重构ERP系统 [J]．机电一体化，2004（5）：45-48.

[102] 黄春萍，娄云莹，陈璐璐，等．品牌联盟组织间协作的构成及路径的案例研究 [J]．管理案例研究与评论，2022，15（1）：23-36.

[103] 黄海新，汪定伟．基于过程代数的业务流程重组方法 [J]．管理科学学报，2002a（4）：60-63.

[104] 黄海新，汪定伟．基于流程图及过程代数的流程表达方法 [J]．管理科学学报，2002b（6）：67-72.

[105] 黄建康．产业集成：基于提升传统产业竞争力的分析 [J]．现代经济探讨，2004（2）：16-18.

[106] 黄茜，冯小钰．供应链信用风险传染、银行策略与风险控制 [J]．系统管理学报，2023：1-17.

[107] 黄泰岩，牛飞亮．西方企业网络理论述评 [J]．经济学动态，1999（4）：63-64.

[108] 黄毅敏，徐媛媛，张舸，等. 不同售后服务模式下的供应链定价决策研究 [J]. 管理评论，2023，35（7）：281-297.

[109] 黄映辉，孙林岩. 制造资源集成原则与 LAF 生产系统 [J]. 中国机械工程，1996，7（4）：27-29.

[110] 霍佳震，吴群，谌飞龙. 集群供应链网络的联结模式与共治框架 [J]. 中国工业经济，2007（10）：13-20.

[111] 贾根良. 超越市场与企业两分法 [J]. 经济体制比较，1998（4）：13-19.

[112] 江菲. 加强区域间企业协作 促进地区经济发展 [J]. 商场现代化，2020（15）：142-144.

[113] 江旭，侯春青，王楚凡. 建设性冲突与破坏性冲突对联盟治理机制选择倾向性的非对称影响研究 [J]. 南开管理评论，2022：1-36.

[114] 姜安印，张帆，苏志. 信息基础设施建设与企业创新"增量提质"关系研究：基于数字化、网络化、智能化时代特征的考量 [J]. 价格理论与实践，2023（1）：169-173.

[115] 姜黎辉. 企业智能化转型的公共研发平台研究 [J]. 技术经济与管理研究，2016（6）：113-118.

[116] 蒋冠宏. 跨国并购和国内并购对企业市场价值的影响及差异：来自中国企业的证据 [J]. 世界经济研究，2020（1）：82-95，136-137.

[117] 蒋兰陵. 产业集群在长江三角洲的发展模式分析 [J]. 华东经济管理，2005，19（9）：28-31.

[118] 颉茂华，赵圆圆，刘远洋. 网络联结、资源获取与组织学习互动影响战略绩效路径研究：基于长城汽车的纵向案例研究 [J]. 科研管理，2021，42（5）：57-69.

[119] 金丽华，郑学荣，罗宏. 产业集群文献综述与展望 [J]. 区域治理，2020（6）：50-54.

[120] 金艳. 新零售视角下服务质量对顾客公民行为的影响探讨 [J]. 商业经济研究，2021（18）：89-93.

[121] 金杨华，施荣荣，吴波，等. 产业集群赋能平台从何而来：功能开发与信任构建共演的视角 [J]. 管理世界，2023，39（5）：127-145.

[122] 孔晨华，吉龙军，张建军，等. 基于人工智能技术电力调度智能代理操作方法研究 [J]. 电气应用，2021，40（2）：65-70.

[123] 兰建忠，刘义，柴跃廷. 面向服务架构的实现模型 [J]. 计算机集成制造系统，2008，14（7）：1306-1312.

[124] 雷永林. 仿真模型重用理论、方法和异构集成技术研究 [D]. 长沙：国防科技大学，2006.

[125] 李安，李士梅，尹逊之. 技术创新、数字化投入与中国制造业国际竞争力 [J]. 北京工商大学学报（社会科学版），2023，38（5）：60-72.

[126] 李从东，戈梦琦，曹策俊. 基于语义 X 列表的互动创新体系构建 [J]. 系统科学学报，2019，27（2）：54-58.

[127] 李从东，张洪亮. 基于 BOX 和前馈成本控制的新型 ERP 体系 [J]. 计算机集成制造系统，2004，10（5）：528-531.

[128] 李冬. 面临零部件过期的产品销售与售后服务供应链合同分析 [J]. 管理科学学报，2021，24（6）：88-100.

[129] 李刚，孙林岩，李海泉. 敏捷企业建模框架研究 [J]. 中国机械工程，2003，14（21）：1867-1870.

[130] 李桂华，赵珊，王亚. 供应网络位置、吸收能力与企业创新绩效 [J]. 软科学，2020，34（12）：1-7.

[131] 李海清. 企业资源计划（ERP）系统在现代企业管理中的应用 [J]. 经济视角（上旬刊），2015（5）：76-77.

[132] 李金保. 产业集群创新网络治理结构及运作机制探究 [J]. 经济研究导刊，2017，330（16）：25-28，195.

[133] 李金华. 我国创新型产业集群的分布及其培育策略 [J]. 改革，2020，313（3）：98-110.

[134] 李君，窦克勤，周勇，等. 基于成熟度视角的生产设备数字化管理能力评价研究 [J]. 科技管理研究，2023，43（2）：57-64.

[135] 李凯，李世杰. 装备制造业集群耦合结构：一个产业集群研究的新视角 [J]. 中国工业经济，2005（2）：51-57.

[136] 李丽. 基于资源约束的产业集成系统 [J]. 财经科学，2011（11）：109-116.

[137] 李敏，肖方斌，谢碧君，等. 中国企业治理模式的选择：关系治理和契约治理比较视角 [J]. 贵州大学学报（社会科学版），2018，36（4）：72-82.

[138] 李朋林，刘午浚. 平台经济对产业结构合理化发展的影响研究：兼论绿色技术创新的中介效应 [J]. 商业经济研究，2023（20）：163-166.

[139] 李庆满，戴万亮，王乐. 产业集群环境下网络权力对技术标准扩散的影响：知识转移与技术创新的链式中介作用 [J]. 科技进步与对策，2019, 36 (8)：28-34.

[140] 李胜兰. 集群的社会关系性嵌入依赖与集群锁定研究 [J]. 暨南学报（哲学社会科学版），2007, 130 (5)：13-18.

[141] 李书豪，孙强. 核心企业合作能力影响供应链融资绩效的机理 [J]. 金融理论与实践，2022 (1)：49-55.

[142] 李维安，周建. 网络治理：内涵、结构、机制与价值创造 [J]. 天津社会科学，2005 (5)：59-63.

[143] 李小建. 经济地理学 [M]. 2 版. 北京：高等教育出版社，2006.

[144] 李晓华. 制造业数字化转型与价值创造能力提升 [J]. 改革，2022 (11)：24-36.

[145] 李晓青. 复杂网络视角下的产业集群网络演化模型研究 [J]. 重庆大学学报（社会科学版），2015 (5)：1-8.

[146] 李晓钟，陈涵乐，张小蒂. 信息产业与制造业融合的绩效研究：基于浙江省的数据 [J]. 中国软科学，2017 (1)：22-30.

[147] 李新春. 企业家协调与企业集群：对珠三角专业镇企业集群化成长分析 [J]. 南开管理评论，2002 (3)：49-55.

[148] 李新春. 专业镇与企业创新网络 [J]. 广东社会科学，2000 (6)：29-34.

[149] 李兴华. 科技企业集群的自组织机制和条件探讨 [J]. 中国科技论坛，2003 (6)：57-60.

[150] 李学工，王晓. 我国中高端制造业全球供应链双循环机制构建及话语权提升 [J]. 开发研究，2022 (3)：70-78.

[151] 李宇，刘乐乐. 创新生态系统的知识治理机制与知识共创研究 [J]. 科学学研究，2022, 40 (8)：1505-1515.

[152] 李云，邓永恒，罗颖. 数字化技术在制造业集群治理中的应用研究 [J]. 信息技术与标准化，2021, 18 (6)：43-48.

[153] 李著. 基于多代理系统的分布式群组决策模型应用研究 [D]. 武汉：湖北工业大学，2021.

[154] 梁瑞辉，胡莉萍. 基于 SOA 架构的中小制造企业 ERP 系统设计与实现 [J]. 现代信息科技，2019, 3 (8)：180-181, 184.

［155］廖敏，殷国富，罗中先. 基于 Petri 网的制造资源调度工作流模型研究［J］. 计算机集成制造系统，2004，10（9）：1056-1061，1078.

［156］刘晨昊. 基于 BBV 修正的产业集群演化仿真模型研究［D］. 哈尔滨：哈尔滨工业大学，2014.

［157］刘国巍，邵云飞. 产业链创新视角下战略性新兴产业合作网络演化及协同测度：以新能源汽车产业为例［J］. 科学学与科学技术管理，2020，41（8）：43-62.

［158］刘国巍，张停停，张一纯. 面向战略性新兴产业的专业集群建设研究：基于集群网络视角［J］. 教育观察，2020，9（9）：3-5，15.

［159］刘会学，胡蓓，张文辉. 产业集群核心企业异质性特征研究［J］. 科技进步与对策，2015，32（7）：74-77.

［160］刘建江，熊智桥，石大千. 新《环保法》如何影响重污染企业转型升级：基于内部创新与外部竞争的双重视角［J］. 软科学，2023，37（11）：28-35.

［161］刘丽娜，杨公志. 数字化建设对企业投资效率的影响研究：来自中国制造业上市公司的经验证据［J］. 会计之友，2022（23）：123-130.

［162］刘敏，严隽薇，王坚. 网格化制造模式中面向联盟协同的安全体系及技术［J］. 计算机集成制造系统，2006，12（3）：458-463.

［163］刘诗园. 供应链网络对企业创新的影响研究［D］. 成都：四川大学，2022.

［164］刘淑春，闫津臣，张思雪，等. 企业管理数字化变革能提升投入产出效率吗［J］. 管理世界，2021，37（5）：170-190，13.

［165］刘思峰，党耀国，方志耕，等. 灰色系统理论及其应用［M］. 5 版. 北京：科学出版社，2010.

［166］刘向东，刘雨诗. 双重赋能驱动下的信任跃迁与网络创新：汇通达 2010—2019 年纵向案例研究［J］. 管理学报，2021，18（2）：180-191.

［167］刘向东，米壮，何明钦. 全渠道零售与企业绩效：基于客户终身价值的视角［J］. 经济理论与经济管理，2023，43（5）：68-82.

［168］刘祎凡，王有远，马小凡. 基于生命周期的航空制造业产业集群知识网络的演化研究［J］. 科技与经济，2023，36（1）：16-20.

［169］刘运生. 产业集群结构变化与升级路径选择［J］. 当代经济，2014（11）：48-50.

［170］刘正红，贾玉红. 基于时间约束的数据库角色访问控制研究［J］. 吉林工商学院学报，2012，28（2）：100-103.

[171] 龙小宁, 张晶, 张晓波. 产业集群对企业履约和融资环境的影响 [J]. 经济学 (季刊), 2015, 14 (4): 1563-1590.

[172] 卢安文, 荆文君. 考虑客户对服务质量评价的物流服务供应链激励机制研究 [J]. 商业研究, 2015 (1): 166-174.

[173] 卢福财, 胡平波, 黄晓红. 交易成本、交易收益与网络组织效率 [J]. 财贸经济, 2005 (9): 19-23.

[174] 卢强, 邓扬, 杨雨东. 制度压力视域下供应链数字化创新驱动因素研究 [J]. 科技进步与对策, 2022: 1-11.

[175] 鲁大宇. 供应链网络结构的创新效应及机制分析: 理论与实证 [J]. 云南财经大学学报, 2023, 39 (4): 40-58.

[176] 吕晶晶, 王楠. 大数据能力、供应链柔性与零售企业绩效 [J]. 商业经济研究, 2020 (24): 103-106.

[177] 吕越, 陈帅, 盛斌. 嵌入全球价值链会导致中国制造的 "低端锁定" 吗? [J]. 管理世界, 2018 (8): 11-29.

[178] 罗群, 汪惠芬, 张友良. 协作企业共享资源建模方法 [J]. 机床与液压, 2007, 35 (8): 21-26.

[179] 罗赛, 周海学. 支持组合设计的一种可重构计算系统任务模型 [J]. 中国科技大学学报, 2007 (9): 1066-1072.

[180] 马骥, 汤小银. 产业集群网络、结构演化与协同发展: 以叶集木竹产业为例 [J]. 安徽师范大学学报 (人文社会科学版), 2019, 47 (4): 111-121.

[181] 马利民, 张伟, 宋莹. 一种基于一次性口令的增强 Kerberos 协议方法及其形式化分析 [J]. 信息网络安全, 2019 (10): 57-64.

[182] 马训, 程俊杰. 新发展格局下中国产业集群升级多元化路径构建探析 [J]. 现代经济探讨, 2022 (1): 104-113, 123.

[183] 马营. 社会治理视域下的技术治理问题反思 [J]. 商业经济, 2023 (8): 146-148.

[184] 马有才, 罗子娴. 产业集群协同创新研究热点演进及趋势展望 [J]. 科技与管理, 2021, 23 (4): 10-18.

[185] 毛才盛. 产业集群创新网络的协同机制研究 [J]. 现代商贸工业, 2016, 37 (34): 11-12.

[186] 毛义华, 曹家栋, 方燕翎. 新型研发机构协同创新网络模型构建 [J]. 科技管

理研究，2021，41（3）：76-82.

[187] 孟庆春，于宇，金宗凯，等. 考虑信息平台影响的供应链联合研发策略研究 [J]. 山东大学学报（理学版），2021，56（10）：149-158.

[188] 苗东升. 系统科学精要 [M]. 北京：中国人民大学出版社，1998.

[189] 牟绍波. 战略性新兴产业集群式创新网络及其治理机制研究 [J]. 科技进步与对策，2014，31（1）：55-59.

[190] 倪沪平. 内生性企业集群理论研究 [M]. 成都：西南交通大学出版社，2005.

[191] 倪渊. 核心企业网络能力与集群协同创新：一个具有中介的双调节效应模型 [J]. 管理评论，2019，31（12）：85-99.

[192] 聂辉华，贾瑞雪. 中国制造业企业生产率与资源误置 [J]. 世界经济，2011，34（7）：27-42.

[193] 诺克，杨松. 社会网络分析 [M]. 李兰，译. 上海：格致出版社，上海人民出版社，2012.

[194] 彭本红，仲钊强. 治理机制、网络嵌入对平台企业开放式服务创新绩效的影响 [J]. 科技进步与对策，2021，38（3）：96-105.

[195] 彭勃. 技术治理的限度及其转型：治理现代化的视角 [J]. 社会科学，2020（5）：3-12.

[196] 彭迪云，刘彩梅. 基于产业集群与全球价值链耦合视角的集群企业升级研究 [J]. 南昌大学学报，2011，42（1）：52-58.

[197] 彭正银，黄晓芬，隋杰. 跨组织联结网络、信息治理能力与创新绩效 [J]. 南开管理评论，2019，22（4）：187-198.

[198] 普里戈金，斯唐热. 从混沌到有序 [M]. 曾庆宏，沈小峰，译. 上海：上海译文出版社，1987.

[199] 齐宇，刘汉民. 产业集群数字化治理：一个理论框架 [J]. 湖湘论坛，2022，35（4）：116-128.

[200] 乔保军，石峰，计卫星. 多核处理器核间互连的新型互连网络 [J]. 北京理工大学学报，2007（6）：511-516.

[201] 青木昌彦. 日本经济中的信息、激励与谈判 [M]. 朱泱，汪同三，译. 北京：商务印书馆，1994.

[202] 邱枫，付惠冉，李凯华. 应收账款质押政策对公司绩效的影响研究：基于营运资金周转视角 [J]. 财会通讯，2018（26）：50-53.

[203] 邱若臻，初晓晶，孙月. 价格和交货期敏感需求下基于鲁棒优化的双渠道供应链决策模型 [J]. 中国管理科学，2021（9）：1-12.

[204] 饶元，冯博琴. 面向 Web 服务的动态电子商务集成框架 [J]. 计算机集成制造系统，2004，10（11）：1454-1458.

[205] 邵婧婷. 数字化、智能化技术对企业价值链的重塑研究 [J]. 经济纵横，2019（9）：95-102.

[206] 邵莉. 基于博弈论的 TOPSIS 模型的水资源配置方案综合评价 [J]. 黄河水利职业技术学院学报，2023，35（3）：1-6.

[207] 邵争艳，赵亚楠. 纺织服装企业三阶段 DEA 创新绩效评价及对策研究 [J]. 北京服装学院学报（自然科学版），2022，42（1）：74-80.

[208] 沈惊宏. 长江三角洲制造业专业化演进与驱动因素 [J]. 科技创业月刊，2020，33（9）：56-60.

[209] 沈立，倪鹏飞. 中国工业发展空间格局演变：历史、现状及趋势 [J]. 河北经贸大学学报，2022，43（2）：49-58，99.

[210] 沈体雁，李志斌，凌英凯，等. 中国国家标准产业集群的识别与特征分析 [J]. 经济地理，2021，41（9）：103-114.

[211] 盛步云，李永锋，丁毓峰，等. 制造网格中制造资源的建模 [J]. 中国机械工程，2006，17（13）：1375-1380.

[212] 石乘齐. 基于组织间依赖的创新网络演化模型及仿真研究 [J]. 管理工程学报，2019，33（1）：12-22.

[213] 石海瑞，孙国强. 网络组织流程协同效应的生成机理研究 [J]. 技术经济与管理研究，2015，225（4）：57-62.

[214] 石硕，林喜军，于树松. 面向数控机床产业集群区域网络协同制造的信息共享安全机制 [J]. 制造业自动化，2021，43（10）：131-133.

[215] 史思雨，孙静春. 供应商风险规避下考虑零售商资金约束的双渠道供应链定价决策 [J]. 预测，2019，38（2）：90-96.

[216] 宋安军，王晓峰，彭勤科，等. 计算机集群监控系统任务模型的研究 [J]. 现代电子技术，2007（5）：115-116.

[217] 宋艳琼. 供应链成本对流通企业联盟绩效的影响 [J]. 商业经济研究，2022（9）：31-33.

[218] 隋博文. 关系稳定性对跨境农产品供应链联盟绩效的影响：基于广西—东盟的

实证分析 [J]. 中国流通经济, 2017, 31 (1): 65-75.

[219] 隋博文. 跨境农产品供应链联盟绩效评价研究: 基于广西—东盟的实证分析 [J]. 北京交通大学学报 (社会科学版), 2017, 16 (3): 129-136.

[220] 孙斐. 基于公共价值创造的网络治理绩效评价框架构建 [J]. 武汉大学学报 (哲学社会科学版), 2017, 70 (6): 132-144.

[221] 孙国强. 网络组织的治理机制 [J]. 经济管理, 2003a (4): 39-43.

[222] 孙国强. 关系、互动与协同: 网络组织的治理逻辑 [J]. 中国工业经济, 2003b (11): 14-20.

[223] 孙国强, 闫慧丽. 网络组织治理机制对治理能力影响的实证研究 [J]. 高等财经教育研究, 2015, 18 (2): 31-49.

[224] 孙兰兰, 翟士运. 客户关系影响企业营运资金融资决策吗: 基于资金周转中介效应的实证分析 [J]. 财经论丛, 2019 (8): 63-72.

[225] 孙璐, 黄婕. 信息交互能力对企业竞争优势的影响研究 [J]. 商业经济研究, 2022, 851 (16): 135-141.

[226] 孙璐, 蓝春娣, 陶福平. 信息交互能力的构成要素探索及形成机理研究: 基于腾讯公司的纵向案例分析 [J]. 科学学与科学技术管理, 2021, 42 (11): 137-157.

[227] 孙雪冬, 王刚, 徐晓飞, 等. 一种具有完备空间特性的动态资源建模方法 [J]. 计算机集成制造系统, 2003, 9 (9): 726-729.

[228] 孙莹, 彭正银, 车响午. 基于关系传递的创新企业网络治理机制选择研究 [J]. 软科学, 2022, 36 (4): 30-36.

[229] 谭维佳. 产业集群中企业间竞合关系分析: 以深圳新一代信息通信产业集群促进机构的角色为例 [J]. 科研管理, 2021, 42 (12): 29-35.

[230] 汤勇力, 胡欣悦, 李从东. 虚拟企业细胞式治理体系 [J]. 计算机集成制造系统, 2007 (8): 1572-1579.

[231] 汤勇力. 基于 X 列表的可重构 ERP 体系研究 [D]. 天津: 天津大学, 2005.

[232] 汤勇力, 李从东, 胡欣悦. 基于 X 列表的可重构 ERP 系统研究 [J]. 工业工程, 2007, 10 (1): 1-5.

[233] 汤勇力, 李从东, 胡欣悦. 一种面向可重构 ERP 的作业成本法 [J]. 高技术通讯, 2006, 16 (7): 701-707.

[234] 陶丹, 范玉顺, 许青松, 等. 基于多代理系统的动态联盟企业信息管理系统

[J]．计算机工程与应用，2001（4）：90-93.

[235] 陶锋．吸收能力、价值链类型与创新绩效：基于国际代工联盟知识溢出的视角
[J]．中国工业经济，2011，(1)：140-150.

[236] 田学斌，柳天恩．创新驱动雄安新区传统产业转型升级的路径[J]．河北大学
学报（哲学社会科学版），2018，43（4）：70-75.

[237] 万骁乐，毕力文，邱鲁连．供应链压力、战略柔性与制造企业开放式绿色创新：
基于 TOE 框架的组态分析[J]．中国软科学，2022（10）：99-113.

[238] 万幼清，王云云．产业集群协同创新的企业竞合关系研究[J]．管理世界，
2014（8）：175-176.

[239] 汪定伟，唐志文．基于活动：组织流程图的业务过程重构方法[J]．管理科学
学报，1999，2（3）：39-42.

[240] 汪日康．计算机网络结构体系和节点处理机[J]．西北电讯工程学院学报，
1979（4）：27-45.

[241] 汪小帆，李翔，陈关荣．网络科学导论[M]．北京：高等教育出版社，2012.

[242] 王畅．SOA 架构的工作流管理系统的应用研究[J]．绥化学院学报，2018，38
（2）：144-147.

[243] 王春英，陈宏民．制造业企业进行数字化转型的动因和路径研究：基于上海电
气集团的案例分析[J]．当代经济管理，2023，45（5）：43-49.

[244] 王聪聪，蔡宁，黄纯．产业集群多层次网络结构对集群风险扩散的影响[J]．
重庆大学学报（社会科学版），2013，19（5）：50-55.

[245] 王迪飞．基于复杂网络的战略性新兴产业集群网络演化研究[D]．南京：南京
航空航天大学，2018.

[246] 王东生，郑宽明．物流服务供应链整合对物流绩效的影响测度[J]．商业经济
研究，2020（23）：103-106.

[247] 王桂山，任学藻，许凡．复杂网络的度分布及其算法[J]．数码世界，
2018（5）：194-195.

[248] 王海兵，贺妮馨．面向绿色供应链管理的企业社会责任内部控制体系构建
[J]．当代经济管理，2018，40（3）：13-18.

[249] 王汉军，金淮，牛彦菊，等．勘察设计企业云端 ERP+设计生产一体化管理平
台[J]．国企管理，2023（3）：40-53.

[250] 王泓略．知识视角下企业协作研发网络对二元创新绩效的影响研究[D]．长

沙：湖南大学，2020.

[251] 王慧，李印海，乔冠博. 企业成长要素、集群网络与企业绩效关系的实证研究 [J]. 统计理论与实践，2022 (5)：24-32.

[252] 王蕙，张武强，汪卫霞. 民族经济视角下特色产品企业竞争力评价体系及对策研究 [J]. 贵州民族研究，2013，34 (6)：119-122.

[253] 王缉慈，等. 创新的空间—企业集群与区域发展 [M]. 北京：北京大学出版社，2001.

[254] 王纪武，刘妮娜，张雨琦. 基于知识溢出效应的创新集聚区发展机制与空间响应：以浙大紫金众创小镇为例 [J]. 城市发展研究，2018，25 (11)：79-85.

[255] 王嘉丽，宋林，张夏恒. 数字经济、产业集聚与区域电子商务创新效率 [J]. 经济问题探索，2021 (9)：156-165.

[256] 王嘉馨. 产业集群网络的治理机制及其绩效研究 [D]. 成都：西南财经大学，2021.

[257] 王金凤，朱雅婕，冯立杰，等. 基于 Meta 分析的供应链网络嵌入性与协同创新绩效关系研究 [J]. 技术经济，2023，42 (6)：47-59.

[258] 王瑾. 基于 Web 网络技术的皮革企业集成化信息管理系统设计 [J]. 中国皮革，2021，50 (6)：32-35.

[259] 王京，罗福凯. 技术—知识投资、要素资本配置与企业成长：来自我国资本市场的经验证据 [J]. 南开管理评论，2017，20 (3)：92-93.

[260] 王举颖. 中小企业集群协同商务演进模式研究 [J]. 中国海洋大学学报（社会科学版），2012 (5)：74-78.

[261] 王俊，田永春，王梦琦，等. 适用于多类移动场景的融合认证机制设计 [J]. 通信技术，2022，55 (10)：1329-1340.

[262] 王柯懿，王佳音，盛坤. 工业互联网平台赋能制造业数字化转型能力评价体系研究 [J]. 制造业自动化，2021，43 (12)：157-162.

[263] 王岚. 集群式供应链网络下集群特点、服务集成与供应链绩效 [J]. 中国流通经济，2013，27 (9)：48-54.

[264] 王莉，孙国强. 集群创新网络协作机制对创新绩效的作用机理研究 [J]. 软科学，2017，31 (9)：30-34.

[265] 王连月. 物联网环境下建筑供应链库存协同管理的研究 [J]. 物流技术，2014，33 (15)：380-381，388.

[266] 王林，戴冠中. 复杂网络的度分布研究 [J]. 西北工业大学学报，2006，24 （4）：5.

[267] 王路炯，李爱平，徐立云. 面向网络化制造的用户认证模型及访问控制研究 [J]. 计算机集成制造系统，2007，13 （11）：2121-2125.

[268] 王茜，张红超. 策略性退货能提高消费者忠诚吗：来自电商企业的证据 [J]. 东北大学学报（社会科学版），2023，25 （2）：24-32.

[269] 王倩. 国内外产业集群治理的研究热点与前沿解析：基于 CiteSpace 知识图谱的分析 [J]. 重庆工商大学学报（社会科学版），2019，36 （4）：78-89.

[270] 王书龙，侯义斌，高放，等. 基于本体的物联网设备资源描述模型 [J]. 北京工业大学学报，2017，43 （5）：762-769.

[271] 王硕. 虚拟企业理论与实务 [M]. 合肥：合肥工业大学出版社，2005.

[272] 王随平. 面向 Agent 的复杂软件系统分析 [J]. 湖南工业职业技术学院学报，2001 （12）：1-3.

[273] 王婷，陈晓. 制造企业 ERP 深化应用评价指标体系构建及综合评价 [J]. 企业经济，2013，32 （6）：75-79.

[274] 王伟光，冯荣凯，尹博. 产业创新网络中核心企业控制力能够促进知识溢出吗？ [J]. 管理世界，2015 （6）：99-109.

[275] 王文广，刘喜春，王维平，等. 面向服务的高层体系结构研究进展 [J]. 计算机集成制造系统，2008，14 （9）：1665-1675.

[276] 王小庆. 多核？单核？别急于决定 [J]. 电子设计技术，2007 （1）：42.

[277] 王晓红. 碳中和视角下绿色供应链风险控制、整合水平与零售企业经营绩效 [J]. 商业经济研究，2022 （8）：45-48.

[278] 王迅，孙吉国. 高绩效人力资源实践体系和企业创新复合绩效的关系："任务—关系"双重机制的中介作用 [J]. 山东大学学报（哲学社会科学版），2016 （3）：99-107.

[279] 王雅荣，刘雅鑫，张宁. 基于改进模糊 Borda 法快递分拣人员作业疲劳评价 [J]. 人类工效学，2022，28 （6）：19-23.

[280] 王艳，程丽军. 基于事件驱动的云端动态任务分解模式优化方法 [J]. 系统仿真学报，2018，30 （11）：4029-4042.

[281] 王伊宁，丁坚勇，田世明，等. 基于智能多代理属地管理系统的有序用电模式 [J]. 电网技术，2019，43 （5）：1802-1814.

[282] 王瑛. 基于知识视角的产业集群演化与分类研究 [J]. 广西社会科学, 2011 (10)：53-56.

[283] 王宇峰. 基于大数据时代的企业管理信息集成化实践探究 [J]. 科学与信息化, 2021 (14)：143-145.

[284] 王宇恒. 企业信息系统管理分析 [J]. 数字通信世界, 2022 (9)：92-94.

[285] 王玉冬, 武川, 王琳璐. 高新技术企业创新资金运营生态化及其水平测度 [J]. 中国软科学, 2017 (7)：101-115.

[286] 王玉柱. 数字经济重塑全球经济格局：政策竞赛和规模经济驱动下的分化与整合 [J]. 国际展望, 2018, 10 (4)：60-79, 154-155.

[287] 王志宏, 李自新, 吴仪. 考虑口碑效应和用户满意度的货运平台动态定价研究 [J]. 管理学报, 2023, 20 (8)：1235-1244.

[288] 王忠杰, 徐晓飞, 战德臣. 面向重构的企业应用系统业务模型 [J]. 计算机应用, 2005, 25 (8)：1861-1864.

[289] 魏江. 产业集群：创新系统与技术学习 [M]. 北京：科学出版社, 2003.

[290] 魏江, 申军. 传统产业集群创新系统的结构和运行模式：以温州低压电器业集群为例 [J]. 科学学与科学技术管理, 2003 (1)：14-17.

[291] 魏江, 徐蕾. 知识网络双重嵌入、知识整合与集群企业创新能力 [J]. 管理科学学报, 2014, 17 (2)：34-47.

[292] 魏强, 金芝, 李戈, 等. 物联网服务发现初探：传统 SOA 的可行性和局限性 [J]. 计算机科学与探索, 2013, 7 (2)：97-113.

[293] 吴家菊, 刘刚, 席传裕, 等. 基于面向服务架构的敏捷供应链信息集成研究 [J]. 计算机工程与设计, 2006, 27 (19)：3545-3548.

[294] 吴炯, 胡羽衡. 契约治理与关系治理的机制构成、驱动逻辑与适配环境：基于家族企业跨代变迁的比较案例研究 [J]. 管理学报, 2023, 20 (1)：14-25.

[295] 吴群, 韩天然. 数字化能力对平台型电商企业创新生态系统韧性的提升机制研究 [J]. 当代财经, 2023 (12)：81-93.

[296] 吴士亮, 薛新, 韦东方. 业务过程驱动的 ERP 系统组件化研究 [J]. 计算机集成制造系统, 2004, 10 (11)：1389-1395.

[297] 吴松强, 蔡婷婷, 赵顺龙. 产业集群网络结构特征、知识搜索与企业竞争优势 [J]. 科学学研究, 2018, 36 (7)：1196-1205, 1283.

[298] 吴松强, 苏思骐, 沈忠芹, 等. 产业集群网络关系特征对产品创新绩效的影响：

环境不确定性的调节效应 [J]. 外国经济与管理, 2017, 39 (5): 46-57, 72.

[299] 吴晓波, 房珂一, 刘潭飞, 等. 数字情境下制造服务化的治理机制: 契约治理与关系治理研究 [J]. 科学学研究, 2022, 40 (2): 269-277, 308.

[300] 吴晓波, 雷李楠, 郭瑞. 组织内部协作网络对探索性搜索与创新产出影响力的调节作用探究: 以全球半导体行业为例 [J]. 浙江大学学报 (人文社会科学版), 2016, 46 (1): 142-158.

[301] 项后军. 产业集群、核心企业与战略网络 [J]. 当代财经, 2007 (7): 86-89.

[302] 肖静华, 谢康, 吴瑶, 等. 从面向合作伙伴到面向消费者的供应链转型: 电商企业供应链双案例研究 [J]. 管理世界, 2015, 259 (4): 137-154, 188.

[303] 谢洪明, 刘少川. 产业集群、网络关系与企业竞争力的关系研究 [J]. 管理工程学报, 2007 (2): 15-19.

[304] 谢康, 吴瑶, 肖静华, 等. 组织变革中的战略风险控制: 基于企业互联网转型的多案例研究 [J]. 管理世界, 2016 (2): 133-148, 188.

[305] 谢康, 吴瑶, 肖静华. 生产方式数字化转型与适应性创新: 数字经济的创新逻辑 (五) [J]. 北京交通大学学报 (社会科学版), 2021, 20 (1): 1-10.

[306] 熊伟, 孙林岩, 李一, 等. 供应商和客户参与对供应链绩效的影响 [J]. 工业工程与管理, 2014, 19 (2): 1-8.

[307] 徐立云, 李爱平. 基于应用服务提供商模式网络化制造的安全技术研究 [J]. 计算机集成制造系统, 2006, 12 (11): 1881-1886.

[308] 徐琪, 郭丽晶. 成本分担机制下共享供应链产品质量水平与及时交货水平最优激励策略 [J]. 管理工程学报, 2022, 36 (1): 228-239.

[309] 徐芮, 王涛. 企业创新网络中非正式治理的途径与作用研究 [J]. 决策咨询, 2018 (3): 51-56.

[310] 徐志伟, 冯百明, 李伟. 网格计算技术 [M]. 北京: 电子工业出版社, 2004.

[311] 许建华, 罗积善. 汽车闭环供应链整体绩效评价体系构建 [J]. 经济师, 2017 (6): 293-294.

[312] 薛捷, 张振刚. 动态能力视角下创新型企业联盟管理能力研究 [J]. 科研管理, 2017, 38 (1): 81-90.

[313] 薛艳, 余勇. 零售企业服务仪式对顾客忠诚度的影响: 基于顾客信任的中介作用 [J]. 商业经济研究, 2023 (4): 69-72.

[314] 杨丹辉, 戴魁早, 赵西三, 等. 推动中国全产业链优化升级 [J]. 区域经济评

论，2021，50 (2)：5-16.

[315] 杨德龙. 基于 SOA 与云计算融合的企业信息化战略规划 [J]. 科技展望，2015，25 (24)：10.

[316] 杨慧琴，孙磊，赵西超. 基于区块链技术的互信共赢型供应链信息平台构建 [J]. 科技进步与对策，2018，35 (5)：21-31.

[317] 杨建民，张宁. 复杂网络演化的自组织现象 [J]. 上海理工大学学报，2005 (27)：413-416.

[318] 杨剑侠，张杰. 产能限制下纵向持股的上游企业竞争与产能投资效应研究 [J]. 世界经济，2020，43 (9)：122-146.

[319] 杨立成，周正，张芸芸. 知识溢出与企业绿色创新：制度压力与吸收能力的调节作用 [J]. 软科学，2022 (10)：1-19.

[320] 杨思东. 供应链柔性优化对现代物流发展的影响 [J]. 商业经济研究，2016 (19)：96-97.

[321] 杨小凯，张永生. 新兴古典经济学与超边际分析 [M]. 2 版. 北京：社会科学文献出版社，2003.

[322] 杨砚砚，王延海. 电网物资供应链评价指标体系研究 [J]. 供应链管理，2020 (7)：88-94.

[323] 姚澜，何佳俐. 细分组织结构，激励组内和组间协作改善协调困境 [J]. 世界经济，2023，46 (3)：207-232.

[324] 姚雪理，昝胜锋，宋利民. 文化产业集群网络结构及其迭代创新研究：以泰山科技文化产业园为例 [J]. 人文天下，2019 (23)：16-23.

[325] 姚雨婷. 智能制造高质量发展视域下企业数字化成熟度评价指标体系研究：以浙江省为例 [J]. 商场现代化，2021 (23)：121-123.

[326] 叶建亮. 知识溢出与企业集群 [J]. 经济科学，2001 (3)：23-30.

[327] 叶霞，刘睿珩，许飞翔，等. 基于 SOA 和本体的指挥信息系统数据集成研究 [J]. 火力与指挥控制，2022，47 (3)：136-143.

[328] 易树平，谭明智，郭宗林，等. 云制造服务平台中的制造任务分解模式优化 [J]. 计算机集成制造系统，2015，21 (8)：2201-2212.

[329] 勇喜. 全心搭建适合中国国情的 ERP 软件产品 [J]. CAD/CAM 与制造业信息化，2003 (2)：42-45.

[330] 于斌斌，冯慕佳，蒋南萍. 互联网发展能纠正制造业资源错配吗：基于空间杜

宾模型的实证检验［J］. 研究与发展管理，2023，35（1）：133-145.

[331] 余振，周冰惠，谢旭斌，等. 参与全球价值链重构与中美贸易摩擦［J］. 中国工业经济，2018（7）：24-42.

[332] 俞园园. 效果推理创业决策逻辑与产业集群网络的动态变化研究［J］. 企业经济，2022，41（4）：85-92.

[333] 俞兆渊，鞠晓伟，余海晴. 双边关系专用性投资如何影响合作创新绩效？［J］. 经济管理，2020，42（6）：79-95.

[334] 虞涛，刘永清. 网络制造环境下多 Agent 协同工作的动态可重构 ERP 系统［J］. 机电工程，2003，20（3）：16-20.

[335] 喻燕华. 基于 RBAC 模型的网络安全访问控制系统［J］. 信息与电脑（理论版），2023，35（3）：120-122.

[336] 袁丰，陈雯，宋正娜. 长江三角洲地区制造业集群辨识及空间组织特征［J］. 地球信息科学学报，2015，17（12）：1511-1519.

[337] 曾小明，吴海智. 食品生产企业质量安全评价体系构建［J］. 食品研究与开发，2017，38（5）：208-211.

[338] 湛垦华. 普利高津与耗散结构理论［M］. 西安：陕西科学技术出版社，1982.

[339] 张百尚. 广东产业集群的现状、问题和升级研究［J］. 广东科技，2007（6）：30-32.

[340] 张宝建，孙国强，任晓悦. 网络组织治理模式研究述评［J］. 商业研究，2015（3）：36-45.

[341] 张丹，宋林，魏薇，等. 孵化网络治理机制对企业创新绩效的影响：网络能力的中介效应［J］. 科技进步与对策，2019，36（5）：73-78.

[342] 张峰，刘家悦. 数字化投入、绿色技术创新与出口绿色升级：来自中国制造业行业的经验［J］. 经济问题探索，2023（9）：131-145.

[343] 张贵，贾巨才. 产业结构演化的新本质：产业集成化［J］. 新疆大学学报（哲学社会科学版），2005（7）：4-7.

[344] 张洪亮. 基于 BOX 和前馈成本控制的 ERP 管理体系研究［D］. 天津：天津大学，2003.

[345] 张华，顾新. 战略联盟治理对企业突破性创新的影响机理研究［J］. 管理学报，2022，19（9）：1354-1362.

[346] 张华. 基于 SOA 的 PDM/CAPP/ERP 集成方案的设计和实现［J］. 无线互联科

技，2016 (20)：79-81.

[347] 张杰，刘东. 制度锁定到产业集群网络升级与困境：基于社会信任体系框架的一个新视角 [J]. 求索，2005 (12)：10-13.

[348] 张金. 基于 SOA 的分布测试系统服务组合与调用的研究 [D]. 成都：电子科技大学，2020.

[349] 张敬文，李一卿，陈建. 战略性新兴产业集群创新网络协同创新绩效实证研究 [J]. 宏观经济研究，2018 (9)：109-122.

[350] 张立，王学人. 推进我国产业集成的问题、成因及对策探讨 [J]. 当代财经，2002 (7)：56-58.

[351] 张丽君，冯俊文，冯博. 收益权资产支持证券风险评估指标分析：基于信息增益的方法 [J]. 技术经济与管理研究，2020 (1)：89-93.

[352] 张首魁，党兴华. 网络环境下的企业自主创新能力研究：基于权力依赖关系的视角 [J]. 科技进步与对策，2011，28 (4)：1-5.

[353] 张五常. 企业的契约性质 [M] // 陈郁. 企业制度与市场组织：交易费用经济学文选. 上海：上海三联书店，上海人民出版社，2006.

[354] 张希良，黄晓丹，张达，等. 碳中和目标下的能源经济转型路径与政策研究 [J]. 管理世界，2022，38 (1)：35-66.

[355] 张旭梅，王波，刘益，等. 基于第三方共享制造平台的供应链质量信息披露与激励机制研究 [J]. 中国管理科学，2023：1-12.

[356] 张雪峰，杨育，于国栋. 基于知识视角的协同创新客户选择 [J]. 计算机集成制造系统，2015，21 (11)：2817-2826.

[357] 张杨，但斌，高华丽. 客户满意度视角下面向产品服务系统订单的调度问题研究 [J]. 管理工程学报，2021，35 (5)：202-211.

[358] 张宇嘉，瞿富强，陈初一. 基于 PCSCOR-FANP 的装配式建筑供应链绩效评价研究 [J]. 建筑经济，2021，42 (S1)：172-176.

[359] 张志峰，林正浩. 多核 CPU 系统结构分析与建模 [J]. 集成电路应用，2006 (1)：51-53.

[360] 张志，李军祥，张栋梁. 基于联盟区块链的供应链信息协同博弈研究 [J]. 计算机应用研究，2021，38 (5)：1314-1319.

[361] 赵波，徐昳，张志华. 协同创新网络对物联网企业资源获取和创新绩效影响研究 [J]. 科技进步与对策，2014，31 (8)：37-42.

[362] 赵龙波，李伯虎，施国强．云制造系统用户认证和服务间协同高效可信安全技术［J］．系统工程与电子技术，2022，44（12）：3710-3718．

[363] 赵璐．网络组织模式下中国产业集群发展路径研究：发达国家产业集群发展的经验启示［J］．科技进步与对策，2019，36（7）：56-60．

[364] 赵璐．中国产业空间格局演化与空间转型发展态势［J］．地理科学，2021，41（3）：387-396．

[365] 赵琦，王丽花，樊丽娟．制药企业复杂信息系统信息集成服务接口管理设计［J］．中国医药工业杂志，2020，51（2）：176-182．

[366] 赵喜洋，刘雅琴．湖北省高新技术企业科技创新绩效评价研究［J］．科技进步与对策，2017，34（22）：133-140．

[367] 赵晓敏，高方方，林英晖．基于顾客退货的闭环供应链运作绩效研究［J］．管理科学，2015，28（1）：66-82．

[368] 赵艳，孙芳．我国制造业模块化生产网络知识图谱研究［J］．合作经济与科技，2023（10）：14-17．

[369] 赵宇晴，阮平南，刘晓燕，等．基于在线评论的用户满意度评价研究［J］．管理评论，2020，32（3）：179-189．

[370] 周灿．中国电子信息产业集群创新网络演化研究：格局、路径、机理［D］．上海：华东师范大学，2018．

[371] 周光辉，江平宇．基于移动 Agent 的网络化制造资源的封装和集成［J］．计算机集成制造系统，2002，8（9）：728-732．

[372] 周航滨，夏安邦，张长昊．基于 Web 服务的跨企业信息集成框架［J］．计算机集成制造系统，2003，9（1）：1-5．

[373] 周建华，张一力．社会网络与区域性企业家集群演进：以温商为例［J］．商业经济与管理，2016（3）：88-97．

[374] 周科．美国小企业界定标准和方法解析［J］．中国中小企业，2018（9）：77-80．

[375] 周沛．互补网络组织的治理机制研究［J］．商业经济研究，2016（15）：130-132．

[376] 周岐．不同流通效率指标对企业发展的影响探讨［J］．商业经济研究，2019（20）：124-126．

[377] 周驷华，万国华．电子商务对制造企业供应链绩效的影响：基于信息整合视角

的实证研究 [J]. 管理评论, 2017, 29 (1): 199-210.

[378] 周晓晔, 孙立志. 网络环境下离散型企业制造资源模型的研究 [J]. 工业工程, 2007, 10 (3): 71-75.

[379] 周业付. 基于 AHP-FCE 模型的农产品供应链绩效评价 [J]. 统计与决策, 2020 (23): 178-180.

[380] 周赵刚, 江平宇. 网络化制造中资源优化配置的方法研究 [J]. 航空制造技术, 2003 (8): 60-64.

[381] 朱国军, 孙军. 智能制造核心企业的形成机理: 创新生态圈与互联网融合视域下双案例研究 [J]. 当代经济管理, 2021, 43 (2): 24-31.

[382] 朱嘉红, 邬爱其. 基于焦点企业成长的集群演进机理与模仿失败 [J]. 外国经济与管理, 2004 (2): 33-37.

[383] 朱李楠, 赵燕伟, 王万良. 基于 RVCS 的云制造资源封装、发布和发现模型 [J]. 计算机集成制造系统, 2012, 18 (8): 1829-1838.

[384] 朱立龙, 张建同, 尤建新. 基于多产品或客户供应链订购聚集效应研究 [J]. 同济大学学报 (自然科学版), 2009, 37 (1): 134-137, 142.

[385] 朱仁宏, 贺思涵, 谢锐芬. 人才管理数字化转型的应用路径: 以 W 公司人才管理数字化建模为例 [J]. 科技管理研究, 2023, 43 (15): 208-217.

[386] 朱瑞博. 模块化抗产业集群内生性风险的机理分析 [J]. 中国工业经济, 2004 (5): 54-60.

[387] 庄伯超, 余世清, 张红. 供应链集中度、资金营运和经营绩效: 基于中国制造业上市公司的实证研究 [J]. 软科学, 2015, 29 (3): 9-14.

[388] 邹家阳. 企业生产数字化对出口贸易增长的影响研究: 基于中国制造业上市公司的分析样本 [J]. 世界经济研究, 2023 (6): 60-71, 135.

[389] 左小明. 制造集群网络协作关系的运作模式与动因分析 [J]. 中国社会科学院研究生院学报, 2013 (4): 51-56.

[390] AARIKKA-STENROOS L, SANDBERG B, LEHTIMÄKI T. Networks for the commercialization of innovations: a review of how divergent network actors contribute [J]. Industrial marketing management, 2014, 43 (3): 365-381.

[391] AERTS A T M, SZIRBIK N B, GOOSSENAERTS J B M. A flexible, agent-based ICT architecture for virtual enterprises [J]. Computers in industry, 2002, 49 (3): 311-327.

［392］AHOKANGAS P, HYRY M, RASANEN P. Small technology-based firms in a fast-growing regional cluster ［J］. New England journal of entrepreneurship, 1999, 2 (1): 19-25.

［393］ANDERSON J C, NARUS J A. Capturing the value of supplementary services ［J］. Harvard business review, 1995 (73): 77-81.

［394］ARNALDO C. Transforming industrial district large firms and small business networks in the Italian eywear industry ［J］. Industry and innovation, 2003 (10): 377-401.

［395］ATASEVEN C, NAIR A. Assessment of supply chain integration and performance relationships: a meta-analytic investigation of the literature ［J］. International journal of production economics, 2017 (185): 252-265.

［396］AUTIO E, ZANDER I. Strategic alliances and international entrepreneurship: exploring the linkages ［J］. Entrepreneurship theory and practice, 2016, 40 (1): 45-70.

［397］BAI X, WU Y. Social network and innovation of cluster firms ［J］. Journal of business research, 2018, 89: 226-234.

［398］BARNEY J B. Firm resource and sustained competitive advantage ［J］. Journal of management, 1991, 17 (1): 99-120.

［399］BATHELT H, GLÜCKLER J. The relational turn in economic geography ［J］. Journal of economic geography, 2011, 11 (2): 289-309.

［400］BEAMON B M. Measuring supply chain performance ［J］. International journal of operations & production management, 2013 (3): 275-292.

［401］BELL G G. Clusters, networks and firm innovativeness ［J］. Strategic management journal, 2005 (26): 287-295.

［402］BELUSSI F, CALDARI K. Clusters, networks, and firms' product innovation: the case of wine and aeronautics industries ［J］. Entrepreneurship & regional development, 2016, 28 (5-6): 353-379.

［403］BODEN T. The grid enterprise-structuring the agile business of the future ［J］. BT technology journal, 2004, 22 (1): 107-117.

［404］BOK S H, KIRAN R K, SENTHIL K A, et al. Development of an internet-based collaborative design platform ［J］. Chinese journal of mechanical engineering, 2002, 15 (9): 103-108.

[405] BOSCHMA R, FRENKEN K. Evolving beyond local search: the role of foreign knowledge and experience in cluster evolution [J]. Economic geography, 2020: 96 (4): 325-345.

[406] BOSCHMA R, FRENKEN K. The emerging empirics of evolutionary economic geography [J]. Journal of economic geography, 2011, 11 (2): 295-307.

[407] BOSCHMA R, FRENKEN K. Why is economic geography not an evolutionary science? towards an evolutionary economic geography [J]. Journal of economic geography, 2016, 16 (3): 469-485.

[408] BOSCHMA R. Towards an evolutionary perspective on regional resilience [J]. Regional studies, 2015, 49 (5): 733-751.

[409] BOTTA-GENOULAZ V, MILLET P-A, GRABOT B. A survey on the recent research literature on ERP systems [J]. Computers in industry, 2005 (56): 510-522.

[410] BRADACH J L, ECCLES R G. Price, authority and trust: from ideal types to plural forms [J]. Annual review of sociology, 1989 (15): 97-118.

[411] BURT R S. Structural holes: the social structure of competition [M]. Boston: Harvard University Press, 1992.

[412] CHANG W J, ELLINGER A E, KIM K, et al. Supply chain integration and firm financial performance: a meta analysis of positional advantage mediation and moderating factors [J]. European management journal, 2016 (3): 282-295.

[413] CHEN J, LIANG L, YAO D Q, et al. Price and quality decisions in dual-channel supply chains [J]. European journal of operational research, 2017, 259 (3): 935-948.

[414] CHEN J, LI Y. Knowledge network, cluster governance, and innovation performance: evidence from the Yangtze River Delta in China [J]. Regional studies, 2018, 52 (4): 558-570.

[415] COHEN W M, LEVINTHAL D A. Absorptive capacity: a new perspective on learning and innovation [J]. Administrative science quarterly, 1990, 35 (1): 128-152.

[416] COOKE P, MORGAN K. The associational economy: firms, regional and innovation [M]. Oxford: Oxford University Press, 1998: 129-137.

[417] DAFT R L, SORMUNEN J, PARKS D. Chief executive scanning, environmental characteristics, and company performance: an empirical study [J]. Strategic mana-

gement journal, 1988, 9 (2): 123-139.

[418] DELGADO M, PORTER M E, STERN S. Clusters, convergence, and economic performance [J]. Research policy, 2014, 43 (10): 1785-1799.

[419] DICK P. Global shift: transforming the world economy [M]. London: Paul Chapman Publishing Ltd. , 1998.

[420] DYER J H, KALE P, SINGH H. How to make strategic alliances work [J]. Sloan management review, 2001 (Summer): 37-43.

[421] DYER J H, SINGH H. The relational view: cooperative strategy and sources of inter-organizational competitive advantage [J]. Academy of management review, 1998, 23 (4): 660-679.

[422] DYER J H. Specialized supplier networks as a source of competitive advantage: evidence from the auto industry [J]. Strategic management journal, 1996 (17): 274-281.

[423] ERL T. Service-oriented architecture: concepts, technology, and design [M]. Upper Saddle River: Prentice Hall PTR, 2005.

[424] FOX M S, BARBUCEANU M, TEIGEN R. Agent-oriented supply chain management [J]. International journal of flexible manufacturing systems, 2000 (12): 165-188.

[425] FREDERICO G F, GARZA-REYES J A, KUMAR A, et al. Performance measurement for supply chains in the Industry 4. 0 era: a balanced scorecard approach [J]. International journal of productivity and performance management, 2020, 70 (4): 789-807.

[426] FUKUYAMA F. Trust, the social virtue and creation of prosperity [M]. New York: Free Press, 1995.

[427] GEORGANTZAS N C. Virtual enterprise networks: the fifth element of corporate governance [J]. Human systems management, 2001, 20 (3): 171-188.

[428] GERTLER M S. Manufacturing culture: the institutional geography of industrial practice [M]. Oxford: Oxford University Press, 2015.

[429] GIULIANI E, BELL M. The micro-determinants of meso-level learning and innovation: evidence from a Chilean wine cluster [J]. Research policy, 2005, 34 (1): 47-68.

[430] GIULIANI E, BELL M. The microfoundations of cluster stickiness—the role of governance and trust [J]. Research policy, 2019, 48 (6): 1513-1526.

[431] GOMES-CASSERES B. Group versus group: how alliance networks compete [J]. Harvard business review, 1994 (72): 62-74.

[432] GRABHER G. The embedded firms: on the social-economics of industrial networks [M]. London, New York: Routlesge, 1993.

[433] GRANOVETTER M. Economic acting and social structure: the problem of embededness [J]. American journal of sociology, 1985 (3): 42-60.

[434] GRANOVETTER M. Problems of explanation in economic sociology [M] // NOHRIA N, ECCLES R G. Networks and organizations: structure, form, and action. Boston: Harvard Business School, 1992: 25-56.

[435] GRANOVETTER M. The idea of "advancement" in theories of social evolution and development [J]. American journal of sociology, 1979 (85): 489-515.

[436] GRANOVETTER M. The strength of weak ties [J]. American journal of sociology, 1973 (78): 1360-1380.

[437] GRANT R G. The resource-based theory of competitive advantage: implication for strategy formulation [J]. California management review, 1991, 33 (3): 114-135.

[438] GRILLITSCH M, NILSSON M. Cluster evolution, regional development, and industrial policy [J]. Regional studies, 2020, 54 (2): 139-152.

[439] GULATI R. Network location and learning: the influences of network resources and firm capabilities on alliance formation [J]. Strategic management journal, 1999 (20): 397-420.

[440] GUNASEKARAN A, NACHIAPPAN S, SHAMS R. Improving supply chain performance through management capabilities [J]. Production planning & control, 2017, 28 (6-8): 473-477.

[441] GUNASEKARAN A, PATEL C, TIRTIROGLU E. Performance measures and metrics in a supply chain environment [J]. International journal of operations & production management, 2001, 21 (2): 71-87.

[442] HÅKANSSON H. Industrial technological development: a network approach [M]. London: Croom Helm, 1987.

[443] HAKEN H. Advanced synergetic: instability hierarchies of self-organizing systems and devices [M]. Berlin: Springer Verlag, 1983: 65-89.

[444] HAKEN H. Information and self-organization: a macroscopic approach to complex

systems［M］. Berlin, New York: Springer-Verlag, 1988: 11.

［445］ HAKEN H. Syoergetic—an introduction［J］. Springer Phys, 1977（66）: 248.

［446］ HARRISON C W. Markets, networks and control［M］//LINDENBERG, HEIN. Boston: Harvard University Press, 1992.

［447］ HUANG W, SWAMINATHAN J M. Introduction of a second channel: implications for pricing and profits［J］. European journal of operational research, 2009, 194（1）: 258−279.

［448］ HUGGINS R, THOMPSON P. Networks, space, and strategy: an introduction［J］. Regional studies, 2015, 49（5）: 691−699.

［449］ HUO B. The impact of supply chain integration on company performance: an organizational capability perspective［J］. Supply chain management: an international journal, 2012, 17（6）: 596−610.

［450］ INKPEN A C, TSANG E W. Collaboration and innovation［J］. The Oxford handbook of innovation management, 2019: 351−374.

［451］ IVANKHENEKO A G. Polynomial theory of complex system［J］. IEEE transactions on systems, man, and cybernics, 1971, 1（4）: 364−378.

［452］ JARILLO J C. Comments on transaction costs and networks［J］. Strategic management journal, 1990, 11（6）: 497−499.

［453］ JARILLO J C. On strategic networks［J］. Strategic management journal, 1988（9）: 31−41.

［454］ JENNINGS N, SYCARA K, WOOLDRIGE M. A roadmap of agent research and development［J］. Autonomous agents and multi-agent system, 1998, 1（1）: 7−38.

［455］ KANG H W, KIM J W, PARK S J. Integrated modeling framework for manufacturing systems: a unified representation of the physical process and information system［J］. International journal of flexible manufacturing system, 1998, 10（3）: 231−265.

［456］ KHAN S A, NAIM I, KUSI-SARPONG S, et al. A knowledge-based experts' system for evaluation of digital supply chain readiness［J］. Knowledge-based systems, 2021（228）: 107262.

［457］ LAMBERT D M, COOPER M C, PAGH J D. Supply chain management: implementation issues and research opportunities［J］. International journal of logistics management, 1998, 9（2）: 1−19.

[458] LAZERSON M H, LORENZONI G. The firms that feed industrial districts: a return to the Italian source [J]. Industrial and corporate change, 1999, 8 (2): 235-264.

[459] LEA B, GUPTA M. A prototype multi-agent ERP system: an integrated architecture and a conceptual framework [J]. Technovation, 2005, (25): 433-441.

[460] LEE J, SIAU K, HONG S. Enterprise integration with ERP and EAI [J]. Communications of the ACM, 2003, 46 (2): 54-60.

[461] LI J, LIU Y, LU W. Structural holes and knowledge acquisition: how network position influences firm innovation performance in Chinese high-tech industries [J]. Journal of business research, 2015, 68 (4): 833-841.

[462] LI Y, ZOBEL W C, RUSSELL S R. Value of supply disruption information and information accuracy [J]. Journal of purchasing and supply management, 2016, 23 (3): 191-201.

[463] LORENZONI G, ORNATI O A. Constellations of firms and new ventures [J]. Journal of business venturing, 1988 (3): 541-578.

[464] MARESCH D, FINK M, HARMS R, et al. Entrepreneurial decision-making in the digital age: theory and evidence on technology-based ventures [J]. Technological forecasting and social change, 2016, 102: 30-41.

[465] MARKUSEN A. Sticky places in slippery space: a typology of industrial districts [J]. Economic geography, 1996 (72): 293-313.

[466] MENZEL M P, FORNAHL D. Cluster life cycles dimensions and rationales of cluster evolution [J]. Industrial and corporate change, 2010, 19 (1): 205-238.

[467] MILES R E, SNOW C C. Cause of failure in network organizations [J]. California management review, 1992, 34 (4): 54-72.

[468] MILES R E, SNOW C C. Fit, failure, and the hall of fame [J]. California management review, 1984, 26 (3): 10-28.

[469] MODAK N M. Exploring omni-channel supply chain under price and delivery time sensitive stochastic demand [J]. Supply chain forum: an international journal, 2017, 18 (4): 218-230.

[470] MODAK N M, KELLE P. Managing a dual-channel supply chain under price and delivery-time dependent stochastic demand [J]. European journal of operational research, 2019, 272 (1): 147-161.

[471] MYERSON R B. Graphs and cooperation in games [J]. Mathematics of operations research, 1977, 2 (3): 225-229.

[472] PAVLOU P A. Institution-based trust in interorganizational exchange relationships: the role of online B2B marketplaces on trust formation [J]. Journal of strategic information system, 2002, 11: 215-243.

[473] PENG M W, HEATH P. The growth of the firm in planned economies in transition: institutions, organizations, and strategic choice [J]. Academy of management review, 1996: 21 (2): 492-528.

[474] PENROSE E T. The theory of the growth of the firm [M]. New York: Wiley, 1959.

[475] PORTER M E. Cluster and the new economics of competition [J]. Harvard business review, 1998, 76 (6): 77-90.

[476] PORTER M E. The competitive advantage of nation [M]. New York: Free Press, 1990.

[477] RASOOL F, GRECO M, GRIMALDI M. Digital supply chain performance metrics: a literature review [J]. Measuring business excellence, 2021, 26 (1): 23-38.

[478] RICHARDSON G B. The organization of industry [J]. Economic journal, 1972 (82): 21-29.

[479] SCOTT A J. The role of large producers in industrial districts: a case study of high technology system houses in Southern California [J]. Regional studies, 1992 (26): 265-275.

[480] SHANTALA S, JONGWOOK K. Best foot forward? the importance of contractual governance mechanisms for innovation from alliances [J]. Technovation, 2023: 127.

[481] SHARMA R, YETTON P. Digital transformation of industries: an ecosystem approach [J]. Journal of management information systems, 2018, 35 (2): 421-431.

[482] SOJA P, BARTOSOVA V. The role of ERP system flexibility in business performance improvement [J]. Procedia economics and finance, 2015, 23: 1452-1457.

[483] SPROTT D. Componentizing the enterprise application packages [J]. Communications of the ACM, 2000, 43 (4): 63-69.

[484] STAVROULAKIS P J, PAPADIMITRIOU S, TSIOUMAS V, et al. Strategic competitiveness in maritime clusters [J]. Case studies on transport policy, 2020, 8 (2): 341-348.

[485] STEINER J, NEUMAN C, SCHILLER J. Keberos: an authentication service for an

open network systems [C] //Proceedings of Winter USENIX Conference. Berkeley: USENIX, 1998: 191-202.

[486] STRADER T J, LIN F R, SHAW M J. Information infrastructure for electronic virtual organization management [J]. Design support systems, 1998 (23): 75-94.

[487] TEECE D J. Dynamic capabilities and strategic management: organizing for innovation and growth [M]. Oxford: Oxford University Press, 2018.

[488] THAKUR V, ANBANANDAM R. Shift from product supply chain management to services supply chain management: a review [J]. International journal of services and operations management, 2016, 23 (3): 316-346.

[489] THOMPSON J D, MCEWEN W J. Organizational goals and environment: goal-setting as an interaction process [J]. American sociological review, 1958 (23): 23-31.

[490] TRICKER R I. Corporate governance: principles, policies, and practices [M]. Oxford: Oxford University Press, 2015.

[491] UZZI B. Social structure and competition in interfirm networks: the paradox of embeddedness [J]. Administrative science quarterly, 1997 (42): 35-67.

[492] WANG S, WAN J, LI D, et al. Implementing smart factory of industrie 4.0: an outlook [J]. International journal of distributed sensor networks, 2016, 12 (1): 1547-1557.

[493] WILLIAMSON O E. Markets and hierarchies: analysis and antitrust implications [M]. New York: Free Press, 1975.

[494] WILLIAMSON O E. The economic institutions of capitalism [M]. New York: Free Press, 1985.

[495] WILSON D T. An integrated model of buyer-seller relationships [J]. Journal of the academy of marketing science, 1995, 23 (4): 335-345.

[496] WILSON D T, JANTRANIA S. Understanding the value of a relationship [J]. Asia-Australia marketing journal, 1994, 2 (1): 55-66.

[497] WRENNALL W. Facilities planning and design: a foundation of the BPR pyramid [J]. Industrial management, 1997, July/August: 11-13.

[498] ZAHRA S A, GEORGE G. Absorptive capacity: a review, reconceptualization, and extension [J]. The academy of management review, 2002, 27 (22): 185-203.

[499] ZHANG J, LI J. Catching up through the development of indigenous industry in Chi-

na? a test of Zhang and Li's (2010) theory [J]. Industry and innovation, 2017, 24 (1): 19-40.

[500] ZHOU Z, XU X, QU X, et al. Study on the networked integration model and its efficiency of private company taking part in state-owned company mixed ownership reform [J]. International journal of engineering business management, 2020, 12: 1-13.

[501] ZOTT C, AMIT R. Business model design: an activity system perspective [J]. Long range planning, 2010, 43 (2-3): 216-226.

后　记 ▶▶▶▶

　　我于 2006 年 9 月进入暨南大学管理学院攻读企业管理博士,在 2009 年 6 月顺利通过博士论文《基于多层次列表的多核制造集群网络资源计划体系》的答辩,获得管理学博士学位。同年 7 月,我入职华南师范大学,先后得到国家社科基金青年项目(11CGL043)与国家社科基金面上项目(20BJY103)、广东省软科学研究计划(2010B070300076)、广东省高校优秀青年创新人才培养计划资助项目(WYM10064)等科研项目的资助。本书以我的博士论文为基础进一步修改完善而成,并在研究过程中得到了以上科研项目的资助。

　　搁笔案头,掩卷沉思。回首三年的博士研究生求学生涯和十四年的工作经历,感触颇多。感谢求学路上各位老师的指导,感谢工作过程中各位同事给予的帮助,感恩一直以来家人的支持,面对满满的理解、扶助与支持,我将永远心怀感恩之情,珍惜生活所赋予我的一切。

　　首先真诚地感谢我的博士导师李从东教授。李老师知识渊博、思维敏锐、治学严谨、胸襟宽广、品德高尚,使我蒙教甚深,并受益终身,也是李老师引领我进入管理学研究的领域。借此机会,我要向李老师表示诚挚的谢意。此外,我也要特别感谢我的硕士导师孙先锦副教授。她作为我企业管理知识的启蒙老师,于我而言亦师亦友,她豁达的胸怀、淡定的个性和磊落的处事风格,都深深地影响着我。

　　感谢华南师范大学国际商学院的各位同事在工作过程中对我的帮助和支持,他们锐意进取的探索精神和求真务实的实干作风,鞭策我更加努力,积极进行科学问题的研究。

　　我还要真诚感谢各位企业界的朋友，他们的无私帮助为本研究前期调研和了解制造业实际运作情况提供了诸多便利；妻子麦毅媚女士在紧张而繁忙的工作之余帮我整理文献资料和不辞辛劳地校稿；学生林昱圭、金鑫、许天阳、徐纪纬等为本书的修改完善提供了帮助。非常感谢他们为本研究所倾注的心血。

　　另外，本研究构思和行文是在阅读和参考大量文献的基础上完成的，同行前辈的科研成果对论文构思和行文也起到了非常关键的作用。由于文献较多，无法一一列举作者并致谢，在此对文中所有引用文献的作者表示衷心的感谢！

　　由于作者自身的局限性，本书仍存在诸多不足之处，研究和分析尚不够全面和深入，还有待进一步完善，欢迎大家批评指正。

                                    左小明
              2023 年 11 月定稿于华南师范大学石牌校园图书馆